현대사회, 종교, 그리고 돈

현대사회, 종교, 그리고 돈

최현종 지음

책을 펴냄에 있어

본서는 필자의 단독 저서로는 세 번째이다. 일관된 주제를 하나로 꿰뚫어 서술하였다기보다는, 관계성을 강제할 수는 있지만, 서로 다른 주제에 대한 논문들을 모아 놓은 논문집 성격이기에 '저서'라는 이름을 붙일 수 있는가는 생각해 볼 문제이다. 첫 번째 책(『한국종교인구 변동에 관한 연구』, 서울신학대학교출판부, 2011)이나 두 번째 책(『오늘의 사회, 오늘의 종교』, 다산출판사, 2017)에 비해 책을 쓸 수 있는 조건은 나아졌지만, 출판할 수 있는 조건은 오히려 힘들어졌다. 그럼에도 불구하고, 이 책의 출판을 허락하여 준 한국학술정보(주)에 감사를 표해야 할 것 같다.

책을 쓰는 조건의 나아짐은 자리의 안정, 그리고 그에 따른 경제적 안정과 관련된다. 2009년 귀국 후 5년간의 시간강사 생활을 뒤로 하고, 어쨌든 대학이라는 안정된 직장을 구하면서, 많은 어려움들이 이제는 지나간 일이 되어 버렸다. 이러한 만족은 그 어려움이 아직 '지나간' 일이 되지 못한 많은 이들에 대한 미안함을 포함한다. 더욱이, '강사법'이라는 전혀 '강사'를 위하지 않은 악법으로 인해 더 많은 고통을 당해야 하는 이들 앞에서 말이다.

본서는 크게는 3개 프로젝트의 산물이다. 1부 “현대사회와 종교”는 주로 한국연구재단 SSK 지원사업 ‘종교와 사회진보’ 팀의 연구(2012-2016)와 관련된다. 사실 1-2장은 이 프로젝트와 직접적 상관은 없지만, 비슷한 시기에 이 프로젝트를 진행했던 구성원들(종교사회학회)과의 관계에서 발생한 연구 결과물이다. 1장은 구체적으로는 작년에 기독연구원 느헤미야에서 기획한 ‘탈교회 총서’의 일환으로 작성된 원고인데, 책의 출판이 늦어지면서, 본서에 먼저 수록하게 되었다(혹 본서의 출판을 준비 중에 ‘탈교회 총서’가 먼저 출판될 수도 있다).

2부 “한국 사회와 기독교”는 한국연구재단의 중점 연구소 지원 사업 “해방 이후 한국 사회의 형성과 기독교”(2016-2019)에 참여한 연구의 결과물들이다. 이 결과물들은 사실 필자의 ‘전공 분야’가 아닌 내용들을 많이 포함하고 있어서, 글을 쓰는 데 있어서 어려움도 많았고, 전공한 이들의 관점에서 볼 때 많은 부족함이 있으리라 예상된다. 하지만, 필자 나름대로 재미있는 시도들이었고, 많은 공부가 된 작업들이었다.

3부 “종교와 돈”은 한국연구재단 일반공동연구 “돈과 종교”(2015-2018)의 결과물이다. 위에 언급한 다른 연구들과는 달리 이 연구는 전혀 몰랐던 이들과의 ‘공동연구’로 시작했는데, 그 나름대로 좋은 관계를 유지했고, 일단 연구 프로젝트는 끝났지만, 함께 다음 연구를 준비하는 관계로 발전했다. 다음에는 어떤 연구 작업을 함께 할 수 있을지 기대가 되기도 한다.

부록에 실린 글들은 둘 다 본 편에 실린 글 이전에 작성된 것들이다. 현재의 관점에서 볼 때, 부족함도 많고, 수정되어야 할 부분도 있지만, 그래도 자식 같은 마음으로 버릴 수 없어 ‘부록’으로 수록하였다. 출판 순서는 바뀌었지만, 이 두 글에 대한 후속 작업은 『오늘의 사회, 오늘의 종교』 5장 “다종교사회의 긴장과 공존: 공적 영역에서의 종교”에서 찾아볼 수 있다.

몇 년 동안 프로젝트만 여러 개 진행하다 보니, 글을 ‘쓴다’기보다, ‘생산해 낸다’, ‘찍어 낸다’라는 느낌이 들기도 했다. 그렇다고 본서에 실린 글이 무의미하다는 말은 아니다. 다만, 이제 프로젝트도 많이 정리되었고, 학교라는 환경에서 연구할 수 있는 시간도 많이 남은 것은 아니기에, 향후 '과연 무엇을 연구해야 할 것인가?'에 대한 고민이 조금 더 필요할 것으로 보인다. 일단은 약간은 쉬어 가는 의미로, 한 번도 손대지 않았던 번역작업, 필자가 공부하였지만, 한국에는 아직 번역되지 않은 독일 고전 종교사회학의 책들 일부를 번역해 볼 계획은 갖고 있다.

책을 펴냄에 있어, 이 글의 배경이 되었던 연구 프로젝트의 구성원들, 특히 연구책임자를 맡으셨던 송재룡, 박명수, 권진관 교수님께 감사의 말을 전한다. 끝으로 힘들게 수술을 마치고 건강을 회복하여 아직도 건강하게 아들을 위하여 기도하고 계신 김정숙 권사님과 (때로는 어른이 된 자녀가 부모를 대하는 것처럼) 조금 멀리 있는 것 같아도 여전히 늘 나를 인도해 주시는 하나님께 감사를 드린다.

2019년 7월
최현종

목차

제3부 종교와 돈

부록

제1부 — 현대사회와 종교

01

탈교회 현상에 대한 종교사회학적 분석

Ⅰ. 들어가는 말: 탈교회 현상이란?

몇 년 전부터 한국 교계에 '가나안 교인'이란 말이 유행하고 있다. 주지하다시피, 가나안 교인이란 '기독교 신앙을 가지고 있으면서 교회에는 출석하지 않는 사람'들을 가리키는 용어이다. 이러한 현상은 한국에만 국한되지는 않는다. 일찍이 영국의 종교사회학자 그레이스 데이비(Grace Davie)는 '소속이 없는 믿음(Believing without Belonging)'이라는 용어를 통하여 이러한 현상을 정의하였고(Davie, 1990), 미국 학계에서는 "종교적이지는 않지만, 영적인(not religious, but spiritual)"이라는 형용사로 이들을 표현하기도 한다. 루프(W. C. Roof)가 인용한 자료에 의하면 미국의 경우 '종교적'이라고 대답한 사람의 79%가 자신을 '영적(spiritual)'이라고도 규정하였지만, '종교적'이 아니라고 대답한 사람의 54%도 자신을 '영적'이라고 정의하였다(Roof, 2003: 145). 이러한 비율-영적이지만, 종교적이라고 규정하지 않은-은 전체 조사 대상자로 보았을 때에는 약 14% 정도를 차지하였다. 최근에는 이러한 이들을 가리키는 용어로 '교회 난민(Church Refugees)'이라는 용어도 등장하였다(cf. Packard and Hope, 2015).

이러한 현상은 왜 나타나는 것일까? 이러한 현상은 현대(modern)

혹은 탈근대(post-modern)적 사회 변화의 결과로 볼 수 있을까? 기독교인의 입장에서 이러한 현상을 어떻게 바라보아야 할 것인가? 이 글은 이러한 '탈교회 현상'을 종교사회학적으로 분석하고, 부족하지만 위의 질문들에 대해 어느 정도의 답을 제공하는 것을 목적으로 한다.

II. 탈교회 현상: 종교의 개인화?[1]

현대사회의 종교적 변화를 설명하는 중요 이론 중의 하나는 '세속화' 이론이었다. 일반적으로 세속화는 "종교가 사회생활의 다양한 영역에서 그 영향력을 상실해 가는 과정"이라고 정의된다(Giddens, 2011: 594). 역사적으로는 30년 전쟁의 혼란 상황에 이은 베스트팔렌 평화조약의 협상 과정에서 토지와 재산이 교회의 통제로부터 벗어남을 나타내는 용어였다(Reicke, 1986). 하지만 이는 점차로, 특히 19세기 이후 전체적인 근대사회로의 변화과정, 특히 종교적 변천과 이와 관련된 전통적 가치들의 변화를 일컫는 용어로서 발전되었다(최현종, 2013: 87).

세속화 이론의 일반적 입장은 종교의 '쇠퇴'이다. 즉, 사회가 '근대화', '합리화'되어 감에 따라 종교는 쇠퇴할 수밖에 없다는 입장이다. 이는 사실 서구 사회 일반의 소위 '근대화' 이론과 궤를 같이하는 것으로, 최근에는 서구적 '근대성(modernity)' 개념에 대한 재검토와 함께 많은 학자들에 의해 반박되고 있는 실정이다. 즉, 근대성이 기본

1) 본서 2장 52-54 참조.

적으로 근대화의 수렴 이론에 기초한 것처럼, 세속화의 개념도 이러한 '근대성'의 한 갈래로, 그 기반에는 계몽주의적・근대주의적・규범적 편향이 자리 잡고 있다. 이러한 맥락에서 세속화는 과연 '보편적・필연적인 과정인가?' 하는 문제가 제기되고 있으며, 다양한 근대성의 논의와 함께 다원적 세속성, 나아가 세속성 개념 자체의 재정의가 필요하다는 입장이 제기되고 있다.

하지만, 실제적으로 세속화에 대한 반증은 이러한 이론적 형태가 아닌 실증적 자료의 형태로 더욱 강력하게 제기되고 있다. 사회가 발전함에 따라 종교가 쇠퇴할 것이라는 세속화 이론가들의 주장과는 반대로 유럽 일부를 제외하고는 전 세계의 종교 인구가 증가하고 있기 때문이다(cf. Jenkins, 2009). 물론 최근에는 서구 사회 가운데 세속화 이론의 예외라고 주장되었던 미국에서도 종교 인구가 줄어드는 통계가 제시되고 있고, 이에 대한 활발한 연구도 진행되고 있지만(cf. Zuckerman, Galen, and Pasquale, 2016), 전 세계적으로 종교 인구는 여전히 늘어나고 있는 실정이다. 이러한 세속화 이론의 변화를 보여 주는 대표적인 사례는, 세속화 이론의 대표적 학자라고 할 수 있는 피터 버거(Peter L. Berger)의 입장 변화이다. 그는 일찍이 『종교와 사회(The Sacred Canopy)』(1967) 등의 저서를 통하여서 세속화 이론의 주요한 대변자로서 활동하였으나, 1990년대에는 『세속화냐, 탈세속화냐(The Desecularization of the World: Resurgent Religion and World Politics)』(1999)라는 편저를 통하여서 현대의 세계를 설명하는 데 있어서 세속화 이론이 더 이상 유효하지 않음을 드러내었다.

종교의 '쇠퇴'를 주장하는 일반적 세속화 이론과는 별개로, 현대의 종교는 쇠퇴하는 것이 아니라 제도적 형태에서 보다 개인적인 형태로 '변화'하고 있음을 주장하는 또 다른 입장이 있다. 이러한 입장을 대변하는 대표적인 학자가 앞서 언급한 피터 버거의 동료이자, 많은 저서를 함께 출간하기도 하였던 토마스 루크만(Thomas Luckmann)이다. 루크만은 그의 저서 『보이지 않는 종교(The Invisible Religion)』(1967)를 통하여, 현대사회에서 보이는 종교, 즉 제도적 종교는 쇠퇴하고 있는 데 반해, 보이지 않는 종교, 즉 개인화된 종교는 여전히 의미를 지닌다고 주장한다. 그리고 이러한 변화의 중심에는 종교의 개인화와 교회의 (의미) 해석의 독점의 상실이 자리 잡고 있다. 거룩한 영역과 관련된 주제는 더 이상 제도적 종교의 독점 사항이 아니고, 세속적 · 비종교적 의미체계와 경쟁하게 되었다. 즉, 사회의 기본적 가치체계는 더 이상 종교의 독점물이 아니며, 나아가 종교적 전문가들도 '거룩함'의 재화에 대하여 여타의 영역의 전문가들에게 조언을 구하기도 한다. 이와 같은 상황에서 개인은 선택을 하여야 하는데, 이러한 종교성은 더 이상 공적이지 않으며, 사적으로, 개인적으로 정착하게 되며, 이러한 사적 신앙은 개인의 자율성을 존중하며, 공식적인 혹은 제도적인 종교의 모델과는 구분되는 양상을 지닌다.

사실 이러한 루크만의 주장은 몇 가지 기본적인 전제들을 지니고 있다. 먼저 그의 주장은 종교의 '본질적'인 정의보다는 '기능적'인 정의를 바탕으로 하며,[2] 종교의 기능을 주로 의미 추구와 관련하여 보고 있다. 또한 루크만은 대, 중, 소의 초월성을 구분하고 있는데, 전

---

2) 종교의 '본질적' 정의는 '거룩함', '영적 존재' 등 종교가 가지고 있는 특질들을 통하여 종교를 정의하려는 시도를 말하며, 이에 반하여 '기능적' 정의는 '사회통합', '의미 부여' 등 종교가 '무엇을 하는가'에 근거한 정의이다. 종교의 본질적 정의와 기능적 정의에 대하여는 이원규(2006) 2장 참조.

통적인 종교가 일상생활에서 접근할 수 없는 경험의 영역인 거대 초월성의 부분을 다루었다면, 직접적 경험이 제한적으로만 넘어설 수 있는 시간적·공간적으로 도달할 수 없는 부분들(작은 초월성), 타인의 신념과 같은 다양한 사회적 경험의 간접성(중간적 초월성) 등도 종교의 범위에 포함시키고 있다. 이러한 루크만의 입장은 앞서 언급한 데이비의 '소속이 없는 믿음'이나, 벡(Ulrich Beck)의 '자기만의 신(Der eigene Gott)' 등의 주장으로 이어지고 있다.

물론 루크만 이전에도 이러한 종교의 개인화에 대한 주장은 존재하였다. 트뢸치(Ernst Troeltsch)는 종교의 유형을 설명하면서, '교회(Kirche, church)'와 '종파(Sekte, sect)'라는 집단적 유형 외에 '신비주의(Mystik, mysticism)'라는 개인적 유형을 제시하였고(Troeltsch, 1912), 짐멜(Georg Simmel) 또한 '종교(Religion)'와 '종교성(Religiosität, religiosity)'을 분리하여 제도적 종교와 개인적 종교를 구분하였다(Simmel, 1912). 짐멜의 사회학에 있어서 중요한 범주는 '내용'과 '형식'이다. 형식은 본래 내용을 잘 담기 위한 그릇인데, 시간이 지남에 따라 내용과의 관계보다는 형식 자체의 논리에 움직이게 된다. 이러한 형식과 내용의 관계는 종교와 종교성에 그대로 적용될 수 있다. 짐멜의 견해에 따르면, '종교'란 '종교성'을 담는 그릇, 형식인데, 이것이 점차로 종교성과 무관하게 자체의 논리에 의해 움직이게 되고, 이러한 문제를 극복하기 위해 순수한 내용, 즉 '종교성'을 회복하기 위한 노력이 개인적 종교의 형태로 나타나게 된다는 것이다.

짐멜에서 루크만에 이르는 입장을 탈교회 현상과 관련하여 해석해 보면, 결국 탈교회 현상은 현대의 개인화, 특히 종교의 개인화에 따른 것이며, 이러한 입장을 따르는 이들은 종교와 관련된 '의미' 해석에 있어서 더 이상 제도적 교회의 독점을 인정하지 않는 경향이 있다. 아울러 이들은 지나치게 형식화되어 종교 자체의 본래적 '내용'을 잃어버린 제도적 교회에 반발하여 종교 본연의 '내용'을 회복하고자 노력하기도 한다. 다음 장에서는 이와 같은 '탈교회적' 종교(성)의 특징을 '영성'이라는 주제하에 좀 더 자세하게 살펴보고자 한다.

Ⅲ. 개인화된 종교: 영성의 추구[3)]

현대의 학자들이 개인화된 종교를 제도적 종교와 구분하기 위하여 사용하는 대표적인 용어 중의 하나는 '영성'이다. 이는 앞서 언급한 짐멜의 '종교성'에 가까운 것이지만, 현대의(특히, 영미권의) 학자들은 '영성'이라는 용어를 더 선호한다. 루프(W. C. Roof)에 의하면, '영성(spirituality)'은 제도적 종교의 교리 및 의례 중심의 형태에 반하여 "의미, 그리고 실존적 전체성을 향한 인간적 탐구"를 의미한다(Roof, 2003: 138). 우스나우(R. Wuthnow) 또한 이러한 상황이 사람들이 형이상학에 대한 믿음을 잃고, 좀 더 세분된 지식과 실용적 지혜를 찾는 경향에 기인한다고 말하고 있다. 이러한 변화된 경향이 과거의 '제도적 종교'보다는 새로운 형태의 '종교적인 것'을 요구하였고, 이것이 '영성'이라는 형태로 나타나게 되었다는 것이다. 우스나우는 제도적 종교와 새롭게 나타난 영성을 구분하면서 "거주자(dweller)"와 "탐색자(seeker)"라는 대조적 개념을 통하여 그 차이를 설명하고 있는데(Wuthnow, 1998: 3), 여기서 '거주자'가 기존의 잘

3) 최현종(2017), 239-242 참조.

정립된 의례나 일상적 관행 속에서 질서와 의미를 발견하는 자라면, '탐색자'는 그 말 자체가 의미하는 바처럼, 의미 혹은 절대성의 여러 다양한 가능성에 대해 '개방성'을 갖고, 새로운 영적 가능성을 탐색하는 자를 의미한다. 그리하여 종교적 · 영적 생활과 관련하여 전자는 정착된 삶을 사는 이의 이미지를, 후자는 여행자, 혹은 방랑자의 이미지를 전해 준다.

미국의 경우 이미 1970년대 중반의 조사에서 10명의 미국인 중 8명가량이 "개인이 교회와 독립적으로 자신의 종교적 신앙을 가져야 한다"는 데에 동의하는 것으로 나타났고, 비슷한 비율의 사람들이 "교회나 회당에 참석하지 않는다 하더라도 그는 좋은 크리스천 혹은 유대교인일 수 있다"고 답하였다(Princeton Religion Research Center, 1978). 이러한 제도적 종교에 얽매이지 않은 종교인/영적 탐색자의 모습은 벨라(R. Bellah)의 '쉐일라이즘(Sheilaism)'이라는 표현 속에서도 잘 드러나고 있다.[4] 쉐일라이즘은 현대의 종교 생활에 있어서의 '표현적 개인주의' 혹은 '공리주의적 개인주의'의 경향을 잘 보여 주는 것으로, 특정 종교의 입장보다는 자신의 개인적 필요에 따라 접촉할 수 있는 다양한 종교적 원천으로부터 필요한 것을 소비하는 경향을 의미한다. 이는 물론 종교만의 현상이라기보다는 사회 전반의 상대주의, 다원주의, 개인주의와 같은 경향이 반영된 것으로 볼 수 있다. 또한 '자아'–특히 '자아실현'이나 '자아 표현'– , '창조성', '자발성'과 같은 심리학적 · 사회문화적 개념이 종교적 현상에 투영된 것으로도 보인다.[5] 이러한 현재의 경향들은 종교의 선택 혹은 소비에

---

4) 종교 문제에 관하여 자기 자신의 내적 목소리를 좇아 행했던, 심리 치료 중에 있었던 한 젊은 간호원(Sheila Larson)을 묘사하기 위해 벨라 등이 사용한 용어. 종교의 개인화 경향을 단적으로 드러내 주는 표현으로 통용된다. 이와 관련하여서는 Bellah et al.(2001) 참조.

영향을 미치고, 나아가 자신의 필요에 따라 종교를 가공하는 것으로 발전하기도 한다. 즉 기존의 패키지화된 경험이 아니라, 자신의 창조물로서의 경험적 생산물을 추구하는 경향이 종교에 있어서도 나타나는 것이다(Flory and Miller, 2007: 203).[6] 이러한 추구에 있어 중심에 위치한 것은 '신'이 아니라, 앞서 말한 바처럼 '자아'이다.[7] 따라서 자신이 소비하고자 하는 종교적·영적 재화가 소비 욕구에 적합하지 않을 때, 그들은 쉽게 다른 종교적·영적 재화, 혹은 나아가 비종교적 재화로 소비를 변화시킬 수 있다. 이제 진리는 '교회'의 진리가 아니라, '나'의 진리가 되어야 하며, '나'의 진리가 되는 데는 '교리'보다 '경험'이 중요한 영향을 미친다. 이와 같은 상황에 대해 드루거스(André Droogers)는 '영혼의 탐색(soul-searching)'이 '진리의 발견(truth finding)'보다 더 중요해진다고 말하기도 한다(Droogers, 2007: 93f).

드루거스에 의하면 이와 같은 종교의 개인화의 경향은 실제로는 2가지 상반된 방향으로 진행될 수 있다. 하나는 공적·사적 영역에서의 종교의 '주변화(marginalisation)'이고, 또 하나는 실존적 불안정성의 야기에 따른 '새로운 종교성'으로의 발전이다(Droogers, 2007: 84). 자기 성취를 삶의 목적으로 만드는 주관성, 당대의 선택 경향을 좇게 만드는 불확실성은 단지 '지금 여기'에 집중하여, 과거의 전통이나 종말론적 희망의 자리를 앗아갈 수도 있지만, 때로는 일상생활

---

5) 루프는 이러한 변화에 중요한 영향을 미친 요소로 개인주의적 에토스, 치료적 사고방식(therapeutic mentality), 증가하는 소비주의를 들고 있다(Roof, 2003: 142).

6) 미국의 이머징 처치의 경우에도 이러한 경향이 일부 나타나는 것으로 볼 수 있다. 또한 이러한 경향은 단순한 소비자가 아니라, 어느 정도 가공을 행하는 '프로슈머(Prosumer)'라는 일반 사회적 개념과도 상통하는 것으로 볼 수 있다.

7) 힐라스(P. Heelas)는 이와 관련 '거룩한 자아(sacred self)'라는 용어를 사용한다. 이와 관련하여서는 Heelas(1996) 참조.

을 지속적으로 스스로 통제하는 데 지친 현대인들로 하여금 거룩함에 대한 맹목적 복종을 통하여 위안을 얻도록 만들기도 한다. 결코 무시할 수 없는 이러한 현대의 종교적 추구 속에 종교 생활에서 조직화된 틀과 완전한 자유의 절묘한 조화-실제로는 쉽지 않은, 거의 불가능에 가까운-를 요구하는 것에 대한 답으로서 나타난 것이 현대적 의미의 '영성'의 추구 현상이라고 생각된다.

Ⅳ. 탈교회 현상의 출발로서의 개인화의 기원과 전개

영성의 추구와 관련된 이러한 개인화 현상은 주지하다시피 종교만의 문제는 아니다. 다시 말하면, 제도적 교회의 약화는 단순한 종교만의 문제가 아니라, 전반적인 사회 변화에 따른 보다 일반적인 사회현상의 한 양상으로 볼 수 있다. 교회의 변화는 정당 체제, 노동조합의 약화 등 관련된 여타 제도 영역, 다른 자발적 조직체들의 변화와 함께 살펴보아야 할 것이다(Davie, 2007: 92f.). 교회뿐 아니라 정규적으로 모임을 요구하는 다른 사회적 활동들도 쇠퇴하고 있으며, 교회는 많은 자발적 조직체 중의 한 유형으로 존재하고 있다. 카메론(Helen Cameron)은 특히 사회적 자본의 생성과 관련된 집단이 쇠퇴하고 있으며, 반면에 상대적으로 구성원에 대한 요구가 적은 집단은 성장하는 추세를 보인다고 주장한다(Cameron, 2001). 반면, 종교적 집단에서 세속적 집단으로 전환하고 있다는 세속화의 증거는 나타나지 않는다.

그렇다면, 이러한 개인화는 언제 어떻게 일어난 것일까? 흥미롭게도 독일의 사회학자 벡은 이러한 개인화가 종교에서부터 시작된 것이라고 설명한다. 그는 자신의 책 『자기만의 신』에서 종교개혁을 '개인화의 혁명'이라고 표현한다(벡, 2013: 146). 그는 루터의 혁명의 골자를 종교의 개인화, 즉 '자기만의 신'을 발명한 것이라고 주장하며, "교회의 정통 교리에 대항해 주관적 신앙의 자유를 설파"했다고 기술한다(벡, 2013: 147). 이를 통하여 주관적 신앙은 교회의 권위로부터 이탈하고, '자기만의 신'과의 개인적 대면을 통하여 신앙의 확신을 얻게 된다. 제도적 교회를 통한 고전적 고해는 이제 신과 직접적, 즉 개인적으로 연결된 형식의 고해, '자기만의 신'과 대화하는 형태의 기도로 바뀌게 된다. 벡에 의하면 짐멜의 구분, 즉 형식으로서의 제도적 '종교'와 내용으로서의 개인적 '종교성'의 구분은 이미 루터에게서 나타난다. 벡은 루터가 '종교적'이라는 형용사를 '종교'라는 명사로부터 구분하였다고 주장하는데, 이는 짐멜의 구분에 상응한다. 벡은 이러한 변화를 전체적으로 '개인화의 제1단계'라고 명명하는데, 그에 따르면 "신앙의 확실성을 제공하는 근원을 교회의 위계질서 대신 자아에서 찾는 사람은 관점의 변화만을 가져오는 것이 아니라, '세계의 변화'까지도 가져온다"(벡, 2013: 148). 나아가 이러한 개인은 신과의 유사성, 그리고 신의 직접성으로 인해 스스로의 내면에서 '자기 충족', '진정성', '창의성' 등의 근원도 발견하게 된다(벡, 2013: 153). 결국, 스스로를 성찰하는 '자율적이고 해방된 주체'는 자신이 도달한 '내면적 자유'를 통하여, 새로운 신이 되고 영웅이 된다.

벡은 '개인화의 제2단계'는 개인화가 '제도화'되는 것으로 설명하고, 이는 국민국가의 등장, 그리고 그에 따른 복지국가의 등장과 관련된 것으로 주장한다. 벡에 의하면 이러한 국가는 개인들의 책임을 전제로 한 사회적 법체계를 가지며, 공민적 기본권, 정치적 기본권, 사회적 기본권 등은 이러한 체계의 산물이다(벡, 2013: 153). 이러한 체계가 대상으로 삼는 것은 집단이 아닌 개인이다. 이 단계에서 '복지국가의 아이러니'가 나타난다고 벡은 주장하는데, 국가의 발전과정에서 계급투쟁을 통해 복지국가가 어느 정도 실현되면, 이를 통해 계급이 의미를 상실하고, 개인화가 더욱 진행된다. 더 나아가 21세기가 시작되는 현재의 시점에서는 과거 국민국가, 복지국가, 계급, 가족 등에 속해 있던 특성, 기능 및 활동들이 밖으로는 지구적 · 국제적 차원으로 이동되고(외주화), 안으로는 '개인'들에게 이전된다(내주화). 현대의 상황은 '제도화된 선택의 기회'와 '제도적으로 개인화된 선택의 강요'가 함께 존재하는 것이라고 벡은 기술한다(벡, 2013: 165). 벡은 "현재 확산되고 있는 것은 다양성이 아니라 다양성의 정상화"이며, 이를 통해 "개인화된 개인이 제도적인 뿌리를 통해 생산되고 재생산된다"고 주장한다(벡, 2013: 167f). 그리고 이러한 '개인화/세계시민화'가 나타나는 가장 중요한 영역이 노동세계와 함께 종교라고 벡은 주장한다(벡, 2013: 171).

종교개혁이 사실은 '개인화의 혁명'이었다는 벡의 주장은 사실 반대로도 설명할 수 있다. 즉, 종교개혁 때문에 개인화가 일어난 것이 아니라, 개인화적 경향의 발달이 종교개혁을 일으켰다는 입장이다. 그렇다면, 개인화의 기원을 어디서 찾아야 할까? '유물론적' 종교사회학의 입장을 지닌 브라이언 터너(Bryan. S. Turner)는 그 기원을 사유재산제의 발달에서 찾는다. 즉, 개인주의는 재산권을 정당화하는 과정에서 나타난 경쟁적 자본주의 체제의 자연스러운 결과라는 것이다. 자본주의 체제는 사유재산, 개인의 권리 등의 개념을 전제하며, 재산의 소유, 이양, 침해 등과 관련된 개인주의적 법체계가 없이는 지속될 수 없다. 어떤 의미에서 '법적 주체'라는 개념은 '상품'이라는 형식의 법적인 표현이라고도 볼 수 있다. 이와 함께 소유자 계급의 경제적 이익을 보호하기 위해서도 개인주의적 가치관은 필수적이다. 결국 개인주의는 자본주의사회에서 하나의 중심 이데올로기로 작용한다. 자본주의국가의 중앙집중적·관료적·위계적 작동에 있어 '개인'이라는 원자화된 작용 단위의 설정은 필수적이다(Turner, 1983, 160). 터너는 풀란차스(Nicos Poulantzas)를 인용하면서, 자본주의국가는 이러한 개인화·원자화의 장치를 고정시키고, 형식적으로는 평등한 것처럼 보이는 이러한 단자들(monads)의 통합을 대변하는 것처럼 작용한다고 주장한다. 그 결과, 사회 내의 계급 간의 갈등은 개인 간의 갈등으로 경험되며, 국가는 정치 기구의 통합하에 이러한 분열된 개인들을 조정한다는 '허구'의 역할을 감당한다는 것이다. 푸코(Michel Foucault) 또한 유사한 맥락에서 '개인'은 사회의 이데올로기적 표상에 있어서의 허구적 단위이며, 이들은 '규율'이라고 불리는 권력의 장치에 의해 만들어진다고 주장한다(푸코, 2003). 결국 개인화는 한편으로는 사람들을 구별되고, 분리된 단위로 만들지만, 다른 한편으로는 통제에 보다 종속되게 하는 역설적 작용을 하게 된다.

터너는 이러한 사유재산제에 근거한 상품 생산 사회에 가장 어울리는 종교가 개신교라고 생각한다(Turner, 1983, 155). 터너는 베버의 '자본주의 정신'과 '개신교 윤리'와의 관계에 대한 주장을 인과적이기보다는 '유사한(analogous)' 성격을 지닌 것으로 다르게 파악되어야 한다고 보며, 이러한 유사성은 상품 생산에 있어서의 교환적 관계에 의해 설명될 수 있다고 주장한다(Turner, 1983, 169). 결국, 양심의 자유와 시장의 자유는 동시적으로 발달한 것이다. 터너는 트뢸치를 인용하여, 개신교 '종파'가 '교회' 조직의 전통적 · 집단적 특성에 반한 개인주의를 배양하는 모판이 되었다고 주장한다(Turner, 1983, 172). 개신교의 가장 중요한 특징 중의 하나는 종교의 주요 목적인 '구원의 추구'에 있어서 공동체적 '성사'의 의미를 제거, 혹은 축소한 것이다. 하지만, 이러한 '종파'들은 현대 자본주의사회에서 개인주의의 발전에 따라 다시 '신비주의'의 보다 사적이고, 개인주의적 양태에 의해 대체된다는 것이 트뢸치- 터너의 입장이다. 이러한 종교적 개인주의는 '개인' 간의 관계는 중요시하지 않고, 오직 개인의 영혼과 신 사이의 관계를 강조할 뿐이다. 한편으로 이러한 개인주의적 종교는 '엘리트'적 성격을 띠기도 하는데, 그러한 의미에서 트뢸치적 '교회/신비주의'의 차이는 베버적인 '대가(virtuoso)' 종교성과 '대중적' 종교성의 구분에 상응하는 것으로도 볼 수 있다.

이상 언급한 터너의 입장이 반드시 벡의 견해와 반대되는 것은 아니다. 벡이 언급한 개인주의의 1단계와 2단계가 터너에게 있어서는 뒤바뀌어 있고, 2단계에 있어서 중요한 역할을 하는 국가와 법체제의 문제가 근원적으로는 자본주의적 상품 생산체제와 그 근거로서의 사유재산제에 기인한다는 것이 터너의 입장이다. 어느 쪽의 입장을 지지하든 개신교의 탄생이 개인주의의 출발과 깊은 관련을 맺는다는 것은 양자의 공통된 견해이다. 그리고 그와 같은 개인주의의 경향은 현재 더욱 심화되어, 개인주의의 시작에 기여했던(?) 개신교의 모습 자체를 변화시키고 있다. 터너는 개신교 '종파'는 외부 세계로부터 개인을 분리시키는 대신, 내부 구성원들 간의 결속을 강화하는 경향이 있다고 보았으며, 그 역사적인 사례로 산업혁명기 영국의 감리교 운동을 들었다. 하지만, 이제 그 내부적인, '종파적인' 결속도 약화되고 있고, 이러한 상황은 현재의 '탈교회'적 현상으로 이어지고 있다.

V. 시장이론: 탈교회 현상의 또 다른 설명[8)]

사회발전에 따라 종교는 '쇠퇴'한다는 일반적 세속화 이론, 종교는 '쇠퇴'하는 것이 아니라, 개인화된 종교로 '변화'하는 것일 뿐이라는 개인화 이론과 더불어 현대의 중요한 종교사회학적 이론의 한 줄기는 소위 '시장이론(market theory, 혹은 합리적 선택 이론: rational-choice theory)'이다. 과연 현대는 과거에 비해 세속화된 사회일까? 세속화 이론이 처음 제기되었을 때부터 여기에 대한 많은 반론이 제기되어 왔다. 그중 가장 많이 제기되는 문제는, 과연 과거의 시기가 세속화 이론이 가정하는 만큼 신앙적 시기였는가 하는 문제이다. 보통 서구 사회의 경우, 현대 이전의 시기, 특히 중세를 매우 종교적인 시기로 보는 입장을 '가톨릭 유토피아주의'라고도 부르는데, '유토피아'라는 말의 어원에서도 알 수 있듯이, 이는 과거의 '신앙의 시대'의 주장이 허구일 뿐이라고 주장한다. 실제로 이 시기의 농촌 생활은 교회의 별 관심의 대상이 되지 못했고, 교회는 도시적 현상이었을 뿐이다. 그리하여 '가톨릭 유토피아주의'를 반박하는 사람들은, 중세의 시기는 '신앙의 시대'이기보다는 종교적으로 규정된 사회질서의 시대일 뿐이라고 말한다.

---

8) 본서 55-57 참조.

과거가 더 종교적이지 않았을 뿐 아니라, 현대 또한 덜 종교적이지 않다는 주장들도 세속화에 대한 반론으로서 제기될 수 있다. 앞서 언급한 바처럼 종교의 쇠퇴는 서구 유럽에 제한된 현상이며, 아시아, 아프리카, 라틴아메리카 등 소위 제3세계에서 종교는 여전히 부흥하고 있다. 심지어 가장 현대화한 국가라고 할 수 있는 미국에서도 최소한 종교는 쇠퇴하지 않고 명맥을 유지하고 있다.[9] 이와 같은 관점에서 유럽과 미국의 학자들은 서로 상대방의 경우가 보편적 사회발전의 예외라고 주장하는 '미국 예외주의'와 '유럽 예외주의'를 주장하고 있다. 즉, 세속화를 주장하는 입장에서는, 아직 근대화・산업화 도상에 있는 제3세계 국가들을 제외한다면, 종교의 쇠퇴를 보이지 않는 미국이 예외적이라는 것이 '미국 예외주의'적인 입장이며, 그에 반하여, 유럽을 제외한 모든 국가들에 있어 종교적 부흥이 나타나고 있는데, 그러지 못한 유럽이 예외적이라는 것이 '유럽 예외주의'의 입장이다. 앞에서 언급한 세속화론자들이 대개 '미국 예외주의'에 서 있다면, '유럽 예외주의'를 주장하는 대표적인 학자들은 스타크(Rodney Stark)로 대표되는 미국의 '시장이론가'들이라고 할 수 있다.

스타크에 의하면, 시장 및 경쟁 상황은 반드시 종교의 약화로 이끌지는 않는다. 종교의 약화는 오히려 변화하는 환경에 대해 종교적 제도들이 불충분하게 적응한 결과이다. 또 다른 시장이론가인 야나코네(L. Iannacone)에 의하면 독점은 오히려 종교적 생명력(vitality)에 해로운 영향을 미친다. 종교적 독점은 '무임승차(free-ride)'의 문제로 집단의 정체성에 장애 요소로 작용하며, 독점 종교 집단은 배

9) 최근에는 종교인이 감소하는 경향이 점차 나타나고 있다.

타성을 지닐 뿐 아니라, 이들이 갖는 사회적 장벽과 진입비용은 사람들을 상대적으로 종교에 무관심한 채로 그 집단 밖에 머물게 한다. 세속화 이론의 주장과는 달리, 미국의 교회에의 소속은 1789년 교회와 종교의 분리, 그리고 이어지는 19세기의 종교적 활동 속에서 급속도로 성장하여, 독립 당시 10%에 불과했던 미국의 교회 신도들은 이제는 거의 60%에 이르고 있다는 것이 이들의 주장이다(Stark and Finke, 2009). 시장이론가들은 종교적 수요는 상대적으로 안정되어 있으며(이러한 면에서는 개인화론자들과 일치한다), 규제가 약할수록, 다원화될수록, 경쟁이 많을수록 종교적 생명력은 강하다고 주장한다. 즉, 유럽의 종교의 쇠퇴는 많은 규제, 독점, 경쟁의 부재의 산물이지, 세속화가 필연적인 것은 아니라는 것이다. 이에 반하여, 종교의 자유로운 시장이 보장되는 미국에서는 종교가 여전히 부흥하고 있는 것이 그 증거라고 이들은 주장한다.

그렇다면 탈교회 현상을 시장이론의 측면에서는 어떻게 설명할 수 있을까? 시장이론의 주요한 측면은 수요가 아닌 공급의 측면이다. 즉, 시장에서 적절한 종교적 공급이 나타나지 않기 때문에, 그 수요를 충족시킬 수 없는 수요자들이 시장에서 물러난다는 것이다. 이를 한국 사회의 탈교회 현상에 적용해 본다면, 탈교회는 자신의 수요에 맞는 교회를 발견하지 못한 신자들이 종교시장, 적어도 교회와 관련된 시장에서 철수하는 현상이라고 볼 수 있다. 이를 역으로 해석하면, 그들이 원하는 교회가 나타난다면, 이들은 언제든지 다시 교회로 들어올 것이라고 예측할 수 있다. 시장이론이 모든 탈교회 현상을 설명하지는 못하지만, 일부의 탈교회 현상은 이러한 요인으로 설명이 가능한 것으로 보인다.

VI. 나가는 말: 탈교회 현상을 어떻게 보아야 할까?

본고는 현재 한국 사회에서 점증하고 있는 탈교회 현상의 원인을 종교사회학적 관점에서 살펴보는 것을 목적으로 하였다. 탈교회 현상은 종교만이 아닌 사회 전반의 개인화 현상의 한 단면이며, 역사적으로도 이러한 개인화는 종교, 특히 개신교의 탄생과 밀접한 관련이 있음을 살펴보았다. 결국, 개인화된 종교는 종교적 의미 해석을 더 이상 교회의 권위에 독점적으로 의존하지 않으며, 개인의 종교 해석과 교회의 종교 해석이 충돌할 때 더 이상 신자들은 교회에 머무르지 않고 다른 교회로 이동하거나, 혹은 자신의 입장, 자신의 수요에 맞는 교회가 없을 때에는 교회 자체에서 벗어나기도 한다.

이러한 탈교회 현상을 우리는 어떻게 보아야 할까? 이를 "성직자 의존 중심의 주술적 축복종교에서 주체적인 종교인이 되려는 계몽적 합리종교로의 종교의 발전과정"으로서, "<교회주의 기독교>에서 <탈교회적 기독교 혹은 비종교적 기독교> 현상의 출현으로" 이해할 수는 없을까? 이러한 이해 자체가 틀리지는 않다. 다만, 거기에 담긴 '주체적', '계몽적 합리주의' 등의 용어에 대한 비판적 검토가 필요하다. 똑같은 현상을 '변화'로 볼 것이냐, '발전'으로 볼 것이냐는 이를 위한 '가치판단'과 그 '기준'이 필요하다. 위의 용어 등은 대부분 긍정적으로 사용되고 있으나, 여기에 담긴 '근대주의적' 함의를 벗어나기는 힘들다. '탈근대'적 현대의 상황에서 과연 이러한 용어들이 긍정적 가치만을 갖는 것으로 볼 수 있을까에 대하여는 비판적인 논의가 필요하다.

유사한 맥락에서 "물질축복의 주술형 기독교에서 의미추구형 계몽적 · 합리적 기독교"로의 '발전'을 얘기하는 것도 논의해 볼 필요가 있다. 이에는 '물질축복', '주술형'을 부정적으로 보는 근대주의적 시각이 깃들어 있다. '물질축복'만 얘기하는 것은 문제가 있지만, 이를 부정하는 것도 문제가 있다. 사람이 '떡'으로만 사는 것은 아니지만, '떡' 없이 살 수도 없다. 우리는 주기도문에서도 '우리에게 일용할 양식'을 구한다. 심리학적으로 보면, 이는 매슬로(Abraham Maslow)가 얘기하는 욕구의 위계와 관련되고, 사회학적으로 보면, 매슬로의 이론에 근거한 잉글하트(Ronald Englehart)의 물질주의 사회에서 탈물질주의 사회로의 변화에 상응한다. '자아실현'의 욕구는 '생리적' 욕구의 바탕에서만 가능하다. 이미 '생리적' 욕구를 해결하였다고, 이를 무시한다면, 이는 아직도 '생존'을 위해 싸워야 하는 많은 이들을 업신여기는 자문화/자계급 중심주의와 다르지 않다.

또한 "현대인은 종교는 거부하지만, 오히려 영적 갈급함을 추구한다"는 입장에는 부분적으로 동의하지만, 이것 역시 지나치게 '현대' 중심주의적으로 우리가 살고 있는 시대를 특별하게 취급하고 있는 것은 아닌지 검토해 볼 필요가 있다. '종교'와 '종교성'/ '영성'의 대립은 짐멜과 트뢸치에게서 이미 언급된 현상이며, 현대에 있어 두드러지기는 하지만, 종교사를 통하여 지속되어 온 현상이다. 기독교 역사에 있어서의 여러 운동, 초기의 몬타누스주의나, 중세의 초기 프란체스코파 운동이나 여러 천년왕국 운동들도 일종의 영성운동으로 볼 수 있다. 다만, 현대의 탈교회 현상은 보다 '개인화된' 현대의 '사회적' 특성을 지닌다. 그리하여 교회를 떠난 그들도 '참된 신앙을 찾는 그리스도인'일 수 있지만, "그들이야말로 역설적으로 진정한 그리스도인"이라는 주장에 대해서는 동의하지 않는다. 이들은 현대의 개인화된 '사회적' 특성 안에서 자신의 종교성을 추구하는 이들이고, 제도화된 교회의 '권위'와 '형식'에 반발하는 이들이라고 설명하는 편이 보다 적절하다고 생각한다.

마지막으로 "물질주의의 포로로 살아가는 현대인의 이면에 역설적으로 탈물질주의와 영성에 대한 욕구가 절실하다"는 점에는 동의하지만, 이러한 현상은 좀 더 면밀한 검토가 필요하다. 미국 사회에서 심리학, 특히 상담에 대한 욕구가 급증한 것은 미국의 산업화와 관련 있다. 현대에 급증하는 여행에 대한 욕구는 자본주의의 물질주의를 극복하기보다는 그에 적응하면서 살아가게 만드는 효과를 지닌다. '탈물질주의와 영성'이라는 측면도 동일한 선상에서 얘기할 수 있다. 이러한 경향이 자본주의사회를 극복하고, 물질주의에서 탈물질주의로 나아가게 하는지, 아니면 물질주의 사회에서 갖는 부분적인 불만을 치유 혹은 견딜 수 있게 해 주면서 결국은 물질주의, 자본주의 사회를 유지시켜 주고 있는지 말이다.

21세기는 다양성의 시대이다. 벡의 표현을 빌리면 "현재 확산되고 있는 것은 다양성이 아니라 다양성의 정상화"이지만 말이다. 과거에 '교회' 중심의 종교만이 정상적이었다면, 이제는 교회를 벗어난 '탈교회적' 종교도 존재한다. 그렇다고, '이것만이' 우리가 나아갈 방향은 아니다. 매일 새벽기도회에 나아가 '축복'을 위하여 기도하고, 통성기도를 통하여 그 마음에 쌓인 것을 신에게 호소하는 모습은 한국 기독교의 귀중한 자산이며, 소중한 종교적 가치를 지닌다.[10] 문제는 하나의 기준으로 다른 것을 판단하는 데 있다. 사람은 개인마다 서

---

10) 필자는 이러한 모습을 '뜨거운 영성'이라고 규정하고, 현대 영성 연구자들이 주목하는 '차가운 영성'과 구별한 바 있다(최현종, 2017: 246).

로 다르고, 또 서로 다른 환경과 조건에서 살아가고 있다. 그러한 사람들이 어떻게 하나님을 똑같은 방식으로 믿을 수 있겠는가? 중요한 것은 그들이 그들의 방식으로 '신과 소통한다'는 사실이 아니겠는가? 서로 다른 교회가 이들의 다양성을 포괄하기 위해 필요하다. 그리고 혹시 그러한 교회가 아직 없다면 그들은 교회를 벗어날 수도 있다. 아마, 그러한 교회가 언젠가는 나타날 것이다. 그러나 혹 그들이 좀 더 개인적인 형태로, 교회에서 벗어나 있다면 -하지만 하나님 안에 있다면- 무엇이 문제인가? 그것은 어쩌면 '교회의 문제'일 뿐이다.

참고문헌

이원규. 2006. 『종교사회학의 이해』 개정판. 파주: 나남.

최현종. 2013. 「세속화」. 김성건 외. 『21세기 종교사회학』. 서울: 다산출판사.

______. 2017. 『오늘의 사회 오늘의 종교』. 서울: 다산출판사.

Beck, Ulrich. 2013. 『자기만의 신: 우리에게 아직 신이 존재할 수 있는가?』. 홍찬숙 역. 서울: 도서출판 길.

Bellah, Robert N., Richard Madsen, William M. Sullivan, Ann Swidler and Steven M. Tipton. 2001. 『미국인의 사고와 관습: 개인주의와 책임감』. 김명숙/김정숙/이재협 공역. 서울: 나남출판.

Berger, Peter L. 1967. *The Sacred Canopy*, New York: Bantam Doubleday Dell Publishing Group (번역서 『종교와 사회』. 이양구 역. 서울: 종로서적, 1981).

______. 1999. *The Desecularization of the World: Resurgent Religion and World Politics*. Grand Rapids: Eerdmans (번역서 『세속화냐 탈세속화냐』. 김덕영/송재룡 역. 서울: 대한기독교서회, 2002).

Cameron, Helen. 2001. "Social Capital in Britain: Are Hall's Membership Figures a Reliable Guide?" 2001 ARNOVA Conference.

Davie, Grace. 1990. "Believing without Belonging: Is This the Future of Religion in Britain?" *Social Compass* 37-4: 455-469.

______. 2007. *The Sociology of Religion*. London: Sage.

Droogers, André. 2007. "Beyond Secularisation versus Sacralisation: Lessons from a Study of the Dutch Case." In: Kieran Flanagan and Peter C. Jupp (eds.), *A Sociology of Spirituality*. Hampshire: Ashgate.

Flory, Richard W. and Donald E. Miller, 2007. "The Embodied Spirituality of the Post-Boomer Generations." In: Kieran Flanagan and Peter

C. Jupp (eds.), *A Sociology of Spirituality*. Hampshire: Ashgate.

Foucault, Michel. 2003. 『감시와 처벌: 감옥의 역사』. 오생근 역. 파주: 나남.

Giddens, Anthony. 2011. 『현대사회학』 6판. 김미숙 외 역. 서울: 을유문화사.

Heelas, Paul. 1996. *The New Age: Religion, Culture and Society in the Age of Postmodernity*. Oxford: Blackwell.

Jenkins, Philip. 2009. 『신의 미래: 종교는 세계를 어떻게 바꾸는가?』. 김신권/최요한 역. 서울: 도마의길.

Luckmann, Thomas. 1967. *The Invisible Religion*. New York: Macmillan (번역서 『보이지 않는 종교』. 이원규 역. 서울: 기독교문사, 1982).

Packard, Josh and Ashleigh Hope. 2015. *Church Refugees: Sociologists Reveal Why People Are DONE with Church but Not Their Faith*. Loveland: Group Publishing.

Princeton Religion Research Center. 1978. *The Unchurched American*. Princeton NJ: The Gallup Organization.

Reicke, S. "Säkularisation", in: Religion in Geschichte und Gegenwart, 3. Aufl. Bd.5. Tübingen: Mohr Siebeck Verlag, 1986.

Roof, Wade Clark. 2003. "Religion and Spirituality: Toward an Integrated Analysis." In: Michele Dillon (ed.), *Handbook of the Sociology of Religion*. New York: Cambridge University Press.

Simmel, Georg. 1912. *Die Religion*. F.a.M.: Suhrkamp Verlag.

Stark, Rodney and Roger Finke. 2009. 『미국 종교 시장에서의 승자와 패자(1776-2005): 미국 교회사 · 교단사에 대한 종교사회학적 접근』. 김태식 역. 서울: 서로사랑.

Troeltsch, Ernst. 1912. *Die Soziallehren der christlichen Kirchen und Gruppen*. Tübingen: Mohr Verlag.

Turner, Bryan S. 1983. *Religion and Social Theory: A Materialist Perspective*. New Jersey: Humanities Press.

Wuthnow, Robert. 1998. *After Heaven: Spirituality in America Since 1950s*.

Princeton, NJ: Princeton University Press.
Zuckerman, Phil, Luke W. Galen, and Frank L. Pasquale. 2016. *The Nonreligious: Understanding Secular People and Societies*. New York: Oxford University Press.

02

세속화*

Ⅰ. 들어가는 말

세속화란 무엇일까? 우리는 가끔 우리 각자의 생활에서 '종교가 얼마나 중요하게 작용하고 있는지?' 질문하는 경우를 보게 된다. 한국갤럽에서 10년 정도의 간격을 두고 실시하는 종교인의 의식조사 결과에 의하면, 종교가 개인의 삶에 있어 차지하는 위치에 대해 중요하다고 대답한 사람들의 비율은 1984년 68%에서 2014년 52%로 줄어드는 경향을 보이고 있다(한국갤럽, 2015: 37). 이러한 결과 또한 세속화를 나타내는 지표로 얘기될 수 있다. 하지만, '세속화'는 이와 같이 단순하게 정의될 수 있는 것도 아니고, 또한 과연 세속화의 주장이 현대사회에 보편적으로 적용될 수 있는 이론인지에 대하여도 많은 논의가 이루어지고 있다. 우리는 이번 장을 통하여, 세속화의 역사와 개념, 세속화의 과정과 기제, 그리고 세속화를 둘러싼 다양한 논의들을 살펴볼 것이다. 이러한 세속화에 대한 논의는 종교사회학에 대한 이해는 물론, 현대사회의 일반적 성격에 대한 이해에도 대단히 유익한 것이 될 것이다.

---

* 본 장은 『21세기 종교사회학』(다산출판사, 2013)에 실렸던 글을 수정 보완하였다.

II. 서구(유럽) 사회에 있어서의 세속화의 기원과 진행

'세속화(독; Säkularisation/Säkularisierung, 영; Secularization)'란 용어는 본래 30년 전쟁의 혼란 상황에 이은 베스트팔렌 평화조약의 협상 과정에서 토지와 재산이 교회의 통제로부터 벗어남을 나타내는 용어였다(Reicke, 1986). 하지만 이는 점차로, 특히 19세기 이후 전체적인 근대사회로의 변화과정, 특히 종교적 변천과 이와 관련된 전통적 가치들의 변화를 일컫는 용어로서 발전되었다.

많은 학자들(특히, 브루스)은 서구의 세속화가 시작된 시점이 종교개혁이라고 주장한다. 종교개혁과 함께 유일한 공교회의 권위는 무너지고, 종교적 '거룩함'의 수용은 개인의 종교적 판단에 맡겨지게 되었다. 이러한 역사적 과정은 다양한 연결고리를 통하여 세속화의 진행과 관련을 맺게 된다. 먼저 지적할 수 있는 부분은 종교가 선택할 수 있는 것이 되었다는 점이다. 물론 종교가 실제로 개인의 자유로운 선택 사항이 되기까지는 오랜 시간이 경과해야 했지만, 그럼에도 불구하고 종교가 주어진 것이 아니라, 선택의 대상이 되었다는 것은 놀라운 의미를 갖는다. 즉, '선택된 종교'에 있어서는, 선택한 것이 신이 아니라, 자신임을 알기 때문에, '운명의 종교'보다 그 영향력은 약화될 수밖에 없다(Bruce, 1992: 170). 과거에 그 자체로 힘을 지녔던 대상들은 이제는 해석되어야 할 상징이 되고, 권위 또한 해석되어야 할 객관적인 것으로부터 해석하는 주체의 주관적인 것으로 이전된다. 점차로 신 혹은 초월적 존재가 서 있던 자리에 주체가 들어서게 되고, 주체의 '신격화'가 이루어짐과 동시에 초월적 존재는 그 권위를 상실하게 된다.[1] 이러한 과정 속에서 권위와 연결되었던

---

1) 이러한 맥락에서 버거와 루크만은 현대의 의미적 세계의 변화에 있어 보다 중요한 요소

믿음의 기반 또한 약화된다. 베버(M. Weber)에 따르면 모든 지배적 권위(Herrschaft)의 기반은 하나의 믿음이다(Weber, 1976: 153f). 그리고 이러한 믿음은 삶 속에 파고들어(eingelebt), 자체의 전통으로 형성될 때(traditionsbedingt) 더 큰 힘을 지닌다. 그러나 '선택된 종교'는 더 이상 이러한 공고한 믿음의 기반을 형성하지 못한다. 권위의 기반이 되었던 믿음이 그 근원으로부터 이탈되고, 탈전통화될 때, 그것이 지니고 있던 절대적 힘은 사라질 수밖에 없다.[2)]

또한 종교개혁 이후 개신교는 '주관적 믿음'을 교회가 대변하던 '교리'와 구분하고, 이를 더 중요하게 여겼는데, 이와 같이 이루어진 '내적 종교'의 발전은 '종교적 실재'를 우주와 역사로부터 '개인적 의식' 안으로 밀어 넣었다(Berger, 1973: 158). 이러한 변화는 '종교의 주관화'를 더욱 심화시켰고, 이는 앞서의 '선택된 종교'의 문제와 연결되어 더욱 더 종교를 '개인'의 문제로 만들고, 종교의 절대적 권위를 손상시켰다. 이와 같은 경향 속에서 점차 종교의 강조점은 '죄와 은총'으로부터 '완전한 행복'으로 전이되었고, 삶의 중심도 종교적인 것에서 인간적인 것으로 변화되었다(Luhmann, 1989: 187). 루만(N. Luhmann)에 따르면, 현대사회에 있어서 종교의 '신(Gott)'이라는 중심 코드는 이전의 초월적 의미를 잃어버리고, '의미'의 코드로 대체되는 경향을 지닌다.

물론 이러한 세속화는 모든 사람들에게 동일하게 나타나지는 않는다. 버거에 따르면 세속화는 여자보다 남자(성별), 어리거나 나이 든 사람보다는 청장년들(연령), 농촌보다는 도시(지역), 가톨릭교도

는 세속화가 아닌 오히려 다원화라고 지적하기도 한다(Berger and Luckmann, 1995: 41).

2) 시민사회의 도덕적 발달은 신의 은총에 근거한 권위로부터 공적인 의식과 상호 간의 사회적 통제에 근거한 주권으로의 이행과 더불어 이루어졌다는 입장(Mongardini, 1998: 59)은 종교적 권위의 상실이 어떻게 새로운 권위의 필요를 낳고, 그것이 어떻게 새로운 가치체계로 이어지는지를 잘 보여준다.

보다는 개신교나 유대교인들(종교), 그리고 전통적인 직업군보다는 근대사회의 노동 환경과 직접적으로 연결된 계층에 강한 영향을 미친 것으로 보인다(Berger, 1973: 104). 버거는 이러한 사실에 근거하여 세속화를 근대적 산업 생산 과정과 이로부터 비롯된 생활양식과 밀접한 관련을 갖는 것으로 보기도 한다.

Ⅲ. 세속화의 다양한 측면들

세속화는 보통 "종교가 사회생활의 다양한 영역에서 그 영향력을 상실해 가는 과정"이라고 정의된다(Giddens, 2011: 594). 하지만, 무엇이 '세속적'이고, 무엇이 '종교적'인가의 개념은 종교적 전통뿐 아니라, 상이한 사회적 조건들에 의존하며, 또한 종교적 생활에 있어서의 전환이나 변천은 세속적 변화와 연결하여 관찰할 때 제대로 이해될 수 있다. 샤이너(L. Shiner)는 세속화를 다음의 여섯 가지 특징을 갖는 것으로 제시한다(Shiner, 1967):

1) 종교의 쇠퇴
2) '이 세상'에의 순응(conformity)
3) 종교로부터 사회의 해방(disengagement)
4) 종교적 신념과 제도의 전환
5) 세상의 비신성화
6) '신성한' 사회로부터 '세속적' 사회로의 이동

사실 샤이너가 제시한 특징들은 개념적으로 명확하게 구분될 수 있는 것은 아니다. 이러한 특징들은 세속화와 맞물려 발생하는 다양한 차원의 현상들을 그저 기술한 것에 불과할 수 있다. 도벨라레(K. Dobbelaere)는 세속화를 분화적 세속화(Laicization),[3] 종교적 관심(involvement)의 쇠퇴, 제도적 종교의 변화 등의 3가지 차원에서 논의하는데, 이는 샤이너의 구분보다는 보다 명확한 것으로 보인다. 샤이너의 특징과 연결해 본다면 서로 중첩되어 있기는 하지만, 1)과 2)의 특징은 종교적 관심의 쇠퇴와, 3), 5), 6)의 특징은 분화적 세속화와, 4)는 제도적 종교의 변화와 연결시킬 수 있다.

볼랍자르(M. Wohlrab-Sahr)는 버거의 전통에 서서 세속화 과정의 3가지 측면을 구분한다. 그 첫 번째는 사회적·제도적 측면으로, 예전에 교회의 통제하에 놓여 있던 영역들, 즉 정치, 경제, 학문과 같은 제도들이 기능적으로 분화하는 것을 말한다. 이는 도벨라레의 분화적 세속화의 측면과 어느 정도 일치한다. 종교는 과거에는 이들 영역의 상위에 있어서 어느 정도의 통제를 행사하였지만, 이제 각 기능 영역들은 자체의 규칙과 가치를 지니고, 자체적으로 기능하는 영역이 되었다. 과거에 종교가 담당하였던 각 제도에 정당성을 부여하는 규범적 기능은 이제 종교 이외의 다양한 제도들 자체의 규칙에 의존하게 된다. 이를 파슨스(T. Parsons)식으로 말한다면, 가치의 범위(scope)가 분화된 사회에서 점점 제한되고(Fenn, 1969: 117), 각각의 가치는 고유의 영역 내에서만 자율성·합리성을 지니게 된 것으로 말할 수 있다(Luckmann, 1963: 158). 각각의 제도적 영역은 그 범위 내에서 폐쇄

3) 본래 'Laicization'은 프랑스에 있어서의 종교와 세속적 영역의 분리, 혹은 종교의 관할하에 있었던 제도적 영역들을 세속적 권위의 영역으로 이전하는 것을 의미하였다. 도벨라레가 제시하는 'Laicization'의 개념은 일반 사회학자들이 논의하는 종교적 영역과 세속적 영역의 '분화(differentiation)' 개념과 유사하기에, 여기서는 분화적 세속화로 번역하였다. '분화'에 대하여는 이후에 보다 상세히 논의될 것이다.

적 · 제한적 총체성(Habermas: die geschlossene Totalität, Raulet, 1987: 286 참조)만을 가지며, 폐쇄적-자기지시 체계(Luhmann: geschlossen-selbstreferentielles System, Luhmann, 1989: 188 참조)가 된다. 그 결과 종교 이외의 영역은 종교로부터 분화되고, 종교도 다른 여러 제도 중의 하나로서 존재하게 된다. 종교적 행동과 상징은 세상으로부터 물러나, 그 영향력은 종교 기관에만 제한되고, 보편적 시각을 포기하고, 특정 집단의 의미 구조로서 하위 사회 혹은 사적인 영역에서만 제한된 영향력을 지니게 된다(Fenn, 1972: 17). 현대사회에서 종교는 사회가 아닌, 사회의 하부체계로서 제시된다.

볼랍자르가 제시하는 세속화의 두 번째 측면은 문화적 · 상징적 측면이다. 이는 문화적(혹은 예술적) 영역에서의 종교적 내용이 사라짐을 말할 뿐 아니라, 나아가 사회의 주도적 세계관이 더 이상 종교적인 색채를 띠지 않고, 자율적이고, 혹은 세속적인 형태를 지니게 됨을 의미한다. 특히, 자연과학으로 대변되는 과학적 세계관, 혹은 경제적 가치의 사회 많은 영역에의 침투는 더 이상 종교적 세계관이 과거와 같은 지배적 위치를 차지하지 못하고 있음을 보여 준다. 이러한 종교의 '문화적 · 상징적 측면'에서의 변화는 앞서 언급된 기능적 분화와 맞물려 소위, 종교의 '사사화(privatization)'를 야기하기도 한다. 즉, 세속화와 함께 종교적 정당성은 광범위한 세속의 영역에서는 그 타당성을 상실하고, 단지 사적인 영역의 일부에서만 타당성을 유지하게 된다.

볼랍자르가 제시하는 세속화의 세 번째 측면은 주관적 측면이다. 이는 도벨라레가 얘기한 종교적 관심의 쇠퇴와 일정 부분 겹치며, 이 장의 맨 앞에서 예로 들은 갤럽 조사의 내용과도 유사한 부분으로, 종교에 대한 의식 혹은 종교적 몰입에 있어서의 약화를 의미한다. 또한 세속화의 문화적・상징적 측면이 개인에 영향을 미쳐서, 종교적 규범이 일상생활의 형성에 있어, 또한 세상의 해석에 있어 그 구속력을 상실하는 측면을 지니기도 한다. 이러한 변화에 의해 많은 경우 종교는 종교인에게 있어서조차도 삶의 전체를 지배하기보다는, 한 부분적 요소로서 작용하게 된다. 즉, 종교인은 상황에 따라 종교적인 해석 틀을 사용하기도 하지만, 세속적인 해석 틀을 사용하기도 하고, 종교적 신앙의 내용도 그 필요에 따라 수용하거나 거부하기도 한다. 종교는 삶의 전체이기보다는, 개인 경력(Karriere; 영 career)을 이루는 부분이 되고, 전체 삶을 조립하는 요소들 중의 하나가 된다(Luhmann, 2000: 297). 이러한 경향을 지닌 종교를 버거와 루크만은 '의견의 종교(opinion religion)'라고 부르기도 한다. 이러한 종교는 상황적・기회적인 성격을 지니며, 마치 개인의 장식품처럼 기능하여(Luhmann, 1972: 265), 이러한 종교를 가진 이들은 종교를 갖고 있지만, 거기에 구속되지는 않는다(Berger and Luckmann, 1966: 81). 따라서, 많은 경우 종교인과 비종교인의 삶의 구분은 두드러지지 않으며, 때로 종교는 하나의 여가활동처럼 보이기도 한다. 한편, 잉글하트(Inglehart)는 이러한 종교의 주관적 측면의 세속화를 사회적 변화와 연결시키는데, 그에 따르면 경제적 생활수준이 상승하고, 존재론적 안정감이 증가하면 일반적으로 종교 행사에 대한 참여와 신앙의 감소가 뒤따르는 것으로 나타난다(Inglehart, 1997).

Ⅳ. 세속화를 야기하는 사회적 변화는 무엇인가?

앞서 우리는 종교개혁이 세속화를 초래한 측면을 잠깐 얘기하였다. 서구 사회, 특히 유럽에서의 세속화의 시작은 이와 같이 종교개혁으로부터 비롯되었다고 볼 수 있으나, 그 진행 과정에 있어서는 보다 복잡한, 많은 사회적 변화들이 세속화에 영향을 미쳤고, 또 한편으로 세속화의 과정이 이러한 변화를 낳았다고도 할 수 있다. 즉, 변화와 영향의 방향은 일방적이라기보다는 쌍방적이고, 상호작용에 의한 상승효과가 있었다고 말할 수 있을 것이다. 학자에 따라 세속화를 야기한, 혹은 상호작용을 주고받은 중요한 사회적 변화들은 약간의 차이가 있다. 이와 같은 차이는 차넨(O. Tschannen)의 연구에 잘 요약되어 있는데, 그 내용은 <표 1>에서 볼 수 있다.

<표 1> 주요 종교사회학자들의 세속화 패러다임

학자	세속화 패러다임
루크만	→ 자율화 세계관의 분화 → 사사화 → 세속성/일반화 ↘ 사회적 분화 → 다원화 → 세계관의 붕괴
버거	종교적 뿌리: ↗ '객관적 세속화': 다원화 → 세속성 합리화 → 자율화 ⇅ (분화) ↘ '주관적 세속화': 세계관의 붕괴
윌슨	분화/ 자율화 / 합리화 / 종교적 실천의 쇠퇴 '공동사회(community)' → '이익사회(society)' 과학화/ 다원화/ 사회과학화/ 불신앙
마틴	'세속화' 다원화의 정도 정부/종교의 분화 정도 분 화 ↗ 고: 정치적 문제가 아닌 종교 ↔ 저 과학화 → 중: 관용 (기타 요인들) ↘ 저: 악순환 ↔ 고
펜	1단계 → 1+2단계 → 1+2+3단계 → 1+2+3+4단계 → 1+2+3+4+5단계 성직자의 출현 / 분화의 요구 / 시민종교 / 거룩함의 경계에 대한 투쟁의 일반화 / 개인과 집단적 영역의 분리
파슨스	문화적 정당성 → 다원화 기제 (종교) ↙ ↘ ↑ 사사화 일반화 계층화
벨라	상징체계의 복잡화 ↘ 사사화 ↗ 일반화 ← 자의식의 성장

* 출처: O. Tschannen, 1991: 397.

<표 1>에 나타난 과정을 학자별로 설명하는 것은 본 총서의 범위를 넘어서는 것으로 챠넨의 논문을 참조하기를 바라며, 여기서는 이 중 윌슨(B. Wilson)과 그 뒤를 이은 브루스(S. Bruce)의 입장에 근거해서 세속화를 야기한 사회적 변화에 대해서 살펴보고자 한다. 브루스가 제시하는 세속화의 정통적인 모델에 따르면 세속화는 3가지 중요한 근대화의 특질, 즉 사회적 분화, 이익사회화(societalization), 합리화에 대한 반응이다(Bruce, 1992: 8-9). 이 중 사회적 분화에 대하여는 앞의 세속화의 다양한 측면들에서 살펴보았기에, 여기서는 나머지 두 가지 변화, 즉 이익사회화와 합리화를 중심으로 얘기하고자 한다.

윌슨, 혹은 브루스는 공동사회와 이익사회라는 퇴니스(F. Tönnis)에서 비롯된 개념을 직접적으로 사용하지는 않는다. 대신 공동체(community)와 사회(society)를 구분하는데, 일반적인 사회/사회화의 개념과 구분하기 위하여 여기서는 퇴니스의 개념을 빌려와서 'society'를 이익사회로, 'societalization'을 이익사회화로 표현하였다. 이익사회화가 세속화를 야기하였다는 주장은 경험적 연구를 통하여서도 확인되는데, 머튼(R. Merton)식의 지역주의-대도시주의(localism-cosmopolitanism)의 도식을 이용한 루프와 호지(W. C. Roof and D. R. Hoge, 1980)의 연구에 의하면, 공동체적 애착관계의 상실은 교회 출석과 지원의 쇠퇴에 있어 결정적 요인으로 작용하는 것으로 나타난다. 또한 도시에 비해 촌락 지역에서 개인의 사회적 지위나 부모의 종교성이 훨씬 강하게 영향을 미치는데, 이러한 과정은 윌슨과 브루스가 얘기하는 이익사회화의 과정이 도시화와 맞물려 세속화에 어떻게 영향을 미치는지를 보여 주는 좋은 사례라고 할 수 있을 것이다. 대개 도시화

는 개인화를 수반하고, 이러한 개인화는 신앙을 강화하는 힘을 가진 사회적 지원을 제거하고, 상대주의를 부추김을 통하여, 장기적으로는 신앙의 무관심, 혹은 신앙으로부터의 이탈을 촉진하는 것으로 보인다.

합리화와 세속화의 관계는 베버의 고전적 개념인 '탈주술화(Entzauberung)'에서 이미 그 단초를 볼 수 있다. 베버에 의하면 이러한 탈주술화의 과정은 이미 서구의 개신교(특히, 칼빈주의), 혹은 그 이전의 예언자적 유대교에서 그 발전의 이전 단계를 확인할 수 있는데, 개신교가(혹은 예언자적 유대교)가 제시하는 초월적 단일신의 존재는 인간의 영향으로부터 멀리 떨어져 있으며, 이러한 신 개념은 비신화화한 우주와 윤리적 합리성을 특징으로 하는 종교를 낳게 된다. 즉, 인간의 영향, 주술적 요소로부터 분리된 신과 우주의 개념이 종교 자체로부터 발생하는 것이다. 이러한 주장은 서구 유럽에서 세속화가 보다 진전된 지역이 가톨릭보다는 개신교 지역이라는 데에서 설득력을 얻기도 한다. 어쨌든 합리화의 과정은 근대사회에서 더욱 확대되는데, 기술적으로 효율적인 기계나 생산 절차는 삶 가운데 존재하는 불확실성을 감소시키고, 이는 결과적으로 신앙에 대한 의존을 감소시키는 결과를 낳게 된다. 이러한 합리화와 세속화의 관계는 루만(N. Luhmann)의 우연성(Kontingenz; 영 contingency) 개념과도 연결해서 생각할 수 있는데, 루만의 종교사회학에서 종교의 본질적인 기능인 우연성의 극복은, 합리화에 의한 우연성 영역의 축소로 말미암아, 종교의 쇠퇴로 이어질 수도 있다.

V. 정통 세속화론자들의 입장

종교의 쇠퇴에 대한 논의는 이미 마르크스, 베버, 뒤르켕과 같은 고전적 종교사회학자들에게서도 나타난다. 하지만, 현대의 세속화에 대한 논의는 1960년대 이후 본격적으로 제기되었다고 할 수 있다. 그 대표적인 인물이 피터 버거이고, 브라이언 윌슨이나 스티브 브루스 같은 영국의 학자들이 그 명맥을 이어 가고 있다고 볼 수 있다. 여기서는 피터 버거의 고전적 입장과 스티브 브루스의 주장을 좀 더 자세히 살펴봄으로써 정통 세속화론자들이 종교에 대해서 취하고 있는 입장을 확인해 보려고 한다.

피터 버거는 종교의 '쇠퇴론자'라기보다는 '변형론자'로 볼 수 있다는 주장도 제기되고, 근래에 있어서는 '세속화'보다는, '탈세속화'의 입장을 표명하고 있기에, 정통 세속화론의 맥락에서 그를 다룬다는 것은 문제가 될 수도 있다. 하지만 그의 저서 'The Sacred Canopy(1967, 한국어 번역, 『종교와 사회』)'는 현대의 세속화 논쟁의 전개에 있어, 결정적인 역할을 담당하고 있기에 현재의 단락에서 다룰 충분한 이유가 있는 것으로 여겨진다.

버거에 의하면, 과거의 종교는 '거룩한 덮개(sacred canopy)'로서 그 신도들을 생의 의미나 목표를 상실한 위험으로부터 지켜 주는 역할을 감당해 왔다. 이 시기의 종교는 경우에 따라 배후에 머물러 있기도 하지만, 삶의 위기에 있어 활성화되고, 사회의 기본적인 가치에 정서적 지지를 제공함으로써 개인과, 그들이 속한 사회를 안정적으로 유지해 왔다. 즉, 종교는 객관적 질서로서의 거룩한 우주(cosmos)의 개념을 제시하고, 그에 따른 결과로서 구속력을 지닌 사회적 규범(nomos)을 제공한다는 것이다. 그러나 한 사회에 여러 '거룩한 덮개'가 존재할 때, 즉 경쟁하는 다수의 가치체계가 존재할 때, 객관적 질서와 사회적 규범은 그 당연성(taken-for-grantedness)을 상실하고, 이로 인해 문제가 발생할 수 있다. 다수의 종교는 다양한 경쟁적인 타당성 구조(structure of plausibility)를 낳고, 이로 인해 제시되는 질서와 규범의 성격은 탈객관화한다. 실제는 사적인 일이 되고, 외부의 세계에 기초한 것이 아닌 개인의 의식에 기초한 것이 되어 버린다. 즉, 종교적 다원성은 독점적 종교와 그 제도를 통하여 놓였던 타당성 구조를 전복시키고, 이로 인해 세속화가 발생, 혹은 진전된다는 것이 버거 주장의 핵심이다.

이러한 맥락에서 버거가 주장하는 세속화의 핵심은 다원화에 있다고 할 수 있다. 다원주의적 상황은 종교를 시장 상황에 놓이도록 만들고, 이는 종교를 소비자 의지의 역동성에 의존하는 하나의 상품으로 만든다. 현대사회에서의 '정당성'은 더 이상 종교적 상징의 조작이 아닌, 대중의 소비적 수요의 충족에 의존하게 되는 것이다. 이로 인해 확신은 취향의 문제가 되고, 명령은 수많은 제안 중 하나가 되어 버린다.[4] 이는 종교의 변형을 얘기하는 것으로 해석할 수도 있지만, 이로 인해 종교의 생명력이 떨어지고, 그로 말미암아 세속화가 진전된다는 의미에서 버거의 입장은 종교의 쇠퇴를 얘기한다고 볼 수 있다.

브루스는 앞서 얘기한 것처럼 세속화의 열쇠는 종교개혁에 있다고 본다. 종교개혁은 기존의 (종교적) 권위를 거부하도록 만들었고,

---

4) 독일어 번역에서는 명령을 'Gebot'로, 제안을 'Angebot'로 번역하여, 이러한 변화를 매우 흥미 있게 제시하고 있다.

이는 개인주의와 합리성을 확산시키는 결과를 야기하였는데, 결국 개인주의는 종교적 신앙과 행위의 공동적인 기반을 무너뜨리고, 합리성은 종교적 설득력의 영역을 차지하고, 많은 종교적 설명들을 타당하지 않은 것으로 거부함으로써 세속화를 초래하였다는 것이다. 브루스에 의하면 세속화는 복잡하고 장기간의 과정인데, 세속화의 출발은 개신교로 볼 수 있지만, 종착점은 상대주의와 사사화로서, 이것이 종교를 쇠퇴시키는 중요한 요인으로서 작용한다. 브루스는 개인주의화를 세속화의 중요한 요소로, 다원화는 기본적으로 종교에 해가 되는 것으로 이해한다.

한편 브루스는 현대사회에서도 세속화가 나타나지 않고, 오히려 종교가 부흥하는 예외적인 경우에 대한 설명도 제시하고 있다. 그에 따르면 현대사회에서도 종교가 부흥하는 경우는 2가지 경우가 있는데, 그 첫 번째는 '문화적 방어(cultural defense)'로서, 자문화의 위협에 대한 반응으로 내셔널리즘과 종교가 결합하는 경우이다. 유럽의 경우, 폴란드나 아일랜드 등에서 나타나는 높은 종교성과 종교적 참여의 열기는 이와 같은 경우에 해당한다고 말할 수 있다. 브루스가 제시한 두 번째 경우는, '문화적 이행(cultural transition)'으로, 주요한 문화적 이행 과정에서 정체성이 위협받을 때, 종교는 (특히, 사회적 주변 부문에서) 그와 같은 이행을 조정해 주는 자원 혹은 새로운 가치 의식을 제공해 주고, 이는 종교의 부흥으로 이어질 수 있다는 설명이다. 실제로 많은 경우 산업화와 도시화는 종교적 부흥 운동, 혹은 개혁, 나아가 새로운 종파나 교단의 형성을 야기하는데, 이것이 브루스가 제시하는 세속화에 반하는 두 번째 경우에 해당한다. 문화적 이행의 사례는 영국의 산업혁명기의 감리교의 발전이나, 혹은 1960년대 경제개발 시기의 우리나라의 종교인의 증가, 특히 개신교의 성장 등을 들 수 있다. 이민 사회에서 종교가 중요한 역할을 감당하고, 전반적으로 종교 의식에 대한 참여가 높은 것은 '문화적 방어'와 '문화적 이행'이 함께 작용하는 것으로도 볼 수 있다.

Ⅵ. 국가별 유형의 차이: 마틴(D. Martin)

세속화의 과정은 국가나 역사적 배경에 상관없이 동일하게, 보편적으로 진행될까? 이러한 문제에 대해 깊이 파고든 것이 마틴의 연구이다. 마틴은 1978년 출간된 *A General Theory of Secularization*이라는 책에서 서구 사회에서의 세속화의 유형을 구분한다. 마틴에 의하면 서구 사회의 세속화는 사회・경제적 요인, 정치적 요인, 문화적・민족적 요인에 따라 다르게 나타나는데, 각 요인에 있어 근대화의 정도, 종교와 정치의 관계 구조, 해당 국가의 역사적・종교적 배경 등이 중요하게 작용하는 것으로 설명한다. 특히 역사적・종교적 배경과 관련하여서는 종교의 성격(가톨릭, 개신교, 이슬람, 혼합형)과 다원성의 정도, 사회적 프레임이 내적 혹은 외적 억압 세력에 대한 갈등을 통하여 이루어졌는지의 여부가 중요하게 작용하는 것으로 얘기한다. 또한 종교적 참여에 있어서의 다양성은 개인의 종교성보다는 그 사회 혹은 국가에 있어서의 종교적 신념의 성격과 맥락에서의 변화에 기인하는 것으로 보고 있다.

구체적인 유형에 있어서 먼저 전적인 독점구조를 보이는 가톨릭이나 정교회 국가들의 유형이 있다. 이 경우에는 대개 종교(ex. 프랑스의 가톨릭)는 사회의 보수적 세력과 결합하고, 이는 공격적인 (militant) 신앙과 공격적인 비신앙(혹은 독점에 참여하지 않는 개신교와 유대교를 포함하는)의 분열로서 나타나게 된다. 이러한 분열은 계급 혹은 지역적 분열과 결합하여 더 강력해질 수도 있다.

두 번째 유형으로 개신교 국가들이 있는데, 이 경우에는 ① 지배적인 국교회(ex. 스웨덴)가 있느냐, 혹은 ② 종교적 다원사회(ex. 미국)이냐에 따라 어느 정도 다른 모습을 보이게 된다. ①의 경우는 조직화된 종교에 대한 적대감보다는 사회적 변화 과정에 따른 무관심(냉담함)에 의해 종교 행사로부터 이탈하는 경향을 보이며, ②의 경우는 종교적 소속은 국가 정체성의 한 측면으로 나타나고, 이러한 정체성의 통일은 학교 시스템과 국가적 신화에 의해 유지된다(Bellah, 1970). 하지만, 종교적 표현은 사회의 세속적 가치와 결합하여 세속화하는 경향을 보이는데, 이러한 경우를 루크만(Th. Luckmann)은 '내적 세속화(internal secularization)'라고 부른다. 내적 세속화의 경우에 있어 구원의 수단은 종교적이나, 목적은 세속적인 모습을 띠는 경우가 많다.

세 번째는 독점이 아닌 복점(Duopoly)이 나타나는 경우이다. 대표적인 경우가 네덜란드로, 이 경우에 가톨릭이나 개신교-혹은 세속주의도 포함하여- 어느 쪽도 다수의 위치를 점하지 못하며, 각각의 분리된 영역(지역)에서 자신의 입장을 주도적으로 이끌어 가게 된다. 사회학적으로 보통 이와 같은 경우를 '기둥(pillar)'이라는 용어로 표현하고, 각각의 종교의 영역(혹은 세속주의 영역)이 '기둥화(pillarization)' 되어 있다고 말하기도 한다. 이러한 사회는 대부분 종교를 이슈화하지 않는 온건한 통합을 이루고 있으며, 독일이나 스위스 등도 여기에 포함된다고 할 수 있다.

네 번째는 가톨릭 유형의 예외들이다. 여기에 마틴은 내・외적인 압력이 존재하여 이와의 갈등을 통하여 사회적 프레임이 형성되는 경우를 들고 있다. ① 외적인 압력이 존재하는 경우로는, 아일랜드와 폴란드를 들 수 있는데, 이는 브루스가 얘기한 '문화적 방어'의 경우와 일치한다. ② 내부적 압력이 존재하는 경우로는 벨기에의 플랑드르 지방을 들 수 있다. 플랑드르(Flandre) 지방은 왈로니아(Wallonia)와 비교하여 언어적으로, 민족적으로 상반된 배경을 가지고 있고, 경제적으로도 낮은 수준에 처해 있다. 이와 같은 상황에서 가톨릭은 플랑드르의 정체성의 중요한 부분을 형성하며, 사회적으로 강력한 영향을 미친다.[5)]

마지막으로 국가 통제 사회, 즉 독재국가의 경우를 들 수 있다. 마틴에 의하면 마지막 유형도 ① 우익 독재와 ② 좌익 독재로 나눌 수 있는데, ①의 경우로는 가톨릭에 의한 독점이 존재했던 스페인의 경우를, ②의 경우로는 세속적 독점의 경우로, 과거의 소련을 들 수 있다. 이와 같은 마틴의 세속화의 유형의 연구는 이후 라틴아메리카, 아프리카, 아시아 등을 포함하는 세계적 수준으로 발전되며, 나아가 보편적 근대성(modernity)의 한 범주로서의 '세속성'의 개념에 대해서 문제를 제기하기도 한다.

5) 조금 상황은 다르지만, 미국의 경우 아프로-아메리칸들, 여성들, 이민집단에 있어서 종교가 집단 정체성의 필수적인 표현수단으로서 나타나는 것도 내부적 압력이 존재하는 경우로 볼 수 있다.

Ⅶ. 종교의 변형 Ⅰ: 개인적 종교

종교는 정말 쇠퇴하고 있는 것일까? 이러한 질문에 대하여 종교는 늘 존재하는 인류학적 상수이며, 단지 형식만이 변화하는 것이라고 답한 이가 바로 토마스 루크만(Thomas Luckmann)이다. 그의 대표적 저서의 제목이 'The Invisible Religion(한국어 번역 『보이지 않는 종교』)'인데, 현대사회에서 보이는 종교, 즉 제도적 종교는 쇠퇴하고 있는 데 반해, 보이지 않는 종교, 즉 사사화된 개인의 종교는 여전히 의미를 지닌다는 것이 그의 핵심적인 주장이다.

루크만에 의하면, 사회 구조는 세속화되었으나, 개인은 아니다. 앞에서 우리가 언급했던 용어로 말한다면, 사회적·제도적 측면의 세속화는 이루어졌지만, 주관적 측면의 세속화는 나타나지 않는다는 것이다. 이러한 변화의 중심에는 종교의 사사화와 교회의 (의미) 해석의 독점의 상실이 자리 잡고 있다. 거룩한 영역과 관련된 주제는 더 이상 제도적 종교의 독점 사항이 아니고, 세속적·비종교적 의미체계와 경쟁하게 되었다. 즉, 사회의 기본적 가치체계는 더 이상 종교의 독점물이 아니며, 나아가 종교적 전문가들도 '거룩함'의 재화에 대하여 여타 영역의 전문가들에게 조언을 구하기도 한다. 이와 같은 상황에서 개인은 선택을 하여야 하는데, 이러한 종교성은 더 이상 공적이지 않으며, 사적으로, 개인적으로 정착하게 되며, 이러한 사적 신앙은 개인의 자율성을 존중하며, 공식적인 혹은 제도적인 종교의 모델과는 구분되는 양상을 지닌다.

사실 이러한 루크만의 주장은 몇 가지 기본적인 전제들을 지니고 있다. 먼저 그의 주장은 종교의 '본질적'인 정의보다는 '기능적'인 정의를 바탕으로 하며,[6] 종교의 기능을 주로 의미 추구와 관련하여 보고 있다. 또한 루크만은 대, 중, 소의 초월성을 구분하고 있는데, 전통적인 종교가 일상생활에서 접근할 수 없는 경험의 영역인 거대 초월성의 부분을 다루었다면, 직접적 경험이 제한적으로만 넘어설 수 있는 시간적・공간적으로 도달할 수 없는 부분들(작은 초월성), 타인의 신념과 같은 다양한 사회적 경험의 간접성(중간적 초월성) 등도 종교의 범위에 포함시키고 있다. 이러한 루크만의 입장은 영국의 종교를 '소속감이 없는 믿음(believing without belonging)'이라고 표현한 데이비(G. Davie)의 주장이나, 현대사회의 '대안종교'에 대한 논의에서도 잘 드러난다.

연구 및 저술을 함께 하기도 했던 루크만과 버거의 입장에서 중요하게 겹치는 부분은 종교의 양극화(그리고 그로 인한 사사화)이다. 이들에 의하면, 현대사회에 있어 공적 영역, 특히 경제와 정치에 있어서는 세속화가 무척 빠르게 진행된다. 하지만, 다원화된 현대사회에서도 가족과 같은 영역은 여전히 종교와 강하게 결합되어 있고, 교육이나 복지 등의 영역은 그 중간에 위치한 것으로 생각된다. 즉, 버거와 루크만은 사회적 분화 및 사회 구조의 세속화는 이루어지지만, 종교적 결정은 사사화된 채로 존속하며, 이는 여전히 가족과 같은 사적 영역에서는 강하게 영향을 미치고 있다는 것이다. 하지만, 이에 대해서 가족의 영역도 더 이상 종교에 의존하지 않고, 탈신성화되어 합리화의 길을 열어 가고 있다는 주장도 제기된다. 예를 들면, 산아 제한, 이혼, 낙태 등은 가족 문제에 대한 보다 기능적으로 합리적인 접근이라고도 볼 수 있다.

---

6) 종교의 본질적 정의와 기능적 정의에 대하여는 이원규(2019) 2장 참조.

루크만이 제기한 개인적(혹은 사사화된) 종교의 주장은 종교의 제도적 형태와 개인화된 종교 형태 사이에는 상대적으로 강한 상관이 존재한다는 연구 결과들(ex. Pollack, 2003)에 의해 반박되기도 한다. 물론 루크만의 주장을 반박하는 연구들이 대체로 종교를 기능적으로 보기보다는 본질적으로 정의하는 경향이 있지만, 그럼에도 불구하고 많은 연구 결과는 개인화와 종교적 성향 사이에 부정적 상관이 존재함을 보여 준다(Pollack and Pickel, 1999: 481). 또한 전통적 종교를 대체하는 '신종교운동(New Religious Movement)'과 같은 개인화된 형태의 종교의 부흥에 대해서 얘기하기도 하지만, 이러한 주장들은 일반적으로 과대평가된 것으로 볼 수 있는데, 대부분의 경우 성장하는 종교적 흥미는 전통적 종교 형태의 지위 상실을 보충해 주기에는 부족한 위치에 있다. 폴락은 종교와 세계관의 다원화가 (자유로운) 일종의 종교적 시장을 형성할 것이라는 주장은 너무 과장되어 있다고 말한다. 종교적 소비자는 사회적으로 인정되고, 개인적 네트워크가 중요하게 작용하는 종교를 선택하는 경향이 있으며, 개인화와 다원화의 경향에도 불구하고 종교적 장에 있어서의 변화는 그렇게 크지 않은 것으로 보인다. 다만 종교의 영역은 많은 사람들에 있어 생활세계의 배후로 물러나 있고, 일상생활에서 부딪히는 문제의 극복 방안 중 단지 후순위의 의미를 지닐 뿐이다.

Ⅷ. 세속화 일반 이론에 대한 반론 Ⅰ: 시장이론

과연 현대는 과거에 비해 세속화된 사회일까? 세속화 이론이 처음 제기되었을 때부터 여기에 대한 많은 반론이 제기되어 왔다. 그중 가장 많이 제기되는 문제는, 과연 과거의 시기가 세속화 이론이 가정하는 만큼 신앙적 시기였는가 하는 문제이다. 보통 현대 이전의 시기, 특히 중세를 매우 종교적인 시기로 보는 입장을 '가톨릭 유토피아주의'라고도 부르는데, '유토피아'라는 말의 어원에서도 알 수 있듯이, 이는 과거의 '신앙의 시대'의 주장이 허구일 뿐이라고 주장한다. 실제로 이 시기의 농촌 생활은 교회의 별 관심의 대상이 되지 못했고, 교회는 도시적 현상이었을 뿐이다. 그리하여 '가톨릭 유토피아주의'를 반박하는 사람들은, 중세의 시기는 '신앙의 시대'이기보다는 종교적으로 규정된 사회질서의 시대일 뿐이라고 말한다.

과거가 더 종교적이지 않았을 뿐 아니라, 현대 또한 덜 종교적이지 않다는 주장들도 세속화에 대한 반론으로서 제기될 수 있다. 실제로 종교의 쇠퇴는 서구 유럽에 제한된 현상이며, 아시아, 아프리카, 라틴아메리카 등 소위 제3세계에서는 종교는 여전히 부흥하고 있다. 심지어 가장 현대화한 국가라고 할 수 있는 미국에서도 최소한 종교는 쇠퇴하지 않고 명맥을 유지하고 있다. 이와 같은 관점에서 유럽과 미국의 학자들은 서로 상대방의 경우가 보편적 사회발전의 예외라고 주장하는 '미국 예외주의'와 '유럽 예외주의'를 주장하고 있다. 즉, 세속화를 주장하는 입장에서는, 아직 근대화 · 산업화 도상에 있는 제3세계 국가들을 제외한다면, 종교의 쇠퇴를 보이지 않는 미국이 예외적이라는 것이 '미국 예외주의'적인 입장이며, 그에 반하여, 유럽을 제외한 모든 국가들에 있어 종교적 부흥이 나타나고 있는데, 그러지 못한 유럽이 예외적이라는 것이 '유럽 예외주의'의 입장이다. 앞에서 언급한 세속화론자들이 대개 '미국 예외주의'에 서 있다면, '유럽 예외주의'를 주장하는 대표적인 학자들은 스타크(R. Stark)로 대표되는 미국의 '시장이론(market theory, 혹은 합리적 선택 이론: rational-choice theory)'가들이라고 할 수 있다. 시장이론에 대해서는 다음 장에서 보다 자세히 다루어질 것이기에 여기서는 기본적인 내용을 소개하고, 이를 정통적인 세속화, 혹은 개인화 이론과 비교하여 간략하게 논의하는 수준에 그치고자 한다.

시장이론의 대표적 학자인 스타크에 의하면, 시장 및 경쟁 상황은 반드시 종교의 약화로 이끌지는 않는다. 종교의 약화는 오히려 변화하는 환경에 대해 종교적 제도들이 불충분하게 적응한 결과이다. 또 다른 시장이론가인 야나코네(L. Iannacone)에 의하면 독점은 오히려 종교적 생명력(vitality)에 해로운 영향을 미친다. 종교적 독점은 '무임승차(free-ride)'의 문제로 집단의 정체성에 장애 요소로 작용하며, 독점 종교 집단은 배타성을 지닐 뿐 아니라, 이들이 갖는 사회적 장벽과 진입비용은 사람들을 상대적으로 종교에 무관심한 채로 그 집단 밖에 머물게 한다. 세속화 이론의 주장과는 달리, 미국의 교회에의 소속은 1789년 교회와 종교의 분리, 그리고 이어지는 19세기의 종교적 활동 속에서 급속도로 성장하여, 독립 당시 10%에 불과했던 미국의 교회 신도들은 이제는 거의 60%에 이르고 있다는 것이 이들의 주장이다. 시장이론가들은 종교적 수요는 상대적으로 안정되어 있으며(이러한 면에서는 개인화론자들과 일치한다), 규제가 약할수록, 다원화될수록, 경쟁이 많을수록 종교적 생명력은 강하다고 주장한다. 즉, 유럽의 종교의 쇠퇴는 많은 규제, 독점, 경쟁의 부재의 산물이지, 세속화가 필연적인 것은 아니라는 것이다. 이에 반하여, 종교의 자유로운 시장이 보장되는 미국에서는 종교가 여전히 부흥하고 있는 것이 그 증거라고 이들은 주장한다.

시장이론가들이 종교의 쇠퇴를 수요가 아닌 공급의 측면에서 보았다는 것은 그 나름대로 의미 있는 시도이지만, 이들 또한 실제로 일어나고 있는 종교적 현상들을 설명하는 데에는 많은 벽에 부딪히고 있다. 그 대표적인 사례가 가톨릭과 이슬람의 예이다. 즉, 시장이론가들의 주장에 의하면 독점과 규제가 많은 가톨릭과 이슬람 국가들에서는 종교가 쇠퇴하여야 하지만, 실제로 종교가 가장 강한 영향을 미치고, 개인의 삶에서 생명력을 지니고 있는 나라들은 바로 이들 가톨릭과 이슬람 국가들이다. 한편, 정통적 세속화론자인 브루스는 미국의 종교적 부흥을 설명하면서, 미국의 대부분의 교파들은 수많은 교파로부터의 선택이 아니라, 그들의(특히, 이민자들의) 민족적 교회로 보아야 한다고 주장한다. 즉, 시장이론가들이 주장하는 자유시장은 국가-정부 수준에서는 존재할지 몰라도, 실제의 종교적 선택이 일어나는 지역적 수준에서는 거의 존재하지 않는다는 것이 브루스의 입장이다. 이러한 논쟁과 관련하여서는 미국 내에서도 그 규제와 독점의 수준을 지역별로 비교하여 이러한 요인이 종교성의 정도에 미치는 영향을 연구하는 것이 필요할 것으로 보인다. 어쨌든, 종교의 다원성을 변수로서 분리하기는 쉽지 않고, 종교의 영향을 다른 문화적 환경으로부터 분리하기도 쉽지는 않다.

지금까지 우리는 정통적 세속화론자, 개인화론자, 시장이론가 들의 주장을 살펴보았는데, 이를 요약하면 아래의 <표 2>와 같다.

<표 2> 세속화, 개인화, 시장 모델의 비교

구분	세속화 모델	개인화 모델	시장 모델
대표 학자	B. Wilson, S. Bruce	Th. Luckmann, (G. Davie)	R. Stark, L. Iannccone
기본 가정	근대와 종교 간의 긴장 관계	인류학적 상수로서의 종교적 지향성	상수로서의 종교에 대한 사회적 수요
관련 이론	고전적 근대화 이론	개인주의 이론	공급 지향적 시장이론과 다원화 이론
주요 주장	종교의 일반적 의미 상실	제도적 종교의 중요성 상실; 종교의 사적 형태의 성립	종교시장에서의 공급이 종교성과 교회성의 정도 결정
서유럽에 대한 진단	종교성과 교회성의 지속적인 하향적 경향	교회적 결합의 쇠퇴 가운데 사적 종교적 형태 지속	공급과 사회적 다원화 정도에 따른 종교성의 발달
동유럽에 대한 진단	근대화의 정도에 따른 종교의 (부흥 이후의) 쇠퇴	교회적 종교성의 쇠퇴와 사적 종교성의 확산	종교적 시장의 복원에 따른 규제의 제거에 따른 종교적 부흥

* 출처: G. Pickel, 강의 노트.

Ⅸ. 세속화 일반 이론에 대한 반론 II: 공적 종교

세속화 일반 이론에 대한 또 다른 반론으로 근래에 제기되고 있는 것 중의 하나가 카사노바(J. Casanova)의 '공적 종교(public religion)' 이론이다. (카사노바에 의하면) 일반적으로 세속화 이론가들이 주장하는 세속화의 중요한 요소는 (우리가 앞에서 살펴본 바처럼) 사회적 분화, 주관적 종교성의 감소, 종교의 사사화의 세 가지이다. 카사노바는 이 중 현대사회에서 사회적 분화가 유효하게 작용하고 있는 것은 인정하지만,[7] 종교적 신념과 실천의 사회적 후퇴와 사사화의

7) 나중(2008년 이후)에는 분화 테제 또한 의문을 제기하지만 여기서는 이에 대해서 다루지는 않는다.

테제의 유효성에 대하여는 의문을 제기하고, 특히 종교의 사사화에 반하는 그의 입장을 '공적 종교'로서 제시한다. 카사노바가 제시하는 공적 종교의 예는 매우 많다. 그중 대표적인 것으로는 이란에서의 이슬람 혁명(1979), 라틴아메리카의 해방신학, 동구권 붕괴에 있어서의 종교의 역할(1989) 들을 들 수 있다. 이러한 과정에서 종교는 사적인 영역에 머물러 있기보다는 공적 영역에서 그 역할을 감당하였고, 이러한 사회 변화에 중요하게 영향을 미쳤다는 것이 카사노바의 입장이다.

카사노바는 시장이론가들과 유사하게, 유독 유럽에서만 위의 3요소가 결합되어 있다고 주장한다. 많은 경우 종교는 사적인 영역에서 개인을 지켜 줄 뿐만 아니라, 공적인 의미 또한 보호하는 역할을 한다. 많은 사회에 있어 공적 규범이 사적 영역으로 유입될 뿐 아니라, 종교의 영향을 받는 도덕적 원칙이 정부 혹은 경제의 공적 영역으로 침투하고 있다. 이 과정에서 종교는 개인적인 도덕을 공적인 문제와, 또한 공적인 문제를 사적인 도덕의 문제와 대면토록 이끈다. 그러나 모든 종교가 이와 같은 공적인 역할을 감당한다기보다는 교리나 문화적 전통에서 공적인 자기 이해를 갖고 있는 종교만이 이러한 역할을 맡을 수 있는 것으로 보인다. 또한 특정 사회의 종교의 사사화의 정도는 '내적'으로는 종교의 합리화 과정에 의해, '외적'으로는 현대 사회의 구조적 분화에 의해 결정되기도 한다(Casanova, 1996: 187).

그렇다면 구체적으로 종교는 어떤 과정, 조직을 통하여 공적 영역에서 영향을 미칠 수 있을까? 카사노바에 의하면, 그 통로는 국가(정부), 정치적 공동체, 시민사회의 3부분으로 나뉠 수 있다. 그리고 전반적으로 예전의 교회와 국가의 결합으로부터 시민사회에의 영향의 통로로 이전되는 경향을 보이고 있다. 일반적으로 현대사회에서 정치와 종교의 문제가 시민사회의 영역에서 다루어지는 것은 큰 거부감이 나타나지 않지만, 이것이 특수한 정치의 영역으로 들어갈 때, 시민들의 반응은 호의적이지 않을 수 있다. 또한 종교의 시민사회를 통한 영향은 공적 영역에서 자신들의 경우를 세속적 언어로 제시할 때에만 효과적일 수 있다.

이러한 카사노바의 '공적 종교' 이론에 대한 경험적 연구 결과는 매우 논쟁적이며, 카사노바의 입장은 부분적으로만 지지되고 있다고 말할 수 있다. 서유럽의 경우를 본다면 대개의 경우 카사노바가 제기한 종교의 세 영향 통로 모두에서 공적인 종교로서 역할을 하는 데에 제한이 있는 것으로 보인다. 많은 국가의 주요 정당에 종교의 이름을 내건 경우가 있으나, 실제로 종교적 성격을 분명하게 드러내는 경우는 많지 않으며, 시민사회에 있어서의 영향도 국가에 따라 다르기는 하지만[8] 매우 제한적이다. 동유럽의 경우에도 공산주의 체제하에서 종교적 저항은 긍정적이고 공적인 의미를 지니고, 국가적·문화적 전통의 수호자로, 사회적 자율성의 보호자로서 기능하였지만, 사회주의 장벽 이후 점차로 그 역할을 상실해 가고 있는 것이 사실이다. 결국은 카사노바의 이론도 그 적용 대상을 어느 지역, 어느 사회로 할 것인가에 따라 그 유효성 여부가 달라진다. 위의 유럽의 사례와는 달리 미국의 경우에 있어서는 종교는 공적 영역에서 중요하게 작용하고 있는 것으로 보인다. 특히 1980년대 이후 등장한 '도덕적 다수(moral majority)'를 비롯한 근본주의적 기독교의 정치 참여는 미국 사회에 있어서 정치와 종교에 대한 새로운 논쟁을 불러일으키고 있다.

---

8) 이와 관련하여서는 마틴이 분석한 세속화의 유형이 중요하게 영향을 미친다고 볼 수 있다.

X. 종교의 변형 II: 시민종교

세속화에 대한 논의를 마치기 전에 우리는 마지막으로 전통적 종교의 변형된 형태로서 시민종교에 대해서 언급할 필요가 있다. 파슨스에 의하면 사회가 질서와 안정을 유지하기 위해서는 도덕적 합의가 매우 중요한데, 이를 위해 기능하는 것이 바로 종교이다. 즉, “공통의 가치체계와 관련된 개인의 통합”이 “제도적 규범의 정당성, 행위의 공통적이고 궁극적인 목표” 등에 표명되는데, 이러한 모든 현상들은 “공통의 가치 통합”으로 거슬러 올라갈 수 있으며 여기에 중요한 역할을 하는 것이 바로 종교이다(Alexander, 1993: 40). 하지만, 이와 같은 공통의 가치 통합은 현대의 많은 다종교 사회에서는 쉽지 않다. 이에 대하여 ‘시민종교’라는 개념을 통하여 다종교 사회의 공통적 가치 통합을 얘기한 것이 바로 파슨스의 제자인 벨라(R. Bellah)이다.

시민종교라는 개념은 본래 벨라 이전에 이미 루소(Jean-Jacques Rousseau)와 뒤르켐(Emil Durkheim)에게서 사용된 바 있다. 루소는 그의 책 『사회계약론』 8장에서 근대사회에 필수적인 도덕적 · 영적 기반으로서 사회 통합에 중요한 기능을 담당하는 것으로서 ‘시민종교’에 대하여 기술하였는데, 그에 의하면 ‘시민종교’는 1) 신의 존재, 2) 내세, 3) 덕에 대한 보상과 악에 대한 징벌, 4) 종교적 불관용의 배제를 중요한 교리로서 지녀야 한다. 이러한 루소의 시민종교 개념은 사회학에 있어 기능론적 입장의 시조라고 할 수 있는 뒤르켐을 거쳐, 벨라를 통하여 미국 사회에 적용되면서부터 현대사회학에서 중요한 개념으로서 사용되고 있다.

벨라는 시민종교를 “모든 사람이 생활에서 발견하게 되는 종교적 차원”이라고 정의하고 있는데, 이러한 기본적인 개념은 미국 역사상의 ‘거룩한’ 사람들, ‘거룩한’ 경험들, ‘거룩한’ 사건들, 전통들, 의례들을 토대로 한 일련의 종교적 믿음과 상징들을 통하여 나타나게 된다. 벨라는 그러한 예로써 미국의 국경일, 국가적 인물에 대한 기념, 국가적 성소들에 대한 방문 들을 들고 있는데, 이와 같은 요소들은 미국의 제도 발전에 중요한 역할을 해 왔고, “정치적 영역을 포함한 미국 삶의 전체적 구조에 대한 종교적 차원”을 제공한다고 주장한다(이원규, 2006: 155). 이와 같은 미국의 시민종교가 민족주의적인 성격을 지니며, 국가의 의미가 강조되지만, 이러한 논의 뒤에는 출애굽, 선민, 약속된 땅, 새 예루살렘, 희생적인 죽음과 재생과 같은 기독교적인 원형들이 중요하게 사용되고 있다. 하지만 이러한 원형들은 또한 그 본래의 기독교적 맥락을 넘어서 순수하게 미국 사회의 특징과 결합되어 있기도 하다. 이와 같이 시민종교는 “일련의 공통된 관념, 이상, 의례, 상징을 마련해 줌으로써 다원적인 사회에서 구성원들과 집단들 사이에 하나의 포괄적인 응집력과 일체감을 조장할 수 있다”(이원규, 2006: 156). 그리고 이를 통하여 시민종교는 결국 특정 사회의 가장 깊은 경험들을 요약하는 전통과 신화를 회복해주고, 나아가 한 사회의 전체성에 대한 기반을 제공할 수 있다. 이는 한편으로는 현재의 사회구조들을 성화시키는 기능을 담당하기도 하지만, 다른 한편으로는 사회에 대한 비판과 이상의 기초를 제공해 주기도 한다.

시민종교의 개념은 기본적으로 사회에 대한 기능론적 시각을 바탕으로 한다. 따라서 사회를 다르게 바라보는 입장에서는 수용되기 어려운 부분이 많은 것이 사실이다. '사회는 과연 실체인가?' 혹은 '주어진 것인가?' 이러한 입장은 알게 모르게 시민종교의 주장에 바탕이 되어 있는 것이 사실이다. 또한 통합(integration)과 응집력(cohesion)을 구분할 필요가 있다는 반론도 제기된다. 시민종교는 소수 문화를 포기하는 대가로 사회적 응집력을 제공하지만, 이것이 통합에는 불필요하거나, 오히려 장애가 될 수 있다는 것이다. 또한 일부 연구에 의하면, '누가 시민종교적인가?'라는 질문에 대하여 종교적으로 보수적이고, 교육 수준이 낮은, 빈곤층, 실업자, 은퇴자, 농촌에 거주하는 노년층 들이 주로 시민종교적 입장을 취한다고 얘기되고 있다(Christensen and Wimberly, 1978).

XI. 나가는 글

우리는 지금까지 세속화의 개념과 진행과정, 정통 세속화론부터 개인화, 시장이론, 공적 종교, 시민종교 등 세속화에 대한 다양한 논의를 살펴보았다. 몇 가지 세속화에 대해 최근에 논의되는 입장을 언급하면서 이 장을 마치고자 한다.

첫 번째로 얘기하고 싶은 것은 세속화는 과연 '보편적 · 필연적인 과정인가?' 하는 문제이다. 이러한 문제 제기는 최근에 활발하게 논의되는 서구적 '근대성(modernity)' 개념에 대한 재검토와도 연결된다. 근대성이 기본적으로 근대화의 수렴 이론에 기초한 것처럼, 세속화의 개념도 이러한 '근대성'의 한 갈래로, 그 기반에는 계몽주의적 · 근대주의적인 규범적 편향이 자리 잡고 있다는 것이다. 만약에 다양한 근대성이 인정될 수 있다면, 이와 마찬가지로 세속화 혹은 세속성에도 다양성이 존재할 수 있으며, 다원적 세속성, 나아가 세속성 개념 자체의 재정의가 필요하다고 할 수 있다.

이와 함께 얘기될 수 있는 문제는 과연 세속화는 '자연스럽게, 혹은 저절로 이루어지는 과정인가?' 하는 문제이다. 이에 대해 최근 크리스찬 스미스(Christian Smith)는 '*The Secular Revolution*'이라는 그의 책에서 세속화는 '시대정신'이 아니라, '갈등의 과정'이며, 사회적으로 정당한 지식에 대한 종교적 통제를 타도하고자 하는 적극적인 세속화론자들의 의도적 투쟁의 결과였다고 기술하고 있다. 실제로 종교와 세속적 영역 간의 경계는 계속해서 조정되고, 도전받고, 다시 그어진다. 이와 같은 '사회적 갈등' 혹은 '조정 과정'의 결과로서의 세속화의 개념화는 과거의 전통적 세속화의 입장에 대해 새로운 도전을 제기하고 있다.

마지막으로 언급해야 할 부분은 과연 우리나라의 경우는 어떠한가? 하는 문제이다. 앞서 본 장 맨 앞부분에 제기한 종교의 개인적 중요성에 관한 조사결과로만 본다면 우리나라는 점차 세속화되어 간다고 볼 수 있을 것이다. 종교 인구 또한 종교인구센서스를 시작한 1985년 이래 42.6%(1985), 50.7%(1995), 53.3%(2005)로 지속적으로 증가하다가 2015년 센서스에서는 43.9%로 감소하였다. 하지만, 여기에는 '종교를 어떻게 정의할 것인가?', '세속화의 개념을 어떻게 볼 것인가?', '세속화의 개념이 우리 사회에 적합한가?' 등 앞에서 제기한 복잡한 문제들도 얽혀 있고, 이러한 질문에 대해 어떻게 대답하는가에 따라 그 결론의 방향도 달라질 수 있다. 이 문제에 대한 답은 이후 한국 종교사회학에서 다루어야 할 중요한 문제로서 남겨 놓을 수밖에 없을 것 같다.

참고문헌

이원규. 『종교사회학의 이해』 개정3판. 파주: 나남출판, 2019.

최현종. 『한국 종교인구변동에 관한 연구』. 부천: 서울신학대학교출판부, 2011.

한국갤럽. 『한국인의 종교 1984-2014』. 서울: 한국갤럽, 2015.

Alexander, Jeffrey C. 『현대 사회이론의 흐름: 사회학도를 위한 스무 개의 강의록』. 이윤희 역. 서울: 민영사, 1993.

Bellah, Robert, N. *Beyond Belief: Essays on Religion in a Post-Traditionalist World*. New York: University of California Press, 1970.

Berger, Peter L. *The Social Reality of Religion*. Harmondsworth: Penguin, 1973 (원저, *The Sacred Canopy*, New York: Bantam Doubleday Dell Publishing Group, 1967. 번역서 『종교와 사회』. 이양구 역. 서울: 종로서적, 1981).

Berger, P. L. and Luckmann, Th. *Modernität, Pluralismus und Sinnkrise*. Gütersloh: Verlag Bertelsmann-Stiftung, 1995.

______. "Secularization and Pluralism", in: *Internationales Jahrbuch für Religionssoziologie* 2, 1966.

Bruce, Steve(ed.). *Religion and Modernization. Sociologists, and Historians Debate the Secularization Thesis*. Oxford: Oxford University Press, 1992.

Casanova, Jose. *Public religions in the modern world*. Chicago: University of Chicago Press, 1994.

______. "Chancen und Gefahren öffentlicher Religion", in: Otto Kallscheuer(Hg.), *Das Europa der Religionen: Ein Kontinent zwischen Säkularisierung und Fundamentalismus*. F.a.M.: Fischer, 1996.

Christensen, James A. and Ronald C. Wimberly, "Who is Civil Religious?" in: *Sociology of Religion* 39, 1978.

Dobbelaere, Karel. "Secularization: A Multi-Dimensional Concept", in: *Current Sociology* 29, 1981.

Fenn, Richard K. "The Secularization of Values: An Analytical Framework for the Study of Secularization", in: *Journal for the Scientific Study of Religion* 8, 1969.

______. "Toward a New Sociology of Religion", in: *Journal for the Scientific Study of Religion* 11, 1972.

Giddens, Anthony. 『현대사회학』 6판. 김미숙 외 역. 서울: 을유문화사, 2011.

Inglehart, Ronald. *Modernization and postmodernization. Cultural, Economic, and Political Change in 43 Societies.* Princeton: Princeton University Press, 1997.

Luckmann, Thomas. "On Religion in Modern Society", in: *Journal for the Scientific Study of Religion* 2, 1963.

______. *The Invisible Religion.* New York: Macmillan, 1967(번역서 『보이지 않는 종교』. 이원규 역. 서울: 기독교문사, 1982).

Luhmann, Niklas. "Religion als System. Thesen, Religiöse Dogmatik und gesellschaftliche Evolution", in: K.-W. Dahm, N. Luhmann und D. Stoodt(Hg.), *Religion: System und Sozialisation.* Darmstadt: Luchterhand, 1972.

______. *Gesellschaftstruktur und Semantik* Bd.1/3. F.a.M: Suhrkamp, 1989.

______. *Die Religion der Gesellschft.* F.a.M.: Suhrkamp, 2000.

Martin, David. A General Theory of Secularization. London: Harper & Row, 1978.

Pollack, Detlef. "Entzauberung oder Wiederverzauberung der Welt? Die Säkularisierungsthese auf dem Prüfstand", in: ders., *Säkularisierung - ein moderner Mythos?* Tübingen: Mohr Siebeck Verlag, 2003.

Pollack, Detlef und Gert Pickel. "Individualisierung und religiöser Wandel in der Bundesrepublik Deutschland", in: *Zeitschrift für Soziologie* 28, 1999.

Raulet, Gerard. "Singuläre Geschichten und pluralische Ratio", in: J. L. Rider und G. Raulet(Hg.), Verabschiedung der (Post-)Moderne? F.a.M: Gunter Narr Verlag, 1987.

Reicke, S. "Säkularisation", in: Religion in Geschichte und Gegenwart, 3. Aufl. Bd.5. Tübingen: Mohr Siebeck Verlag, 1986.

Roof, W. C. and D. R. Hoge. "Church Involvement in America: Social Factors Affecting Membership and Participation", in: *Review of Religious Research* 21, 1980.

Shiner, Larry. "The Concept of Secularization in Empirical Research", in: *Journal for the Scientific Study of Religion* 6, 1967.

Stark, Rodney and Laurence R. Iannaccone. "A Supply-Side Reinterpretation of the Secularization of Europe", in: *Journal for the Scientific Study of Religion* 33, 1994 .

Tschannen, Olivier. "The Secularization Paradigm: A Systematization", in: *Journal for the Scientific Study of Religion* 30, 1991.

Warner, R. Stephan. "Work in Progress toward a New Paradigm for the Sociological Study of Religion in the United States", in: *American Journal of Sociology* 98, 1993.

Weber, Max. Wirtschaft und Gesellschaft. Grundriß der verstehenden Soziologie, 5. Aufl. Tübingen: Mohr Siebeck Verlag, 1976.

Wohlrab-Sahr, Monika. "Säkularisierte Gesellschaft", in: G. Kneer, A. Nassehi und M. Schroer(Hg.), Klassische Gesellschaftsbegriffe der Soziologie. München: Fink, 2001.

03

사회진보와 종교의 역할*

Ⅰ. 들어가는 말

사회진보와 종교의 역할은, 막스 베버(Max Weber)의 자본주의 발전에 있어서의 개신교 윤리의 영향에 대한 언급 이후, 사회학 연구에 있어 중요한 부분을 차지해 왔다. 그러나 1960년대 이후 현대사회에서의 종교의 역할 쇠퇴를 주장하는 세속화 이론은 사회발전에 있어서의 종교의 역할을 주변화시키거나, 사적인 역할로 제한시켜 온 것도 사실이다. 하지만, 이러한 연구 경향 또한 최근에는 종교사회학에 있어서의 '공적 종교'의 부활이나(Casanova, 1994), 사회학 전반에서 사회발전에 있어서의 '문화' 및 그 일부로서의 '종교'의 역할에 대한 재조명(헌팅턴/해리슨 편, 2001)에 따라 다시 바뀌어 가고 있다.

다른 한편으로, 한국 사회에 있어 종교는 여전히 중요한 사회 구성 요소의 하나이다. 전체 인구의 43.9%가 종교를 가지고 있으며,[1] 특히 기독교 계통의 종교는 근대화 과정에서 놀라운 성장을 이룩했다.[2] 이는 한국의 사회발전과 종교의 관련성을 시사해 주며, 이 과

---

* 본 장은 『담론 201』 18-1(2015)에 처음 발표되었고, 이후 『종교와 사회진보』(다산출판사, 2015)에도 수록되었다.

1) 2015년 인구센서스 결과로 이에 대한 자세한 논의는 최현종(2017), 17-21 참조.

2) 대표적으로 개신교는 1957년 3.7%에서 2015년 19.7%로 성장하였다(최현종, 2017: 41-48).

정에서 종교가 사회발전에 어느 정도 기여한 바도 생각해 볼 수 있다. 본 연구는 이러한 맥락에서 현재 한국의 사회진보에 있어서 종교가 갖는 역할에 대한 탐구를 목적으로 한다.

II. 사회진보와 종교의 역할에 대한 기존 연구들

들어가는 글에서 언급한 바처럼, 사회진보와 종교의 역할에 대한 고전적 입장은 자본주의 전개에 미친 개신교적 윤리의 영향에 대한 막스 베버의 연구로부터 시작된다고 볼 수 있다. 피터 버거(Peter Berger)는 데이비드 마틴(David Martin)의 현대의 오순절 운동에 대한 연구서인 *Tongues of Fire*(1990) 서문에서, 소위 개신교가 영향을 준 세 번의 문화 혁명(cultural revolution)의 물결에 대하여 언급하는데, 그 첫 번째가 바로 베버가 연구한 자본주의 태동기의 청교도의 영향이며, 이후 산업혁명기의 감리교의 영향, 라틴아메리카를 비롯한 소위 제3세계에 있어서의 오순절 운동의 영향을 각각 두 번째와 세 번째의 물결로서 제시한다(Martin, 1990: viii-ix). 이러한 종교와 사회발전의 관계에는 일반적으로 근검절약, 정직, 성실, 종교에 기초한 노동 윤리 등이 그 연결 고리로 제시되는데, 마틴은 이에 더하여, 교회와 정부가 분리되고, 자원주의적 교단과 근대성이 결합한 개신교-앵글로색슨적 모델이 갖는 사회진보에의 긍정적 영향을 주장한다(Martin, 1990: 2). 마틴에 따르면, 라틴아메리카에서의 오순절 운동의 전파는 이와 같은 개신교-앵글로색슨적 모델의 확산을 의미하며, 오순절 운동은 앵글로색슨 세계에서 히스패닉 세계로 국경을 넘어선 최초의 물결이라고 언급한다. 라틴아메리카의 상황에서 해방신학이 이데올로기적 요소를 제공했다면, 오순절 운동은 문화적 요소를 제공하였으며, 양자 모두 도시화에 따라 상실된 보수적 혹은 규범적 사회 분위기를 새롭게 요구하며, 재수립하는 데 기여했다고 마틴은 평가한다(Martin, 2002: 95). 에이미 셔먼(Amy L. Sherman) 또한 과테말라의 사례 분석을 통해, 정통 기독교인이 '이교도적 기독교인(Cristo-pagan)'에 비해 경쟁적 선택, 자유 시장, 정치적 참여를 적극 지지하며, 이러한 기독교의, 혁신에의 개방적 태도, 개인적 성취욕구, 성과주의에 따른 불평등의 수용, 운명 극복 가능성에 대한 믿음, 게으름의 비난, 정령주의적 신앙의 거부 등은 사회경제적 성취로 연결된다고 주장한다(Sherman, 1997: 15f.).[3]

라틴아메리카의 발전에 대한 연구는 종교를 넘어 문화 일반의 영향에 대한 연구로 확대되는데, 마리아노 그론도나(Mariano Grondona)는 '개발 지향적' 문화와 '개발 저항적' 문화 유형을 구분하여, 이러한 문화 형태가 사회진보에 미치는 영향을 연구하였다(그론도나, 2001). 또한 로렌스 해리슨(Lawrence E. Harrison)은 북아메리카 국가와 남아메리카 국가의 차이를, 데이비드 마틴과 유사하게, 앵글로-프로테스탄트와 이베로-가톨릭 유산의 관점에서 설명한 카를로스 랑헬(Carlos Rangel)의 견해를 차용하면서, 진취적 문화와 정태적 문화를 구분하는 10가지 가치와 태도를 제시하였다.[4] 해리슨은 이와

---

3) 셔먼은 또한 개신교 개종에 따른 구체적인 행동적 변화들로, 대안적 공동체의 형제애적 네트워크에의 통합, 알코올 소비의 축소, 가족 복지에의 투자, 결혼의 유대 강화, 교육 추구, 비농업 고용 추구, 외부인에 대한 노출 증대 등을 열거한다(Sherman, 1997: 46-49).

4) 10가지 가치와 태도는 1) 미래 지향적 시간 지향성, 2) 노동, 3) 검약, 4) 교육, 5) 실력에 대한 긍정적 태도, 6) 정체성과 신뢰의 범위가 가족의 범위를 넘어 확장하는가?, 7) 엄정한 윤리규범, 8) 정의와 공정성에 대한 기대, 9) 수평적 권위, 10) 세속주의: 종교제도의 영향이 적은 편인가? 등이다. 이에 대하여는 새뮤얼 헌팅턴/로렌스 해리슨 편(2001),

유사한 맥락에서 이미 1) 세계관의 시간 지향, 2) 세계관이 합리성을 고무하는 정도, 3) 평등과 권위의 개념 등의 3가지 요소를 발전에 결정적 요소로 지적한 바 있고(Harrison, 1985: 6), 또 다른 곳에서는 신뢰망(공동체 의식), 윤리적 체계의 강도, 권위의 행사 방식, 혁신/일/저축/이윤에 대한 태도 등의 4가지 요인을 발전에 영향을 주는 요소로 제시하였다(Harrison, 1992: 10). 이러한 입장은 이미 뮈르달(Gunnar Myrdal)이 남아시아 연구에 있어서, 운명주의와 가족주의를 발전에 장애요인으로 언급한 부분이나(Myrdal, 1968), 휘욜(Thomas Roberto Fillol)이 아르헨티나 사회를 분석함에 있어, 일, 사업, 물질적 성취를 통하여 개인의 상황을 개선할 수 없다고 믿는 아르헨티나의 국민들의 경향을 발전을 저해하는 요인으로 지적하는 데서도 나타난다(Fillol, 1961).[5]

한편 이러한 베버 전통의 종교와 사회발전에 대한 연구의 또 다른 흐름은 동아시아의 경제발전에 대한 소위 '유교 테제'에서 나타난다. 이러한 연구들은 동아시아의 급속한 근대화의 원인을 개신교와 유교 윤리의 유사성에서 찾고, 근면, 규율, 절약, 성실 등의 유교적 윤리와 함께 사회적 통합, 개인적 희생, 관료적 전통 등 성리학적 가치가 동아시아 발전에 중요한 역할을 한 것으로 평가한다(Shim, 2000: 548). 앞서 언급한 해리슨도 동아시아의 발전을 유교적 중심 원리에 기초한 것으로 지적하며(해리슨, 2001: 440), 권위주의나 위계 등의

441f. 참조.

5) 이러한 문화발전주의적 입장에 반대하는 대표적 학자로는 마뉴엘 카스텔(Manuel Castells)을 들 수 있는데, 그는 빈곤과 저발전은 문화가 아닌 사회구조의 결과이며, 특정 유형의 문화가 빈곤에 상응한다면, 이는 빈곤이 문화를 창조한 것이지, 그 역은 아니라고 주장한다. 이에 대한 상술은 카스텔의 『정보시대: 경제, 사회, 문화』 3부작 참조(한국어 번역, 2003).

부정적 영향도 있지만, 전반적으로는 긍정적으로 기여한 것으로 평가한다(Harrison, 1992: 115). 마틴 또한 한국에서 유교적 윤리는 1) 이 세상에 초점을 맞춘 태도, 2) 질서, 규율, 예의, 집단 결속의 강조를 통하여, 경제 성장에 필요한 동기를 제공하였다고 평가한다(Martin, 1990: 152-3). 국내 학자들 중에는 1960-1986년까지의 신문사설의 내용 분석을 통하여 "한국의 근대화 과정에서의 유교적 가치"의 역할을 연구한 이동인의 연구를 들 수 있는데, 그는 유교적 가치가 한국의 근대화 과정에 있어서 "사회생활의 제 영역에 가치판단의 기초(틀)를 제공해 온 '원천적 가치' 또는 '모가치(母價值)'"였으며, "유교의 가치 체계는 근대화에 도움이 되는 가치, 윤리 체계였다"고 평가한다(이동인, 1987: 224f.). 나아가 일부 학자들은 유교와 칼빈주의 윤리적 가치의 중첩이 한국에서 칼빈주의 전개를 위해 적합한 초석을 제공했다고 주장하기도 하지만(Keil, 1998: 74), 오히려 한국의 개신교 윤리가 "유교가치 내지는 토착가치의 영향으로 강력한 근대화의 추진세력이 되지는 못한" 것으로 평가하는 시각도 있다(권규식, 1983: 301). 유교적 가치와 관련, 가족/친족주의 혹은 소집단주의 역시 많은 주목을 받았는데(Ching, 1989: 112; Nakajima, 1994: 116), 한국의 경우 국가 및 사회 윤리 또한 이러한 가족 윤리의 확장으로 볼 수 있으며(Cha, 1998: 51f.), 이러한 가족/친족주의 윤리는 사회적 조화와 정치적 안정 등을 강조하는 면에서는 긍정적 측면을 지니기도 하지만, 권위적 · 집단이기적 · 가부장적 측면에서는 부정적 영향을 지닌 것으로 평가되고 있다(Tu, 1996: 188).[6]

개신교와 사회진보의 연관성을 막스 베버의 전통에서 바라볼 때,

---

6) 부정적 평가와 관련하여서는 박영신(1987)도 참조.

개신교 '윤리'의 영향과 함께 지적되는 또 하나의 전통은 개신교 '공동체'와 자본주의 발전을 연결시키는 입장이다. 이미, 막스 베버 스스로도 그의 『종교 사회학(Gesammelte Aufsätze zur Religionssoziologie)』 전 3권 중 "개신교 윤리와 자본주의 정신"의 관계를 지적한 부분과 함께, "개신교 종파(Sekte, 영 sect)와 자본주의 정신"이라는 부분을 통하여 이를 지적한 바 있다(Weber, 1920). 스마일데(David Smilde)는 이러한 맥락에서 베네수엘라의 상황을 분석하고, 개신교가 라틴아메리카의 상황에서 (알코올 소비에 근거하지 않은) 대안적인 사회적 연계망을 제공하고, 이러한 연계망은 고용에 관한 정보, 추천, 소액대출, 다른 형태의 원조 등 사회경제적 생존과 발전의 주요한 요소들을 제공해 준다고 지적한다(Smilde, 2007: 6). 마틴 또한 (한국 및 아프리카의 상황에서도) 개신교가 경제발전에 따른 사회변동의 상황에서 공동체적 지원과 변화에 대한 불안으로부터 지켜 주는 역할을 하며, 도시적 상황에서 희망과 치유를 공급함과 동시에 공동체와 네트워크를 제공한다고 지적한다(Martin, 1990: 155; 아프리카와 관련하여서는 2002: 140). 마틴은 이러한 종교가 제공하는 공동체적 요소를 '대체 사회(substitute society)'라고 부르기도 한다(Martin, 1990: 258).

바로(Robert J. Barro)와 맥클리어리(Rachel M. McCleary)는 이러한 종교와 경제적 발전의 관계를 100여 개국의 경험적 데이터를 통하여 검증하고자 시도하였다(Barro/McCleary, 2003: 760-81). 그에 따르면 종교성은 1인당 GDP와 도시화율을 기준으로 한 경제발전과는 부정적 상관을 보이지만, 개인적 차원에서의 교육기간과 교회 출석은 매우 긍정적 상관을 나타낸다. 바로와 맥클리어리는 이를 교육받은 인구가 교회 활동을 포함하여 집단 활동에 보다 적극적으로 참여한 결과로 해석한다. 이들의 연구에 따르면, 전반적으로 경제성장은 교회 출석과는 부정적, 내세 혹은 초월적 신에 대한 신앙과는 긍정적 상관을 보이는 것으로 나타난다.

위에서 살펴본 바와 같이, 종교와 사회진보의 관련성 연구는 주로 경제 발전을 중심으로 이루어져 왔지만, 정치 발전 또한 사회진보의 중요한 요소이며, 이 또한 종교와 관련하여 살펴볼 수 있다. 종교와 근대적 정치 발전의 연관성에 대한 선구적 연구로는 토크빌(Alexis de Tocqueville)을 들 수 있는데, 그는 미국의 민주주의 발전에 있어 종교의 역할을 중요한 요소로 제시하였다(토크빌, 2009). 하지만, 앞서 언급한 바와 같이 사회학 연구 전반에 있어서의 종교의 주변화 및 종교사회학에 있어서의 세속화 이론의 주도에 따른 공적 영역에서의 종교 역할 제한의 제기 등으로 정치발전과 종교를 연결하여 보는 시도는 근래에는 매우 드문 실정이었다. 그러나 최근 다시 카사노바에 의한 '공적 종교'의 주장은 정치발전에 있어서의 종교의 역할을 다시 주목하도록 만들었다. 카사노바는 동구의 민주화, 남미의 해방신학 등 현대사회의 정치 변화에 있어서의 종교의 역할에 주목하면서, 특별히 (하버마스의 전통에서) 시민사회를 통한 종교의 기여를 주장한다(Casanova, 1994). 앞서 언급한 셔먼의 연구에서도 종교가 정치적 참여를 촉진시키는 부분을 지적하고 있는데, 셔먼은 라틴아메리카에 있어 개신교의 성장이 시민사회 내에 '열린 공간'을 창출함으로써 민주주의 형성에 기여하고 있다고 평가한다(Sherman, 1997: 133). 한국 사회의 종교가 정치 발전에 기여한 부분에 대해서는 개신교의 국가조찬기도회와 민주화 운동에 대한 참여를 중심으로 살펴본 전명수의 연구를 들 수 있다(전명수, 2014).

Ⅲ. 연구방법 및 데이터

본 연구는 SSK "종교와 사회진보" 팀에서 연구의 일환으로 2014년 실시한 "사회발전에 대한 국민의식" 여론조사 데이터를 분석한 결과이다. 조사는 2014. 3. 27.-4. 2.의 1주일간 수도권에 거주하는 20-60세의 성인남녀를 대상으로 온라인상에서 실시되었다.[7] 표본추출은 2005년 인구센서스의 연령, 지역, 종교 비율에 따라 할당되었으며, 표본 수는 총 1,070명이었다.

조사에 있어 종교에 관한 변인으로는 신앙 종교의 유형과 함께, 본인의 삶에 있어서의 '종교의 중요도', 종교적 '신앙의 강도' 등이 5점 척도에 의해 평가되었다. '사회진보'와 관련하여서는 조사한 내용 중 '도덕적 삶', '부정부패 감소', '행복한 삶', '인격 형성', '교육 발전', '복지 발전'에 대한 종교의 기여 여부(5점 척도)를 종속 변수로 분석하였다. 따라서 본 연구는, 앞서 언급된 연구 경향들과 비교하여 볼 때, 1) 사회진보에 대한 종교의 구체적 공헌의 분석이 아닌, 일반인의 평가 혹은 종교의 역할 인식에 관한 것이며, 2) 내용적으로도 경제성장보다는 사회, 문화적인 요소 및 교육/복지와 같은 성장 외적 요소에 치중하였다. 이와 같은 측정 항목의 변화는 1) 경제발전의 경우, 근대화 시기의 기여 요소를 현재적 시점에서 측정하는 것이 어려웠고, 2) 시대 변화에 따라 사회진보를 구성하는 요소가 어느 정도 변화한 것에 기인하였다. 그러나 한편으로, 앞서 제시된 선행 연구들과 비교한다면, '도덕적 삶', '부정부패 감소', '인격 형성' 항목은 경제 발전의 문화적 · 윤리적 요소와 연결되며, '행복한 삶',

---

7) 실제 조사는 ㈜글로벌리서치에 의뢰하여 실시되었다.

'교육 발전', '복지 발전' 항목은 사회진보의 비경제적 지표와 연결된다고 볼 수 있다. 한편, 정치적 발전과 관련하여서는 각 종교의 민주화에 대한 기여 정도를 평가하게 하였다. 앞에 언급한 6개의 항목의 내적 일관성은 크론바흐 알파(Cronbach-alpha) 계수로 측정하였을 때, 0.750이었고,[8] 설문 문항에 대한 요인분석에서 하나의 요인으로 추출되었다. 본 연구의 통계분석에서는 개별 문항에 대한 분석과, 요인분석 결과를 점수화하여 단일변수로 사용한 분석을 병행하였다.

통제변수로는 성, 연령, 선호 신문유형 등이 사용되었다. 선호 신문유형은 보수계통 신문(조선, 중앙, 동아)과 진보계통 신문(한겨레, 경향)으로 구분되었으며, 보수-진보 성향을 나타내는 지표로 사용되었다. 수도권에 한정된 조사였던 관계로 지역은 (별도의 분석 결과) 유의미하지 못하였고, 소득 관계 변수들(총소득, 경제 상태 만족도, 계층 귀속)은 유의미한 경우에만 별도로 언급하였다. 통계분석에 있어 프로그램은 SPSS ver. 21을 사용하였다.

Ⅳ. 분석 결과

종교유형을 독립변수로, 사회진보에 대한 종교의 기여 정도에 대한 평가를 종속변수로 분석한 결과는 아래의 <표 3>과 같다. <표 3>에 의하면 종교유형은 유의미한 수준에서 종교의 평가에 영향을 미치며, 그 순서는 개신교>가톨릭>불교>무종교 순으로 나타났다. 즉,

---

8) 6개 항목의 각 문항을 제외하고 나머지 문항들, 즉 5개 항목의 크론바흐를 측정하였을 때, 크론바흐 알파 계수는 모든 측정에서 감소하였다. 즉, 6개 항목을 하나의 척도로 하였을 때 가장 높은 크론바흐 알파 계수를 나타냈다.

개신교인이 사회진보에 대한 종교의 역할을 가장 긍정적으로, 무종교인이 가장 부정적으로 평가하였다. 또한 나이가 많을수록, 보수적 신문을 선호할수록 종교에 대한 평가도 긍정적인 것으로 나타났다. 유일하게 신문유형과 가톨릭이 유의미한 영향을 미치지 못한 것으로 나타난 '행복한 삶'에 대한 기여 항목도 유의확률은 각각 0.53과 0.68로, 어느 정도 의미 있는 영향을 미치는 것으로 생각할 수 있으며, 이러한 차이는 부분적으로 질문 방식의 차이에 기인하는 것으로 보인다.[9)]

<표 3> 종교유형에 따른 종교의 사회진보에 대한 기여 평가(Model 1)

변수	요인점수	도덕적 삶	부정부패 감소	행복한 삶	인격 형성	교육 발전	복지 발전
(상수)	-.363***	2.521***	2.209***	4.121***	2.491***	2.248***	2.602***
성	-.078	-.113	-.088	.049	-.023	-.020	-.018
연령	.129***	.111***	.174***	-.071**	.167***	.146***	.100***
신문유형	.176**	.257***	.180**	-.108	.182**	.174**	.145**
종교유형							
개신교	.657***	.472***	.470***	-.655***	.585***	.547***	.427***
가톨릭	.406***	.435***	.373**	-.177	.431***	.388***	.240**
무종교	-.484***	-.643***	-.536***	.289***	-.423***	-.367***	-.312***
$R^2_{adj.}$	.277	.226	.219	.177	.209	.189	.113

- N=1,013; * < p=.05, ** < p=.01, *** < p=.001.
- 성=여성, 신문유형=진보, 종교유형=불교 기준.
- 행복한 삶은 역척도.

9) 질문 항목 중 '행복한 삶'만 유일하게 부정적인 기술 형태로 질문하였다.

<표 4> 종교의 중요도에 따른 종교의 사회진보에 대한 기여 평가(Model 2)

변수	요인점수	도덕적 삶	부정부패 감소	행복한 삶	인격 형성	교육 발전	복지 발전
(상수)	-2.084***	.516**	.550**	5.221***	.797***	.730***	1.195***
성	.023	-.069	.028	.055	.189**	.094	.090
연령	.026	.018	.069*	.003	.058	.034	.009
신문유형	.089	.225**	.137	-.063	.097	.190*	.104
종교유형							
개신교	.240**	.006	.070	-.375***	.182*	.178*	.087
가톨릭	.178*	.185	.158	-.021	.214*	.194*	.057
종교의 중요도	.647***	.726***	.617***	-.430***	.626***	.564***	.525***
$R^2_{adj.}$	.469	.389	.312	.233	.360	.310	.243

- N=558; * < p=.05, ** < p=.01, *** < p=.001.
- 성=여성, 신문유형=진보, 종교유형=불교 기준.
- 행복한 삶은 역척도.

<표 4>는 Model 1에 '종교의 중요도' 변수를 첨가한 것으로, '종교의 중요도'는 종교인만 평가하였기에, 무종교인은 분석에서 제외되었다. 이 경우에 Model 1에서 유의미한 영향을 미쳤던 많은 변수들의 영향력이 줄어들거나, 유의미하지 못한 수준으로 떨어지는 것으로 나타났다. 반면, 수정된 결정계수($R^2_{adj.}$)의 값은 크게 증가하여, 종교의 사회진보에 대한 기여를 평가하는 데 있어 종교의 중요도가 가장 의미 있는 변수임을 보여 주었다. 즉, 종교의 중요도를 고려할 때, 종교유형의 효과는 어느 정도 상쇄되며, 연령이나 선호 신문유형의 효과도 상당 부분 사라지는 것으로 보인다.[10] 특히, 개신교가

10) 위의 모델들에 소득 및 계층 귀속 변수를 포함한 모형에서는 행복한 삶(소득 변수에 한해 B=.049; p<.05에서 유의미) 외에는 유의미한 변수로 나타나지 않았고, 상호작용 효과 포함 모델에서도 신문*종교의 중요도, 연령*종교의 중요도는 유의미한 영향을 나타내지 않았다. '신앙강도'를 포함한 모델의 경우는 Model 2와 상당 부분 중복된 결과를 보였으나, Model 2가 '신앙강도' 모델보다 결정계수가 높게 나타나, 본 논문에서는 제시되지

다른 종교에 비해 높은, 불교가 낮은 '종교의 중요도'를 보인다는 기존의 연구를 고려할 때(최현종, 2011: 119), 개신교>가톨릭>불교 순의 긍정적인 평가는 상당 부분 종교의 중요도가 영향을 미친 것으로 생각할 수 있다.

<표 5> 종교유형별 종교의 사회진보에 대한 기여 평가 비교

종교유형	전체	불교인	개신교인	가톨릭	무종교인
도덕적 삶	2.76	2.92	3.39	3.28	2.23
부정부패 감소	2.60	2.73	3.21	3.04	2.13
행복한 삶	3.86	3.87	3.23	3.73	4.21
인격형성	2.99	3.04	3.63	3.40	2.54
교육 발전	2.70	2.75	3.28	3.06	2.30
복지 발전	2.92	2.94	3.39	3.15	2.61

- 행복한 삶은 역척도.

그렇다면 각 종교유형별 종교의 사회진보에 대한 기여의 구체적 값은 어떻게 나타날까? <표 5>는 종교유형별로 종교의 사회진보에 대한 기여를 평가한 평균값을 보여 준다. 표에 나타난 평균값에 의하면, 일반적인 종교의 역할에 대한 평가는 부정적인 쪽에 조금 더 가깝게 나타났다. 즉, 6개 항목 모두, 5점 척도의 산술적 평균값인 3점보다 작은(역척도인 '행복한 삶'의 경우 큰) 값으로 평가되었다. 이 차이는 '인격형성'을 제외하고는 모두 $p<.01$ 수준에서 유의미한 것으로 나타났다('복지발전'을 제외하면 4개 항목은 $p<.001$ 수준에서도 유의미하였다). 종교유형별로 보았을 때는 개신교인과 무종교인의 긍정적・부정적 평가의 대조가 매우 두드러졌다.

않았다.

민주화에 대한 평가는 종교별로 실시한 관계로 믿는 종교유형에 따라 평가가 매우 달랐다(Model 3). 개신교에 대한 평가는 개신교인>가톨릭>불교인>무종교인 순으로, 불교에 대한 평가는 불교인>가톨릭>무종교인>개신교인 순으로, 가톨릭에 대한 평가는 가톨릭>개신교인>불교인>무종교인 순으로 나타났다. 일단 각 종교인은 자신의 종교를 긍정적으로 평가하는 경향을 보였는데, 이러한 자신이 믿는 종교에 대한 긍정적 평가는 평가항목은 다르지만, 이전의 연구에서도 드러나는 경향이다(최현종, 2011: 93f.). 개신교인과 불교인의 상호 부정적인 평가도 눈에 띄는데, 특히, 개신교인의 불교에 대한 평가는 무종교인보다도 부정적이었다. 이러한 평가에 비추어 볼 때, 각 종교의 (민주화에 대한) 평가는 실제의 사실(fact)보다는, 그 종교에 대한 개인의 이미지 혹은 서사(narrative)에 어느 정도 의존한다고 말할 수 있을 것이다. 기타의 변수 중에서는 연령이 가장 유의미한 영향을 미쳤으며(연령이 높을수록 긍정적 평가), 개신교에 대하여는 선호 신문유형(보수적 신문을 선호하는 사람이 긍정적 평가)도 영향을 주었다. '종교의 중요도'를 추가한 모형(Model 4)에서는, 전반적인 사회진보에 대한 평가 모델(Model 2)과 마찬가지로, '종교의 중요도'가 매우 유의미한 변수로 작용하였으며, '종교의 중요도'를 제외한 모형(Model 3)에서 $p<.05$ 수준에서 유의미한 영향을 미쳤던 3개의 결과 중에서 2개(개신교에 대한 가톨릭교도의 평가와 가톨릭에 대한 개신교인의 평가)는 유의미하지 않은 수준으로 떨어졌다.[11]

---

11) 소득 및 계층귀속 변수를 포함한 모형에서, 개신교 및 불교의 민주화 기여에 대하여는 유의미한 영향을 미치지 못했고, 가톨릭 민주화에 대한 평가는 소득에 한해서 높을수록 가톨릭의 민주화 기여를 긍정적으로 평가하는 것으로 나타났다(B=.053; $p<.05$에서 유의미). 상호작용 효과 포함 모델에서도 신문*종교의 중요도, 연령*종교의 중요도는 모든 종교의 민주화 기여에 유의미한 영향을 나타내지 않았다.

<표 6> 종교유형에 따른 종교의 민주화에 대한 기여 평가(Model 3)

변수	개신교	불교	가톨릭
(상수)	2.564***	3.309***	2.870***
성	-.002	.024	.050
연령	.074**	.027	.191***
신문유형	.145*	-.016	-.061
종교유형			
개신교	.427***	-.402***	.186*
가톨릭	.240*	-.243*	.540***
무종교	-.312***	-.357***	-.082
$R^2_{adj.}$	.156	.025	.098

- N=1,013; * < p=.05, ** < p=.01, *** < p=.001.
- 성=여성, 신문유형=진보, 종교유형=불교 기준.

<표 7> 종교의 중요도에 따른 종교의 민주화에 대한 기여 평가(Model 4)

변수	개신교	불교	가톨릭
(상수)	1.332***	2.585***	1.945***
성	.064	.038	.121
연령	.007	-.021	.123***
신문유형	.171*	.164*	.020
종교유형			
개신교	.415***	-.558***	-.030
가톨릭	-.185	-.309**	.433***
종교의 중요도	.439***	.233***	.328***
$R^2_{adj.}$	.266	.084	.165

- N=558; * < p=.05, ** < p=.01, *** < p=.001.
- 성=여성, 신문유형=진보, 종교유형=불교 기준.

각 종교의 민주화에 대한 기여 평가는 종교별로 평가 경향이 상이하여, 하나의 요인으로 추출할 수 없었고, 따라서 종교의 민주화 일반을 하나의 변수로 한 분석은 실시하지 않았다. 다만, 흥미로운 사실은 설문 항목 전반에 관한 요인분석을 실시하였을 때, 개신교 민주화가 사회진보 전반의 6개 항목과 함께 하나의 요인으로 추출되고, 불교와 가톨릭 민주화는 별도의 요인으로 추출되었다는 사실이다. 이러한 분석 결과는, 종교 일반의 사회진보에 대한 평가가 상당 부분 개신교에 대한 평가 경향과 비슷하고, 이는 개신교가 종교 전체의 이미지 형성에 상당 부분 대표성을 갖는 것으로 해석할 수 있다. 하지만, 이러한 개신교의 일정 부분 대표 효과를 인정한다면, 종교일반의 사회진보에 대한 기여의 부정적 평가는 다른 한편으로 이러한 개신교에 대한 부정적 평가의 결과라고도 생각할 수 있다. 그리고 이러한 개신교의 부정적 평가와 그 파급 효과는, 각 종교의 민주화에 대한 평가에서 나타난 서사 효과와 관련하여 볼 때, 최근의 사회 전반에 걸친 개신교에 대한 부정적 이미지, 혹은 부정적 서사의 결과가 작용한 것이라고 추정할 수도 있다. <표 7>에 의하면, 개신교의 민주화 기여는 종교 중에 가장 낮고, 산술적인 평균값(5점 척도에서 3)과 비교할 때도, 유일하게 부정적인 평가를 받고 있다. 물론 개신교의 민주화에 대한 기여 부분은 평자에 따라 달라질 수는 있겠지만, 개신교가 1970-1980년대에 민주화 운동을 추진함에 있어 상당한 기여를 한 것은 부인할 수 없는 사실이다.[12] 그럼에도 불구하고, 이와 같은 부정적 평가를 받는 것은, 필자의 견지에서 볼 때는 상당 부분 현재의 개신교에 대한 부정적 서사가 투영된 것이라고 여겨진다.[13]

12) 개신교의 민주화 기여에 대하여는 한국기독교사회문제연구원(1982), 한국기독교교회협의회(2005) 참조.

13) 종교별 민주화 기여에 대한 상대적 평가의 차이를 종속변수(불교-개신교 격차, 가톨릭-개신교 격차, 불교-가톨릭 격차)로 별도의 분석을 실시한 결과에 의하면, 선호 신문유형이 개신교의 부정적 평가에 가장 중요한 영향을 미치는 것으로 드러났다(p=.002). 즉, 진보적 신문을 선호하는 사람일수록 불교와 가톨릭에 비해 상대적으로 개신교의 민주화 기여를 낮게 평가하는 것으로 드러났다. 성, 소득 등은 유의미한 수준의 영향을 미치지

<표 8> 종교유형별 종교의 민주화 기여 평가 비교

종교유형	평균	불교	개신교	가톨릭	무종교
개신교 기여	2.89	2.85	3.55	2.79	2.59
불교 기여	3.09	3.38	2.98	3.14	3.01
가톨릭 기여	3.40	3.36	3.52	3.91	3.21

V. 나가는 말

본 연구는 현재 한국의 사회진보에 있어서 종교가 갖는 역할을 국민 일반의 의식을 통하여 살펴보는 것을 목적으로 하였다. 앞에서 언급한 바처럼, 본 연구는 1) 사회진보에 대한 종교의 구체적 공헌의 분석이 아닌, 일반인의 평가 혹은 종교의 역할 인식에 관한 것이며, 2) 내용적으로도 경제성장보다는 사회, 문화적인 요소 및 교육/복지와 같은 성장 외적 요소에 치중하였으며, 3) 정치적 발전과 관련하여서는 각 종교별 민주화에 대한 기여 정도를 구체적으로 평가하였다.

분석에서 나타난 중요한 결과들을 요약해 보면, 먼저, 사회진보와 관련된 종교의 역할은 그다지 긍정적인 평가를 받지 못했다. 물론, 이러한 평가는 종교의 유무, 믿는 종교의 유형, 특히 개인의 삶에 있어서의 종교의 중요도 등에 따라 달랐고, 연령 및 선호 신문유형에 의해 측정된 진보-보수의 차이도 이에 영향을 미쳤지만, 전체 평균값으로 보면, 오히려 부정적인 쪽에 가까웠다. 이러한 부정적인 평가는 전체적으로는 세속화의 영향, 좀 더 구체적으로는 개신교에 대

못하였고, 연령의 경우에는 가톨릭-개신교의 경우에만 그 차이를 더욱 크게 평가하는 경향을 보였다.

한 부정적 서사의 결과로 보인다.

세속화는 가장 일반적인 의미에서, '사회 전반의 영역에서 종교의 영향력이 감소하는 현상'으로 정의되는바,[14] 사회진보에 대한 종교의 영향을 부정적으로 평가하는 것은 한국 사회의 세속화로 해석할 수 있는 부분이다. 다만, 한국 사회의 세속화는 종교 인구의 감소도 나타나지만, 의식의 세속화, 혹은 종교의 주변화의 측면이 더욱 두드러진다.[15] 그러나 종교의 세속화에도 불구하고, 여전히 사적인 영역에서는 종교의 영향력이 지속된다는 서구의 사례와는 달리, 전통적으로 사적인 영역으로 평가되어 온 도덕, 인격 형성, 행복한 삶 등의 요소에 대한 종교의 기여를 부정적으로 평가한 본 연구의 결과는 한국 사회의 세속화가 서구 사회와는 또 다른 측면을 갖고 있음을 보여 준다. 즉, 카사노바의 연구 이래 공적인 영역에서도 종교가 여전히 기여할 수 있다는 서구의 종교사회학의 입장과는 반대로, 한국 사회에서는 사적인 영역에서조차도 세속화의 영향이 미치고 있음을 보여 주는 결과라고 할 수 있다.

한편, 개신교의 부정적 서사도 이러한 종교의 역할에 대한 부정적 평가에 영향을 미치는 것으로 보이는데, 이러한 사실은 1) 개신교 민주화와 그 외 종교 일반의 사회진보에 대한 평가가 요인분석에서 갖는 공통성, 2) 불교 및 가톨릭의 상대적으로 긍정적인 민주화 기여 평가 결과, 3) 각 종교별 민주화 평가에 나타난 서사 효과의 경향 등에서 추정할 수 있다. 즉, 현재의 한국 사회에서 개신교는 어느 정도 종교 전체를 대표하는 이미지를 갖는데, 이것은 긍정적이기보다

14) 세속화의 정의 및 이하의 논의와 관련하여서는 본서 2장 참조.

15) 한국 갤럽의 조사에 의하면, 자신의 신앙심을 깊다고 평가한 종교인의 비율은 1984년 41%에서 2014년 36%로 낮아졌다(한국갤럽, 2015: 42-43).

는 부정적이라는 것이다. 이러한 개신교-무종교의 어느 정도 적대적인 진영 설정은, 마틴(D. Martin)의 유럽 사회 유형 구분과 비교하여 볼 때, 프랑스, 그리고 어느 정도는 스페인의 경우와 유사하다. 이들 국가의 경우, 대개 종교는 사회의 보수적 세력과 결합하고, 이는 다시 공격적인 비신앙 세력과 적대적인 전선을 형성하게 되는데, 이러한 분열은 계급 혹은 지역적 분열과 결합하여 더욱 강력해지기도 한다.[16] 본 연구의 분석에 의하면, 한국 사회의 경우에도 개신교에 대한 부정적인 평가는 진보 성향을 지닌 사람들에게서 가장 강하게 나타나고 있다. 그렇다면 한국 사회에서 종교는 더 이상 의미 있는 기여를 할 수 없는 것일까? 앞에서 언급한 바처럼, 과거 한국 사회 종교 인구, 특히 개신교 인구의 증가는 경제 발전 및 그에 따른 사회 변동과 불가분의 관계를 지녀 왔다(최현종, 2017: 43-48). 또한 사회진보와 더불어 종교는 점차 사라지리라는 세속화론자들의 주장과는 달리, 세계적으로 종교는 부흥하고 있는 실정이다. 물론, 사회의 발전과 더불어 종교의 기능과 의미는 달라질 수 있다.[17] 현재의 한국 사회에서 종교는 어떻게 사회진보에 기여할 수 있을까? 변화하는 사회 속에서 새로운 종교의 역할을 찾고, 이를 다시 사회의 진보와 연결시켜, 보다 행복한 사회, 건강한 사회를 만들어 나가는 것은 대한민국의 모든 종교인 혹은 나아가 국민 전체의 과제라고 할 수 있을 것이다.

16) 한국의 지역별 종교 분포와 관련하여서는 최현종(2017), 20-21 참조.

17) 한국 사회에서의 종교의 기능 및 의미 변화와 관련하여서는 최현종(2011), 71-90 참조.

참고문헌

권규식. 1983. 『종교와 사회변동: 막스 웨버의 종교사회학』. 서울: 형설출판사.

그론도나, 마리아노. 2001. 「경제발전의 문화적 유형」. 새뮤얼 P. 헌팅턴/로렌스 E. 해리슨 편. 『문화가 중요하다』 (이종인 역). 서울: 김영사. 98-113.

박영신. 1987. 「한국의 전통 종교 윤리와 자본주의」. 한국사회사연구회 편. 『한국의 종교와 사회변동』. 서울: 문학과 지성사. 151-169.

이동인. 1987. 「한국의 근대화 과정에서의 유교적 가치: 두 일간지의 내용분석」. 한국사회사연구회 편. 『한국의 종교와 사회변동』. 서울: 문학과 지성사. 170-225.

전명수. 2014. 「종교의 정치참여에 대한 일 고찰: 한국의 종교와 정치발전 연구의 일환으로」. 『담론 201』 17: 31-56.

최현종. 2011. 『한국 종교인구변동에 관한 연구』. 부천: 서울신학대학교출판부.

______. 2017. 『오늘의 사회 오늘의 종교』. 서울: 다산출판사.

카스텔, 마뉴엘. 2003. 『정보시대: 경제, 사회, 문화』 3부작 (김묵한 외 역). 서울: 한울아카데미.

토크빌, 알렉시스 드. 2009. 『미국의 민주주의』 1, 2 (임효선 역). 서울: 한길사.

한국갤럽. 2015. 『한국인의 종교 1984-2014』. 서울: 한국갤럽.

한국기독교사회문제연구원. 1982. 『1970년대 민주화운동과 기독교』. 서울: 한국기독교사회문제연구원.

한국기독교교회협의회. 2005. 『한국교회 인권운동 30년사』. 서울: 한국기독교교회협의회.

해리슨, 로렌스 E. 2001. 「문화적 변화의 추진」. 새뮤얼 P. 헌팅턴/로렌스

E. 해리슨 편. 『문화가 중요하다』 (이종인 역). 서울: 김영사. 440-454.

Barro, Robert J./Rachel M. McCleary. 2003. "Religion and Economic Growth Across Countries." *American Sociological Review* 68: 760-81.

Casanova, Jose. 1994. *Public Religion in the Modern World.* Chicago: University of Chicago Press.

Cha, Sung Hwan. 1998. "Die neokonfuzianischen Werte und die Industrialisierung in Korea." Siegfried Keil/Jens Jetzkowitz/Matthias König(Hg.). *Modernisierung und Religion in Südkorea.* München: Weltforum Verlag. 47-63.

Ching, Julia. 1989. *Konfuzianismus und Christentum.* Mainz: Grünewald.

Fillol, Thomas Roberto. 1961. *Social Factors in Economic Development: The Argentine Case.* Cambridge: MIT Press.

Harrison, Lawrence E. 1985. *Underdevelopment Is a State of Mind.* Lanham: Madison Books.

______. 1992. *Who Prospers? How Cultural Values Shape Economic and Political Success.* New York: Basic Books.

Keil, Siegfried. 1998. "Konfuzianismus, Protestantismus und Kapitalismus: Die Weber-These und die koreanische Entwicklung." Siegfried Keil/Jens Jetzkowitz/Matthias König(Hg.). *Modernisierung und Religion in Südkorea.* München: Weltforum Verlag. 65-75.

Martin, David. 1990. *Tongues of Fire: The Explosion of Protestantism in Latin America.* Oxford: Blackwell.

______. 2002. *Pentecostalism: The World Their Parish.* Oxford: Blackwell Publishing.

Myrdal, Gunnar. 1968. *Asian Drama: An Inquiry into the Poverty of Nations.* New York: Pantheon.

Nakajima, Mineo. 1994. "Economic Development in East Asia and

Confucian Ethics." *Social Company* 41: 113-19.

Sherman, Amy L. 1997. *The Soul of Develpoment: Biblical Christianity and Economic Transformation in Guatemala.* New York: Oxford University Press.

Shim, Jae-Ryong. 2000. "Buddhism and the Modernization Process in Korea." *Social Company* 47: 541-48.

Smilde, David. 2007. *Reason to Believe: Cultural Agency in Latin American Evangelicalism.* Berkeley: University of California Press.

Tu, Wei-Ming. 1996. "South Korea and Taiwan" Wei-Ming Tu(ed.). *Confucian Traditions in East Asian Modernity.* Cambridge: Harvard University Press. 187-90.

Weber, Max. 1920. *Gesammelte Aufsätze zur Religionssoziologie.* 3Bde. Tübingen: J.C.B. Mohr.

04

종교와 섹슈얼리티 그리고 가족*

Ⅰ. 들어가는 말

가족이 한 사회의 기초 단위이며, 건전한 사회는 건전한 가족에서부터 비롯된다는 입장은 우리 사회를 비롯한 많은 사회의 전통적인 견해였다. 그러나 후기 산업사회로의 변화에 따라 전통적인 가족은 위기에 처하였고, 가족과 연결하여 생각되던 섹슈얼리티의 문제는 어느 정도 독립적으로 다루어지고 있다. 더욱이 근래에 우리 사회의 이슈가 되고 있는 동성애를 비롯한 성적 소수자의 문제는 현재 우리 사회가 안고 있는 중요한 갈등 요소가 되고 있다. 본 연구는 이러한 현재의 한국 사회의 상황 속에서 종교라는 요소가 이러한 문제에 어떻게 영향을 미치는지 살펴보고, 사회진보라는 측면에서 그것을 어떻게 다룰 수 있을지 생각해 보고자 한다.

Ⅱ. 종교와 섹슈얼리티/가족 관련 태도에 대한 기존 연구들

푸코(Michel Foucault)의 선도적이면서도 혁명적인 저작 『성의 역

---

* 본 장은 『종교연구』 75-2(2015)에 처음 발표되었고, 이후 『종교와 사회진보』 (다산출판사, 2015)에도 수록되었다.

사(Histoire de la sexualité)』[1] 이후, '섹슈얼리티'의 문제는 현대사회학의 중심에 자리 잡아 왔다. '성' 담론의 권력에 의한 의도적인 확산이라는 푸코의 견해를 수용하든(푸코, 2010), 혹은 그러지 않든, 담론 자체가 확산되고, 또한 현대의 섹슈얼리티가 이전에 밀접한 관련을 갖고 있던 가족이나, 자녀의 출산이라는 과정과는 일정 부분 분리된 것은 인정할 수밖에 없는 사실이다. 기든스(Anthony Giddens)는 우리가 규범적으로 생각하고 있는 가족제도의 모형이 사실은 근대 산업사회의 산물이며, 이러한 가족제도, 그리고 그와 관련된 섹슈얼리티의 변화를 '친밀성의 구조변동'이라는 틀에서 서술하며, '감정의 민주주의'라는 측면에서 긍정적으로 발전할 수도 있음을 암시하고 있다(기든스, 1996). 벡 또한 근대 산업사회의 산물로서 현재의 가족제도가 성립했다는 기든스의 입장에 동조하면서, 남성/여성이라는 기존의 젠더의 틀을 넘어 새로운 관계가 정립될 필요가 있음을 제시하고 있다(벡, 2006: 175-207). 벡은 또한 후기 산업사회-혹은 벡의 용어로 성찰적 근대화의 시기-로 접어들면서 나타난 노동시장의 변화가 기존의 가족제도를 어떻게 해체시키고 있는지도 기술하고 있다(벡, 2006: 209-224). 본 논문에서 다루고 있는 섹슈얼리티/가족 관련 태도들, 즉 동성애, 혼외성관계, 이혼, 미혼모, 입양 등의 주제는 이와 같은 변화의 중심에 서 있으며, 전통적인 '이성애적 일부일처제'의 규범에서 볼 때는 어느 정도 일탈적인 것으로 비춰질 수 있다. 또한 (경제적) 근대화에 총력을 기울이던 1960-1970년대와는 달리 이와 같은 주제들은 2000년대 들어서는 한국 사회에서도 더 이상 외면할 수 없는 중요한 이슈들로, 많은 논의를 불러일으키

1) '성'으로 번역된 용어는 영어의 'sex'가 아닌 'sexuality'에 해당한다.

고 있다.

일반적으로 이러한 섹슈얼리티/가족 관련 주제들에 대한 종교의 입장은 부정적인 것이며, 전통적인 섹슈얼리티/가족으로부터의 이러한 '일탈'에 대해 '억제 효과'를 지닌 것으로 얘기되어 왔다(한내창, 2010: 115-122). 우드럼(Eric Woodrum)의 연구에 의하면 포르노그래피, 동성애, 혼외성관계에 대한 태도 등은 종교성, 특히 의례 참석 빈도 및 신봉 교파의 유형과 부정적 상관을 보이는 것으로 나타났다. 그리고 인구사회학적 변인 중에서는 연령과 교육 수준이 유의미한 영향을 미쳤다(Woodrum, 1988: 553-573). 그러나 베인브릿지(William S. Bainbridge)의 연구에서는, 사회적 유동성과 이혼 변수를 통제하였을 때, 자살과 동성애에 대한 종교성의 부정적 상관 효과는 사라지는 것으로 나타났다(Bainbridge, 1989: 288-295).

다른 연구들에 따르면 섹슈얼리티/가족 관련 태도에 가장 중요한 영향을 미치는 종교성의 구성요소는 신봉 교파의 유형, 즉 교파의 근본주의 정도인 것으로 보인다. 맥파란드(Sam G. McFarland)의 연구에 의하면, 교파의 근본주의 정도는 유의미한 수준에서 동성애에 대한 태도와 부정적 상관을 보였으며(McFarland, 1989: 324-336), 로와트 등(Wade C. Rowatt et al.)의 연구도 이러한 근본주의 정도의 동성애에 대한 영향을 확인하였다. 로와트 등의 연구에서는 사회적 바람직성(social desirability)의 요인도 통제하였는데, 그 경우에도 이러한 부정적 입장은 유지되었다(Rowatt et al., 2006: 397-406).

그러나 종교성의 (전통적 입장에서 볼 때) '일탈적 섹슈얼리티/가족'에 대한 부정적 영향은 하위문화적 맥락에 따라 다르게 작용할 수 있는 것으로 보인다. 바르칸(Steven E. Barkan)의 연구는 종교성

(의례 참석 빈도, 기도 횟수, 종교의 중요도 등으로 측정)과 혼전 5년간 성관계 파트너 수의 관계를 조사하였는데, 그에 따르면 종교성과 혼전 성관계 파트너 수는 부정적 상관을 보였지만, 이러한 부정적 상관은 아프로-아메리칸의 경우에는 유의미하게 나타나지 않았다. 바르칸은 종교성이 혼전 성관계에 대한 태도에 영향을 미치고, 이것이 혼전 성관계의 파트너 수를 감소시키지만, 아프로-아메리칸의 하위문화적 맥락에서는 이것이 다르게 작용하는 것으로 해석하였다(Barkan, 2006: 407-417). 맥컨키(Dale McConkey)는 종교성 요소 중 섹슈얼리티/가족 관련 태도에 상당히 중요한 영향을 미치는 것으로 드러난 교파의 근본주의 정도를 종교성 변수로 채택하여, 신봉 교파를 진보/중도/보수의 유형으로 나누어 조사하였다. 그에 따르면 위에 제시한 연구들과 같이 보수 교파 교인들이 다른 유형의 교파에 비해 동성애, 혼전/혼외 성관계, 자살 등에 대해 부정적 태도를 보이는 것으로 나타났다. 그러나 동성애와 자살에 대한 부정적 태도는 이전에 비해 점차 약화되고 있으며, 일반적 입장에서 보았을 때는 어느 정도 진보적 경향도 지닌 것으로 드러났다. 맥컨키는 이러한 변화를 '하위문화적 정체성(subcultural identity)' 이론으로 설명하는데, 그는 보수 교단의 사회경제적 지위가 상승함에 따라 이러한 태도가 보다 진보적 방향으로 변화하고 있다고 설명한다(McConkey, 2001: 149-174).

쉬페르스/그로텐후이스/판 데어 실크(Peer Scheepers/Manfred te Grotenhuis/Frans van der Silk) 등은 개인적 종교성의 영향이 하위문화적 맥락을 넘어 국가적 수준의 전체적 종교상황에 따라 다르게 작용할 수 있음을 보여 준다. 쉬페르스 등은 개인적 종교성이 동성애와 혼전/혼외 성관계 태도에 미치는 영향을 세계 15개국을 비교하여 연구하였다. 그에 따르면, 전체적으로 종교적이고, 또한 주도적인 종교를 가진 국가에서는 개인적 종교성이 이들 태도에 강한 영향을 미쳤지만, 보다 세속적인 국가에서는 개인적 종교성의 영향이 약화되었고, 교육수준이 가장 중요하게 영향을 미쳤다(Scheepers, te Grotenhuis and van der Silk, 2002: 157-176). 바르칸, 맥컨키, 쉬페르스 등의 연구를 종합해 보면 섹슈얼리티/가족 관련 태도에 대한 종교성의 영향은 단순히 개인적인 차원이 아니라, 개인이 속한 하위문화, 나아가 국가 전체의 종교적 상황과 연결됨을 알 수 있다.

한편, 종교인이 '일탈적 섹슈얼리티/가족'에 대해 보수적이지만, 점차 개방적인 방향으로 변화하고 있다는 것은 유럽 사회에서도 동일하게 나타나는데,[2] 줄레너/하거/폴락(Paul M. Zulehner/Isa Hager/Regina Polak)의 오스트리아 사회 연구에 의하면 종교인은 특히 이혼에 대해 부정적 입장을 지니지만,[3] 이혼과 동성애에 대한 태도는 점차 개방적인 방향으로 변화하고 있는 것으로 드러났다(Zulehner/Hager/Polak, 2001). 유럽 사회의 상황 및 변화와 관련해서는 애쉬포드(Sheena Ashford)와 팀스(Noel Timms)의 1981-1990년 사이의 유럽 10개국 가치 변화 연구에서도 잘 나타난다. 애쉬포드와 팀스는 교회가 특정 이슈에 대해 의견을 표명하는 것에 대한 지지/반대라는 측면에서 조사를 했는데, 그에 따르면 (서)유럽인들은 일반적으로 교회가 인종(67%)이나 제3세계(76%) 문제와 같은 사회적 이슈에 대해 의견을 표명하는 것에 대해서는 찬성하지만, 혼

---

2) 지금까지 위에서 언급된 연구들은 쉬페르스 등의 비교 연구를 제외하면, 모두 미국 사회의 조사 자료에 기초하고 있다.

3) 오스트리아의 주요 종교는 로만 가톨릭이다.

외성관계(41%)나 동성애(35%) 같은 개인적 문제에 대해 의견 표명하는 것에 대한 찬성은 상대적으로 낮게 나타났다. 이러한 태도는 종교적 참여도에 따라 다르게 나타나는데, 네덜란드의 혼외성관계에 대한 입장을 예로 들면, 이에 대한 교회의 의견 표명에 대해 찬성하는 비율은 핵심교인이 57%, 형식적 교인이 53%로 비교적 높게 나타나지만, 주변적 교인은 30%, 1세대 무종교인은 30%, 2세대 무종교인은 26%로 모두 낮게 나타났다. 이 결과에서 주변적 교인은 종교활동에 보다 열심인 종교인보다 무종교인에 더 가까운 입장을 나타냈다는 것도 매우 흥미로운 사실이다(Ashford and Timms, 1992).

한국의 경우 섹슈얼리티/가족 관련 태도에 대한 종교성의 영향은 대체로 '무효과 가설'을 지지한다는 한내창의 리뷰도 있지만(한내창, 2010: 118), 서영석/이정림/차주환이 올포트(Gordon W. Allport)의 내재적(intrinsic) · 외재적(extrinsic) 종교성 구분을 이용한 연구에 의하면, 남학생의 경우에는 외재적 종교성이 강할수록, 여학생의 경우에는 내재적 종교성이 강할수록 동성애에 대해 부정적 태도를 갖는 것으로 나타났다(서영석/이정림/차주환, 2006: 177-199). 2008년 한국종합사회조사(KGSS) 자료를 사용한 한내창 본인의 연구에서도, 종교의 유무는 혼전성수용도에 유의미한 영향을 미치지 못했지만, 의례 참석 빈도와 내재적 종교성의 정도는 영향을 미치는 것으로 나타났다. 혼전성수용도와는 달리 혼외성수용도에는 영향을 미치는 종교적 변인이 없었는데, 이는 종교성에 상관없이 혼외성관계에 부정적인 한국 사회의 일반적인 태도에 기인한 것으로 한내창은 해석한다. 신봉 종교유형별로는 개신교>천주교>불교>무종교 순으로 부정적인 태도를 지닌 것으로 나타났지만, 유의미한 수준의 차이는 아니었다. 인구사회학적 변인과 관련해서는 남성보다는 여성이, 그리고 연령이 높을수록 부정적인 태도를 보이는 것으로 나타났다(한내창, 2010: 114-138).

보다 최근 조사로는 '한국기독교목회자협의회'가 '(주)글로벌 리서치'에 의뢰하여 실시한 것이 있는데, 이 조사는 기술 통계 자료만을 제시하여 해석에는 한계가 있다. 그에 따르면, 섹슈얼리티/가족 관련 이슈에 대한 태도는 혼외성관계 항목을 제외하고는 개신교가 가장 부정적이며, 그다음 가톨릭, 불교, 무종교의 순으로 나타났다. 각각의 이슈들에 대한 긍정적 태도(상황에 따라 할 수 있다+해도 무방, %)를 기준으로 할 때, 개신교:가톨릭:불교:무종교의 찬성 비율은, 동성애가 17.0:17.9:19.5:23.5, 혼전성관계가 51.3:55.3:73.5:78.5, 혼외성관계가 15.1:10.7:11.7:23.7, 이혼이 60.9:67.6:70.9:77.1로 조사되었다. 하지만, 이혼 및 (무종교인을 제외한) 혼전성관계에 대한 전반적인 태도는 미국의 경우와 마찬가지로 (종교에 상관없이) 점차 개방적인 방향으로 변화하는 결과를 나타냈다. 동성애에 대한 태도는 처음 조사된 관계로 그 추세를 알 수 없었고,[4] 혼외성관계에 대한 태도는 여전히 부정적인 입장이 강하게 나타났다(한국기독교목회자협의회, 2013: 214-217).

Ⅲ. 종교와 사회진보 팀의 조사결과 분석

본 장에 제시된 결과는 SSK "종교와 사회진보" 팀 연구의 일환으

4) 물론 동성애가 조사에 추가되었다는 것만으로도 개방적인 경향으로 변화하고 있다고 추정할 수 있다.

로 2014년 실시한 “사회발전에 대한 국민의식” 여론조사 데이터를 분석한 것이다. 이 조사는 2014. 3. 27.-4. 2.의 1주일간 수도권에 거주하는 20-60세의 성인남녀를 대상으로 온라인상에서 실시되었다.[5] 표본 추출은 2005년 인구센서스의 연령, 지역, 종교 비율에 따라 할당되었으며, 표본 수는 총 1,070명이었다.

조사에 있어 종교에 관한 변인으로는 신앙 종교의 유형과 함께, 본인의 삶에 있어서의 ‘종교의 중요도’, 종교적 ‘신앙의 강도’ 등이 5점 척도에 의해 평가되었고, 동성애, 이혼, 입양, 미혼모, 혼외성관계 등 섹슈얼리티 및 가족과 관련된 요인들에 대한 태도가 종속변수로, 역시 5점 척도로 평가되었다. 여기에 섹슈얼리티 및 가족과는 직접적으로 관련 없지만, 설문에 대한 요인분석 결과 공통된 요인으로 분류된 ① 사형에 대한 태도 및 ② 요인분석 결과를 점수화하여 단일변수로 사용한 분석도 함께 제시하였다.[6] 통제변수로는 성, 연령, 선호신문유형 등이 사용되었다. 선호 신문유형은 보수계통 신문(조선, 중앙, 동아)과 진보계통 신문(한겨레, 경향)으로 구분되었으며, 보수-진보 성향을 나타내는 지표로 사용되었다. 수도권에 한정된 조사였던 관계로 지역 변수는 (별도의 분석 결과) 유의미한 영향을 미치지 못하였고, 소득 관계 변수들(총소득, 경제 상태 만족도, 계층귀속)은 유의미한 경우에만 별도로 언급하였다. 통계분석에 있어 프로그램은 SPSS ver. 21을 사용하였다.

종교유형을 독립변수로 회귀분석(Model 1)한 결과는 <표 9>에, 신앙강도를 포함하여 분석(Model 2)한 결과는 <표 10>로 제시되어

---

5) 실제 조사는 ㈜글로벌리서치에 의뢰하여 실시되었다.

6) 언급한 6개 항목의 내적 일관성은 크론바흐 알파(Cronbach-alpha) 계수로 측정하였을 때, 0.723이었다.

있다.[7] <표 9와 10>에 의하면 연령과 선호하는 신문유형은 측정한 모든 변수에서 유의미한 영향을 미치는 것으로 나타났다(신문유형은 입양의 경우만 Model 2에서 유의미한 영향을 미치지 못하였다). 즉, 연령이 높을수록, 보수유형의 신문을 선호할수록 보수적 성/가족 관련 태도(위의 측정 변수들에 대한 반대의 입장)를 보였다. 종교와 성의 관계는 위의 두 변수가 영향을 미치는 태도(제1유형: 동성애, 이혼, 혼외성관계)와 유의미한 영향을 미치는 못하는 태도(제2유형: 입양, 미혼모)로 구분되었다(입양의 경우 Model 1에서는 성별이 유의미한 영향: $p<.05$). 종교변수가 유의미한 영향을 미친 태도의 경우, (종교유형과 관련하여서는) 개신교만 유의미한 수준에서 영향을 미쳤고, 그마저 신앙강도를 포함할 경우(Model 2)에는-동성애를 제외한다면- 유의미하지 못한 수준으로 변화하였다. 동성애의 경우는 수정된 결정계수($R^2_{adj.}$)도 가장 높게 나타나서, 종교적 요인에 의해 변량의 가장 많은 부분을 설명할 수 있는 태도로 나타났다. 신앙강도의 영향을 받는 변수의 경우에는 강도가 높을수록 보수적 태도를 나타냈다. 성별 요인이 유의미한 영향을 미친 경우에는, 동성애와 이혼에 대해서는 남성이 더 부정적인 태도를 나타냈지만, 혼외성관계에 대하여는 여성이 더욱 부정적이었다. 성별 차이는 신앙강도를 추가한 모형에서도 동성애를 제외하고는 유의미한 수준을 유지했다. 한편, 요인점수로 분석한 결과는 성별 차이가 나타나지 않는 것을 제외하고는 제1유형의 변수들에 더 가까운 형태를 보였다.

7) 설문에서 '신앙강도'는 종교인만 평가하였기에, '신앙강도'를 포함한 Model 2에서 무종교인은 분석에서 제외되었다. '종교의 중요도'를 포함한 모델의 경우는 Model 2와 상당 부분 중복된 결과를 보였으나, Model 2가 '종교의 중요도' 모델보다 결정계수가 높게 나타나, 본 논문에서는 제시하지 않았다.

<표 9> 종교유형에 따른 섹슈얼리티/가족 등 관련 태도(Model 1)

변수	동성애	이혼	입양	미혼모	혼외성관계	사형	요인점수
(상수)	3.351***	3.449***	3.908***	3.206***	3.151***	3.364***	.812***
성	-.173**	-.238***	-.120*	-.041	.300***	.114	-.092
연령	-.245***	-.119***	-.056*	-.132***	-.154***	-.160***	-.209***
신문유형	-.353***	-.181**	-.172**	-.257***	-.221**	.131	-.247***
종교유형							
개신교	-.471***	-.235**	-.095	-.091	-.214*	.092	-.268**
가톨릭	.003	-.095	.078	-.005	-.010	.139	.025
무종교	-.012	.038	-.110	-.067	-.008	.252*	-.090
$R^2_{adj.}$	.145	.060	.023	.049	.071	.032	.082

- N=1,013; * < p=.05, ** < p=.01, *** < p=.001.
- 성=여성, 신문유형=진보, 종교유형=불교 기준.

<표 10> 신앙강도에 따른 섹슈얼리티/가족 등 관련 태도(Model 2)

변수	동성애	이혼	입양	미혼모	혼외성관계	사형	요인점수
(상수)	3.649***	3.998***	3.691***	3.239***	3.609***	3.781***	1.130***
성	-.058	-.230**	-.130	-.045	.270**	.157	-.076
연령	-.197***	-.116***	-.028	-.121***	-.139***	-.161***	-.183***
신문유형	-.435***	-.289***	-.285***	-.354***	-.288**	.162	-.411***
종교유형							
개신교	-.387***	-.155	-.124	-.089	-.140	.165	-.215*
가톨릭	.025	-.090	.067	-.012	-.003	.157	.024
신앙강도	-.149**	-.170***	.078	.002	-.152**	-.158**	-.099*
$R^2_{adj.}$	.164	.095	.038	.064	.086	.042	.116

- N=558; * < p=.05, ** < p=.01, *** < p=.001.
- 성=여성, 신문유형=진보, 종교유형=불교 기준.

함께 분석된 사형에 대한 태도는 종교와 관련해서는 무종교인만이 유의미한 차이(찬성)를 보였고(Model 1), 신앙강도가 강할수록 반대하는 입장을 나타냈다. 이는 종교의 인도적 속성에 비추어 해석할 수 있을 것으로 보인다. 통제변인 중에는 연령만이 유의미한 영향을 미쳤는데, 연령이 증가할수록 사형제도에 대해 부정적이었다. 표에는 제시되지 않았지만, 통제변인으로 소득을 포함할 경우, 요인점수의 경우를 포함하여 동성애, 혼외성관계, 사형 등에 대해 유의미한 영향을 미쳤는데, 저소득자가 더 보수적・부정적인 입장을 나타냈다. 이혼의 경우에도 p<.10 수준에서는 유의미한 영향을 미쳐(p=.085), 앞서 제시한 분류의 제1유형에 속한 변수들에는 소득도 어느 정도 영향을 미치는 것으로 생각해 볼 수 있다. 상호작용효과를 포함한 별도의 분석에서 선호 신문유형*신앙강도, 연령*신앙강도의 상호작용 효과는 어떤 종속 변수에도 유의미한 영향을 미치지 못했다.[8]

<표 11> 섹슈얼리티/가족 등 관련 태도의 평균 비교

종교유형	평균	불교	개신교	가톨릭	무종교
동성애	2.33	2.35	1.95	2.46	2.48
이혼	2.89	2.90	2.68	2.86	3.00
입양	3.54	3.59	3.50	3.69	3.50
미혼모	2.65	2.66	2.60	2.71	2.64
혼외성관계	2.73	2.74	2.54	2.76	2.81
사형	3.26	3.12	3.19	3.24	3.37
자살	1.66	1.51	1.64	1.50	1.78

* 매우 찬성(5)-매우 반대(1)의 5점 척도로 측정.

8) 함께 조사된 자살 관련 태도의 경우, 종교인이 비종교인에 비해 더 부정적이었으며(p<.01), 종교유형별로는 가톨릭>불교>개신교 순으로 강하게 반대하였지만, 통계적으로 유의미한 차이는 아니었다. 신앙강도를 고려했을 때(Model 2)는 신앙강도가 높을수록 강하게 반대하였고(p<.001), 불교/가톨릭과 개신교의 차이가 유의미한 수준에서 나타났다(불교/가톨릭이 더욱 반대; p<.05). 기타 연령이 높을수록 반대하는 경향이 강하였으며, 성별 차이도 유의미 수준에 근접한 정도로 나타났다(여성이 더욱 반대; p=.58).

<표 11>은 섹슈얼리티/가족 관련 태도 각 항목에 대한 응답의 평균값을 보여준다. 제시된 값은 높을수록 찬성의 입장을, 낮을수록 반대의 입장을 드러내 보이는데, (번외로 분석된 자살을 제외하면) 동성애에 가장 부정적인 태도를, 입양에 가장 긍정적인 태도를 보여준다.[9] 제1유형 변수들, 즉 동성애, 이혼, 혼외성관계에 대한 개신교의 부정적 태도는 평균값에서도 분명하게 드러난다. 그렇다면 이러한 한국 개신교의 부정적, 혹은 '일탈적 섹슈얼리티/가족'에 대한 엄격한 태도는 어떻게 해석할 수 있을까? 이에 대해서는 다음 장에서 보다 상세하게 기술하고자 한다.

Ⅳ. 논의: 한국 개신교의 섹슈얼리티/가족 관련 보수적 태도를 중심으로

전통적 '섹슈얼리티/가족'에 대한 지지, 혹은 '일탈적 섹슈얼리티/가족'에 대한 부정적 태도는 기독교 일반, 혹은 나아가 유대교와 이슬람교를 포함한 소위 '아브라함계 종교'의 공통적 특징으로도 지적된다.[10] 터너(Bryan S. Turner)는 섹슈얼리티와 가족에 집중된 이러한 기독교의 도덕적 가르침이 서구 사회의 재산 관계의 발달에 있어 중요한 역할을 했다고 평가한다(Turner, 1983: 109-127). 섹슈얼리티와 가족에 대한 기독교의 가르침은 한편으로는 인간 신체 재생산의 사회적 조건을 안정화하는 데 기여했고, 특히, 일부일처제는 사

9) 각 문항의 평균값은 모두 통계적으로 유의미한 차이를 보였다.

10) 하지만, 한내창의 「종교성이 사회적 태도에 미치는 영향에 대한 국제 비교」 연구에 의하면, 혼전성수용도는 이슬람>불교>가톨릭과 개신교의 순서로 부정적 반응을 나타낸다(한내창, 2012). 이는 종교와 함께, 사회 전반의 구성 상황 및 근대화의 정도도 반영된 결과로 보인다.

유재산의 상속과 가족 내적 부를 유지하는 조건이 되었다.[11] 산업혁명 이후에는 이러한 가족 이데올로기는 주로 중산층 부르주아에 귀속되었지만, 처음에는 이와 무관한 위치에 있던 소작농이나 임금 노동자들도 향상된 도시적 조건의 영향 아래 재생산에 대한 제한을 받게 되면서 섹슈얼리티에 대한 도덕적 제약을 인식하고, 영향을 받게 되었다고 터너는 기술한다. (자본주의사회에 있어) 노동의 계산, 기업의 합리적 조직화는 본능적 삶의 비합리성, 무엇보다 섹슈얼리티에 의해 위협을 받게 되고, 이러한 위협에 대한 통제는 경제활동에 있어 중요 영역이 된다. 후에 세속화에 따라 이러한 통제는 국가로 넘겨지지만, 그 이전에 이 역할을 감당하던 것은 종교, 바로 서구 사회의 기독교의 역할이었다고 터너는 주장한다.[12]

역사적으로 볼 때 기독교의 엄격한 성윤리는 기독교 초기에서부터 나타나며, 한편으로는 당시의 이원론적·금욕주의적 흐름과 연결되고, 또 한편으로는 로마 제국의 주류 문화적 관습에 저항하는 성격도 어느 정도 지닌 것이었다(안연희, 2013: 142-144). 기독교가 주류 사회로 진입한 4세기 이후 금욕주의를 반대하며 결혼의 성사적 의미를 주장하는 신학적 흐름이 등장하기도 했지만, 여전히 성적 욕망을 원죄의 산물로서 인간 존재의 본질적 한계로서 부정적으로 조망하는 입장이 중세까지 지속된다. 하지만, 루터(Martin Luther)나 부처(Martin Bucer) 같은 종교개혁자들은 부부간의 육체적 결합을

11) 이러한 상황에서 매춘과 간음은 일부일처제를 둘러싼 사유재산 제도의 부산물이라고 터너는 말하고 있다(Turner, 1983: 110).

12) 나아가 터너는 자녀 생산의 통제에 대한 종교적 근거 지움은 후기 자본주의 시기에 제도적 투자가 증가하고, 소유권과 산업 자산의 통제가 분리됨에 따라 사라지게 된다고 주장한다. 결국, 가족 이데올로기의 세속화는 산업사회에서의 생산의 지배적 방식에서의 장기적 변화의 결과이며, 이러한 사회적 변화와 함께 재생산 및 섹슈얼리티에 대한 규범은 개인적 표현(representation)에 의해 대체된다고 주장한다(Turner, 1983: 126f.).

부정적으로 보던 시각을 바꿔서, 부부간의 성관계에 따르는 즐거움을 긍정적으로 평가하고, 과도하지 않은 범위 내에서는 향유할 수 있는 대상으로 얘기했다(박준철, 2008: 131-159).[13] 물론 위에 언급한 사례는 일반적인 성, 그것도 부부관계에 한한 것이기는 하지만, 이후 유럽 사회에 있어서는 일반적으로 가톨릭이 개신교보다는 '일탈적 섹슈얼리티/가족'에 대해 부정적 태도를 견지해 왔다. 그러나 우리나라의 경우는 이와는 달리 개신교가 가장 엄격한 태도를 지니며, 가톨릭은 이에 반해 상대적으로 진보적인 위치에 서 있다. 이와 같은 우리나라의 종교와 '섹슈얼리티/가족' 사이의 관계는 어떻게 설명해야 할까?

한국 개신교의 '섹슈얼리티/가족'에 대한 보수적인 태도의 근원을 그 청교도적 뿌리에서 찾아야 한다는 주장도 있다.[14] 한국 개신교의 독특한 특징인 술/담배에 대한 (상대적으로 과도한) 규제는 청교도에서 비롯한 미국의 기독교에서 찾을 수 있는데,[15] 이와 같은 금욕적 태도가 섹슈얼리티/가족과 관련해서도 나타난다는 것이다. 고스틴(Lawrence Gostin)에 따르면, 미국의 청교도들은 유럽의 개신교도들에 비해 많은 문제를 도덕과 연관 지어 생각하고, 절제와 금욕을 강조하였다(Gostin, 1997: 331-358). 그들은 교회와 국가, 그리고 가

---

13) 루터는 매주 2회, 1년에 104회 정도의 성관계는 괜찮다고 구체적으로 말했고, 아내가 지속적으로 성관계를 거부한다면, "당신이 원하지 않는다면 다른 여자가 있어. 그래도 싫다면 하녀를 부르겠어"라고 말하라고 권고하기도 했다. 부처는 성관계의 회피나 성적 능력의 결핍(ex. 발기부전)을 부부의 결별 사유에 포함시켰으며, 출산 후유증으로 관계를 할 수 없을 경우 재혼을 허용하기도 했다(박준철, 2008: 152-155).

14) 배덕만은 필자와의 개인적 대화에서 이러한 입장을 피력했다.

15) 거스필드(Joseph Gusfield)는 절제(Temperance) 운동의 윤리는 미국 청교도주의의 유산이라고 단정 지어 얘기한다(Gusfield, 1997: 219). 그러나 사회적으로는 도시화, 사회적 유동성의 증가, 가족의 해체 등으로 인한 초기의 권위적 통제 장치가 변화하는 데 대한 반응이기도 하였다(Gusfield, 1997: 207).

정의 세 개의 기반 위에 신이 기뻐하는 사회를 건설코자 노력하였는데(Cohen, 2003: 1837), 공공의 영역에서 정치적으로, 교회적으로 자신의 입장을 관철하는 것이 어려워지자, 사적인 가정의 영역으로 후퇴하며, 가정은 종교적 이상의 실현 장소이자, 하나의 작은 교회가 되어(Deppermann, 1993: 11f.), 청교도적 윤리의 실현에 있어 중심적인 장소가 된다. 패터슨(Orlando Patterson)에 따르면, 미국 사회에서 1830년대 이후 일탈적 섹슈얼리티, 특히 혼전 및 혼외 성관계와 자위에 대한 부정적 시각이 급속히 증가하는데(Patterson, 1994: 437-449), 이는 미국 개신교의 역사에 있어 소위 '제2차 대각성 운동'의 시기와 일치한다. 하지만, 버두인(Kathleen Verduin)의 서술에 의하면 청교도, 특히 평신도의 경우-물론 성에 대한 부정적 시각은 존재하지만- 그 성 윤리가 특별히 엄격하다고 말할 수 없으며(Verduin, 1983: 220-237), 모건(Edmund S. Morgan)의 주장에 따르면, 청교도의 성 윤리는 상대적으로 자유롭다고 말할 수 있을 정도였다(Morgan, 1942: 591ff.).

한국 개신교의 '섹슈얼리티/가족'에 대한 보수적인 태도를 설명할 수 있는 또 다른 근거는 그 근본주의적인 성격이다. 앞에서 서술했듯이, 근본주의 척도는 '섹슈얼리티/가족'에 대한 태도에 유의미한 영향을 미치는 것으로 나타난다(McFarland, 1989; Rowatt et al., 2006). 근본주의는 그 성격상 경전을 문자적으로 해석하고, 그 전통을 고수하는 경향이 두드러지는데, 이러한 경향이 '섹슈얼리티/가족'에 대한 보수적인 태도를 형성하는 것으로 보인다. 이러한 맥락에서 현재의 분석 결과를 역으로 해석하면, 한국 사회에서 가장 근본주의적인 성격을 띠는 종교가 개신교라고 말할 수 있을 것이다. 본 연구에는 제시되지 않았지만, 소위 진보적 개신교인들에게서는 이러한 보수적인 태도가 나타나지 않는다는 것은 이러한 해석을 어느 정도 지지해 줄 수 있다(cf. McConkey, 2001; 정원희, 2014).

이러한 한국 개신교, 특히 보수적 개신교의 태도를 설명해 줄 수 있는 또 하나의 요인은 그 의례 참여 빈도이다. 앞에서 언급한 바르칸과 맥컨키의 연구는 종교인의 '섹슈얼리티/가족' 관련 태도 형성에 대한 하위문화적 맥락의 중요성을 언급했는데, 이러한 하위문화 형성은 잦은 대면접촉과 상호작용이 필수적이며, 종교인에게 의례 참석은 이러한 접촉과 상호작용을 위한 기회를 제공해 준다. 한국의 종교인 중 의례 참석 빈도가 가장 높은 것은 개신교인, 특히 보수적 개신교인이며(Choi, 2009: 102, 163; 한국갤럽, 2004: 75f.), 이러한 잦은 의례 참석은 앞서 언급한 개신교의 보수적 태도를 더욱 강화하는 데 기여하는 것으로 생각된다. 정원희의 연구는, 일반 평신도의 사례는 아니지만, 동성애에 관한 태도를 중심으로 이와 같은 의례와 그 가운데 벌어지는 감정의 교류가 어떻게 이루어지는지 분석하고 있다(정원희, 2014).

한편, 본 연구에서 다루어진 종교가 유의미한 영향을 미치는 변수(제1유형: 동성애, 이혼, 혼외성관계)와 유의미한 영향을 미치는 못하는 변수(제2유형: 입양, 미혼모)의 차이에 대해서도 약간의 논의가 필요할 것으로 보인다. 본 연구에서 다룬 '섹슈얼리티/가족' 관련 변수들은 전통적 시각에서 보면, 모두 일탈적인 것이라고 해석할 수 있다. 하지만 그 일탈 정도, 혹은 개인의 '일탈 수용' 정도에 있어 두 요인은 차이를 갖는 것으로 보인다. 즉, 많은 종교인(특히, 보수적 개신교인)들이 제2유형의 변수들도 '일탈적'이라고 평가하기는 하지만, 이러한 변수들은 현재의 한국 사회 맥락에서 어느 정도는 수용해야 하고, 사회적으로 함께 해결해야 할 문제라고 생각하는 반면, 제1유형의 변수들은 이들의 수용 범위를 벗어나 있는 것으로 해석할 수 있다. 결국 제2유형의 변수들은 어느 정도 '정상화(normalization)'된 것으로 보이며, 이러한 정상화의 범위는 한국 사회의 변동에 따라- 또한 쉬페르스 등의 연구 결과에 따르면 세속화의 정도에 따라(Scheepers, te Grotenhuis and van der Silk, 2002: 157-176)- 달라질 수 있을 것으로 보인다.

V. 나가는 말

본 연구는 전통적인 가족의 위기, 가족과 섹슈얼리티의 분리, 동성애를 비롯한 성적 소수자의 문제 등 섹슈얼리티와 가족이 우리 사회의 중요한 문제로 대두되고 있는 현실 속에서 종교가 이와 관련된 태도에 어떠한 영향을 미치는지 분석하고자 시도했다. 설문조사 결과의 분석을 요약해 보면, 1) 종교는 조사항목 중 동성애, 이혼 및 혼외성관계(제1유형)에 대한 태도에는 유의미한 영향을 미쳤지만, 입양과 미혼모(제2유형)에 대한 태도에는 유의미한 영향을 미치지 못했다. 종교변수가 유의미한 영향을 미친 태도의 경우, 2) 종교유형과 관련하여서는 개신교만 유의미한 수준에서 영향을 미쳤고, 그마저 신앙강도를 포함할 경우(Model 2)에는-동성애를 제외한다면- 유의미하지 못한 수준으로 변화하였다. 3) 동성애의 경우는 결정계수(R^2)도 가장 높게 나타나서, 종교적 요인의 영향을 가장 많이 받는 태도로 얘기할 수 있었다. 4) 신앙강도의 영향을 받는 변수의 경우에는 강도가 높을수록 보수적 태도를 나타냈다. (분석결과에서 직접 확인할 수는 없었지만) 이와 같은 종교의 영향에는 종교의 근본주의적 성격, 의례 참석 등도 영향을 미치는 것으로 보인다.

종교적 요인 외에, 연령과 선호하는 신문유형은 측정한 모든 변수에서 유의미한 영향을 미치는 것으로 나타났다(연령은 입양의 경우만 Model 2에서 유의미한 영향을 미치지 못하였다). 즉, 연령이 높을수록, 보수유형의 신문을 선호할수록 보수적 성/가족 관련 태도(위의 측정 변수들에 대한 반대의 입장)를 보였다. 성별 요인은 종교와 마찬가지로 제1유형 변수에 대해서만 유의미한 영향을 미쳤는데, 동성애와 이혼에 대해서는 남성이, 혼외성관계에 대하여는 여성이 더욱 부정적이었다. 성별 차이는 신앙강도를 추가한 모형에서도 동성애를 제외하고는 유의미한 수준을 유지했다.

이와 같은 종교의 '섹슈얼리티/가족'에 대한 태도는 사회진보와 관련하여 어떠한 의미를 지닐까? 일단 긍정적인 측면에서는 사회변동에 대한 '속도 조절의 기능'을 할 수 있는 것으로 보인다. 즉, 지나치게 급속한 변화에 대하여 어느 정도 제동을 거는 역할을 함으로써, 기존의 제도-본 연구에서는 섹슈얼리티와 가족-가 기능할 수 있도록 뒷받침해 주며, 사회 구성원의 급속한 변화에 대한 불안을 막아주는 기능을 한다. 그러나 이와 같은 속도 조절이 지나칠 경우, 변화 자체를 거부할 수 있고, 이는 사회의 갈등을 유발할 수도 있다. 최근 한국 사회의 동성애를 둘러싼 논의에 있어, 종교가 갈등의 중요한 요소가 되고 있는 것도 이러한 사례의 하나로 보인다.

'변화-안정'의 대립 축에서 종교가 사회적으로 적절한 조정 기능을 하기 위해서는, 종교가 (지나치게 문자에 의존하는) 근본주의적 성격을 탈피하고, (인간을 자유롭게 할 수 있는) '영의 종교'가 되는 것도 필요할 것으로 보인다. 기독교의 예를 들면, 예수는 산상수훈을 통하여 문자(경전)를 재해석함으로써,[16] 새로운 시대의 윤리를 제시한 바 있다. 이와 같은 '옛 전통'과 '새 해석' 사이의 바른 균형을 잡을 때, 종교는 한국 사회의 진보에 기여하고, 섹슈얼리티와 가족에 대하여도 적절한 새로운 윤리를 제공할 수 있을 것으로 보인다.

16) 마태복음 5-7장. 특히 5:17-48에서 '옛사람에게 말한바'와 지금 '나는 너희에게 이르노니'의 대립적 구조를 통하여, 모세를 통하여 제시되었던 구약의 옛 율법들을 새롭게 해석한다. 예수는 이러한 작업을 율법(이전의 법)을 '폐하는' 것이 아닌 '완전케 하는' 것으로 규정한다.

참고문헌

기든스, 앤서니. 1996. 『현대 사회의 성 · 사랑 · 에로티시즘: 친밀성의 구조변동』. 배은경/황정미 역. 서울: 새물결.

박준철. 2008. 「종교개혁과 섹슈얼리티: 부부의 성에 대한 루터와 부처의 담론을 중심으로」. 『역사학보』 197: 131-159.

벡, 울리히. 2006. 『위험사회: 새로운 근대(성)를 향하여』. 홍성태 역. 서울: 새물결.

서영석/이정림/차주환. 2006. 「성역할태도, 종교성향, 권위주의 및 문화적 가치가 대학생의 동성애혐오에 미치는 영향」. 『한국심리학회지: 상담 및 심리치료』 18: 177-199.

안연희. 2013. 「'섹스 앤 더 시티': 섹슈얼리티, 몸, 쾌락에 대한 아우구스티누스의 관점 다시 읽기」. 『종교문화비평』 23: 141-184.

정원희. 2014. 「한국 개신교의 동성애 논쟁과 사회적 실천: 감정의 동학과 의례를 중심으로」. 『한국사회학』 48-2: 165-202.

푸코, 미셸. 2010. 『성의 역사 1: 지식의 의지』. 이규현 역. 파주: 나남.

한국갤럽. 2004. 한국인의 종교와 종교의식: 제4차 비교조사. 서울: 한국갤럽.

한국기독교목회자협의회. 2013. 『한국기독교분석리포트』. 서울: 도서출판 URD.

한내창. 2010. 「종교와 성태도 간 관계」. 『한국사회학』 44-5: 114-138.

______. 2012. 「종교성이 사회적 태도에 미치는 영향에 대한 국제 비교」. 『종교교육학연구』 40: 115-148.

Ashford, Sheena and Noel Timms. 1992. *What Europe Thinks: A Study of Western European Values*. Adlershot: Dartmouth Pub. Co.

Bainbridge, William Sims. 1989. "The Religious Ecology of Deviance."

American Sociological Review 54: 288-295.

Barkan, Steven E. 2006. "Religiosity and Premarital Sex in Adulthood." *Journal for the Scientific Study of Religion* 45: 407-417.

Choi, Hyun-Jong. 2009. *Religiosität und moralische Verbindlichkeit in Südkorea.* Dissertation: Leipzig UnIV.

Cohen, Charles L. 2003. "Puritaner/Puritanismus", Religion in Geschichte und Gegenwart, 4.Aufl. Tübingen: Mohr Siebeck Verlag.

Deppermann, Klaus. 1993. *Der Pietismus vom siebzehnten bis zum frühen achtzehnten Jahrhundert. Geschichte des Pietismus*, Bd. 1. Göttingen: Vandenhoeck & Ruprecht.

Gostin, Lawrence. 1997. "The Legal Regulations of Smoking (and Smokers): Public Health or Secular Morality?" In: A. M. Brand and P. Rozin(eds.). *Morality and Health: Interdisciplinary Perspectives.* New York: Routledge, 331-358.

Gusfield, Joseph. 1997. "Alcohol in America: The Entangled Frames of Health and Morality." In: A. M. Brand and P. Rozin(eds.). *Morality and Health: Interdisciplinary Perspectives.* New York: Routledge, 201-231.

McConkey, Dale. 2001. "Whither Hunter's Culture War? Shifts in Evangelical Morality, 1988-1998." *Sociology of Religion* 62: 149-174.

McFarland, Sam G. 1989. "Religious Orientations and the Targets of Discrimination." *Journal for the Scientific Study of Religion* 28: 324-336.

Morgan, Edmund S. 1942. "The Puritans and Sex." *New England Quarterly* 15: 591-607.

Patterson, Orlando. 1994. Der Neue Protestantismus. *Probleme des Klassenkampfs* 96: 437-449.

Rowatt, Wade C., Jo-Ann Tsang, Jessica Kelly, Brooke LaMartina, Michelle

McCullers and April McKinley. 2006. "Associations between Religious Personality Dimensions and Implicit Homosexual Prejudice." *Journal for the Scientific Study of Religion* 45: 397-406.

Scheepers, Peer, Manfred te Grotenhuis and Frans van der Silk. 2002. "Education, Religiosity and Moral Attitudes: Explaining Cross-National Effect Differences." *Sociology of Religion* 63: 157-176.

Turner, Bryan S. 1983. *Religion and Social Theory*. London: Heinemann Educational Books.

Verduin, Kathleen. 1983. "'Our Cursed Natures': Sexuality and the Puritan Conscience." *New England Quarterly* 56: 220-237.

Woodrum, Eric. 1988. "Determinants of Moral Attitudes." *Journal for the Scientific Study of Religion* 27: 553-573.

Zulehner, Paul M., Isa Hager and Regina Polak. 2001. *Kehrt die Religion wieder? Religion im Leben der Menschen 1970-2000*, Bd.1. Ostfildern: Schwabenverlag.

제2부 한국 사회와 기독교

05

기독교와 지역사회: 임실과 염리동 사례를 통해 본 교회의 지역사회 기여 모델*

Ⅰ. 들어가는 말

전통적으로 교회는 지역사회에 기반하여 왔다. 현대사회에 있어 교통의 발달에 따라 이러한 지역성은 많이 파괴되거나, 또는 좀 더 넓은 범위의 지역으로 확대되는 경향을 띠기도 하지만(최현종, 2017: 57-61), 여전히 교회는 지역을 중심 기반으로 하고 있다. 교회가 지역을 기반으로 한다는 것은 한편으로는 교회가 지역의 중요한 자산으로서 역할을 하는 것을, 다른 한편으로는 교회가 지역발전에 기여해야 함을 의미한다. 이러한 지역과 교회와의 연결은 교회의 발전모델의 측면에서도, 지역을 초월한 대형교회도 필요하지만, 오히려 지역에 밀착된 중소교회의 역할이 중요함을 시사해 준다. 본 논문은 이러한 측면에서 지역밀착형 목회의 모델을 제시한 교회(혹은 목회자)를 통하여 종교와 지역사회의 공존, 공생, 발전을 위한 방향을 제시하고자 한다. 본 연구에서 주목한 사례는 전라북도 임실과 서울특별시 염리동의 경우인데, 양자는 지역적(농촌과 도시), 시기적

* 본 장은 『신학과 실천』 64(2019)에 게재된 바 있다.

(1960-1980년대와 2000년대)인 차이를 지니고 있지만, 이러한 차이를 넘어 주목할 만한 모델을 제시하고 있는 것으로 보인다. 본 논문은 두 사례의 특징을 연대기적으로 서술하고, 이러한 특징들이 모델로서 어떻게 작용할 수 있을지 일반화하고, 나아가 이러한 모델의 성격을 종교사회학 이론을 통하여 설명하고, 그 한계를 제시하면서 현재의 시점에서 어떻게 지역사회와 교회의 바람직한 관계를 형성할 수 있을지 생각해 보고자 한다.

II. 임실: 협동조합과 커뮤니티 비즈니스를 통한 지역사회 발전 모델

임실은 전라북도 중남부에 있는 군으로 북동쪽은 진안과 장수, 남동쪽은 남원, 남쪽은 순창, 서쪽은 섬진강을 경계로 정읍, 북서쪽은 완주와 접해 있으며, 도청소재지인 전주에서는 29km 정도 떨어져 있다. 노령산맥 동쪽 사면의 산간지대가 주를 이루며, 임야가 주를 이루는 지역이다. 오늘의 임실은 특히 치즈로 유명한데, 그 뿌리는 지정환 신부와 그와 함께한 이들의 노력에 기인한다.[1]

지정환 신부는 벨기에 출신으로 원래의 이름은 디디에 세스테벤스(Didier t'Serstevens)이다. 그는 1959년 전북 부안군의 주임신부로서 한국에서의 사역을 시작한 후, 1964년에 임실군의 주임신부로 부임한다.[2] 임실치즈의 역사는 1966년 지정환 신부가 부안에서 가지고 온 산양 두 마리를 키우면서 시작된다. 지정환 신부는 성당에서

1) 지정환 신부는 지난 4월 13일 향년 88세로 타계하였다.

2) 이하의 지정환 신부와 임실치즈생산에 대한 기술은 대개 고동희/박선영(2007)과 박선영(2014)에 근거하였다.

미사만 집전하는 신부가 아니라 주민들의 생활에 실질적인 보탬이 되어야 한다고 생각하였으며(고동희/박선영, 2007: 42), 이를 위해 동네 청년들이 지정환 신부가 제공한 성당 공간에 모여 농업 전반에 관한 정보 교환 및 토론을 위해 월례 모임을 가졌다. 소는 키우기에 너무 비싸서 신부가 부안 시절부터 길러 온 산양으로 대신하였는데, 당시 함께 참여한 청년들은 우유조차 먹어 본 일이 없었다고 한다. 지정환 신부는 산양 사육과 함께 산양협동조합을 조직하며, 1967년부터는 부가가치 상품으로 치즈 생산을 시작한다. 당시 임실 지역은 가톨릭이 아닌 개신교 신자가 많아서, 초기 조합에 참여한 12명 중 10명은 개신교인이었다. 또한 익산의 기독교 농촌사회봉사회에서 미국 기독교 단체의 원조로 산양을 수입하여 이 중 20마리를 임실 산양협동조합에 제공하는 등 개신교 측의 도움도 적지 않았다.[3] 실제로, 초기의 협동조합운동에는 심상봉 목사의 역할도 적지 않았다. 그는 1969년에 임실제일교회를 개척하여 지역에서 사역하고 있었는데, 지정환 신부의 신념에 동감하고, 공유한 기독교 정신에 입각하여 성경의 신념을 지역운동으로 확대하고자 노력하였다(전혁일, 2013: 84). 1970년대에는 지정환 신부와 함께 신용협동조합을 설립하여 임실 농민들의 부채 해결에 노력하였다.

사업 초기에는 산양유의 매출이 부진하고, 치즈도 질이 낮아 어려운 상황이 계속되었다. 이에 지정환 신부가 프랑스의 낙농학교에 편지를 보내 응유효소의 사용방법을 알게 되었고, 이를 대신하여 국내에서 구할 수 있는 누룩을 써서 치즈를 만들기도 하였다. 수차례의

3) 고동희/박선영(2007)에는 산양을 제공한 것이 '대전 기독교봉사회'로 되어 있으나(89), 박선영(2014)은 '익산'으로 수정하였다.

시행착오를 거쳐 1968년 처음으로 카망베르(camembert) 치즈를 생산하였지만, 여전히 품질이 일정치 않았고, 국내에 치즈에 대한 수요가 없어 판로 확보에 실패하였다. 이후 지정환 신부는 1969년에 직접 치즈 생산기술 연구차 3개월간 유럽행(벨기에-프랑스-이탈리아)을 하였고, 이 기간 동안 신부와 연락이 되지 않자 함께 시작했던 대부분의 농민들이(1명을 제외하고) 양을 팔고 고향을 떠나게 된다. 유럽에서 돌아온 지정환 신부는 이러한 어려움을 극복하고, 처음으로 제대로 된 치즈라고 할 수 있는 '정환치즈[프랑스식의 포르살뤼(Port Salut) 치즈]'를 개발하게 된다.

1970년에는 새로이 체다(cheddar) 치즈[상표명 '성가(城街)'[4] 치즈]를 생산하기 시작하였고, 조선호텔과 계약을 맺고, 이후 신라호텔 등 다른 호텔에도 납품하게 되면서 어느 정도 안정적인 판로를 확보하게 된다. 1971년에는 독일 천주교 구제회로부터 26,000달러 상당의 치즈 가공기를 무상으로 제공받았으며,[5] 1972년에는 수요 확대에 따라 산양 대신 젖소 사육을 시작하고, 치즈의 원료를 산양유에서 우유로 바꾸게 된다. 이어 임실치즈협동조합을 설립하면서[6] 지정환 신부의 공식 직함은 협동조합 전무가 된다. 이와 함께 당시 대기업이라고 할 수 있는 삼양사와 계약을 하면서, 보다 안정적인 판로를 확보할 수 있게도 되었지만, 계약조건에 따른 갈등으로 1년 만에 거래가 중단된다.

임실치즈 역사에 있어 또 한 번의 전환점은 국내에 피자 가게가

---

4) 치즈 공장 소재지인 성가리에서 따옴.

5) 고동희/박선영(2007)에는 치즈 가공기를 제공한 나라가 '벨기에'로 되어 있으나(121), 박선영(2014)은 '독일'로 수정하였다.

6) 정식 신용협동조합으로 인가된 것은 1981년이다.

생겨나면서부터이다. 가게 측의 요청에 따라 모차렐라(Mozzarella) 치즈 생산을 시작하고, 이후 모차렐라 치즈는 임실치즈의 가장 중요한 생산 품목으로 자리 잡는다. 1978년에는 정부의 기업 분산 이전 정책에 따라 롯데유업(현 푸르밀)이 임실군으로 이전하게 되면서, 한때 긴장이 형성되기도 하였지만, 상생의 정신으로 좋은 관계를 형성하고 현재까지 공존하고 있다. 1980년에는 지정환 신부가 건강 악화로 일선에서 물러나고, 1981년에는 지역 주민에게 협동조합을 맡기고 임실치즈에 관한 모든 권한도 넘기게 된다. 지정환 신부의 은퇴와 함께 1대 조합장이었던 신태근까지 물러나면서 조합은 위기를 맞고, 이어 위기 타개책으로 개발한 카망베르 치즈까지 실패하면서 조합원들이 줄지어 이탈하였다. 1980년대 후반부터는 수제품 생산에서 기계식 생산으로 전환하고, 또한 100평 미만의 식품가공업체에 대해서는 영업을 취소한다는 정부의 방침에 따라 공장을 증축한다. 하지만, 자금 조달의 어려움에 따라 기존의 직거래 방식에서 대리점을 통한 판매로 바꾸게 되고, 이는 어려움을 해소하기보다는 가속하는 결과를 빚게 된다. 1994년에는 우루과이 라운드 협상 타결에 따라 치즈 시장이 개방되고, 국내 대규모 유가공 업체들도 치즈 생산을 시작함에 따라 위기가 심화된다. 이에 대한 대책의 일환으로 임실낙농축산업협동조합을 설립하여 안정적인 우유 확보를 도모하고, 1994년 축협중앙회에 이어 2001년 낙농진흥회에 가입한다. 임실의 치즈 산업 위기는 1998년 임실치즈피자 사업을 시작하면서 어느 정도 극복된다. 하지만, '임실치즈' 이름을 내건 피자 체인의 난립으로 분쟁이 발생하게 되는데, 현재에는 '임실치즈피자'와 '임실n치즈피자'에만 공식적으로 임실치즈를 공급하고 있다. 2007년 임실치즈농협으로 독립하면서 자연치즈 브랜드로 거듭나게 되고, 현재 임실치즈농협의 치즈 생산량은 전국 유통량의 30% 정도를 차지하고 있다.

현재의 임실치즈산업은 지역적으로는 임실읍과 성수면 지역에 집중되어 있다. 이는 지정환 신부의 치즈 생산이 임실읍 성가리와 금성리 부근에서 시작되었고(현재 임실치즈마을은 금성리에, 임실치즈농협은 임실읍 갈마리에 있다), 이후 탄생한 임실치즈테마파크는 성수면에 위치하고 있기 때문이다. 전라북도의 유가공장 운영 농장 수는 12개로 전국에서 가장 많고, 그중 9개가 임실에 위치한다. 치즈산업은 2005년 정부로부터 신활력사업 대상으로 선정되면서 지역을 대표하는 상징으로 산·학·관의 협력하에 지속적으로 발전하고 있다.

임실치즈산업의 중심이자 지정환 신부의 정신을 이어받은 임실치즈마을은 2003년 금성리의 세 자연마을(화성, 중금, 금당)이 농림수산부 주관 녹색농촌체험마을로 지정받아 사업을 실행하면서 정식으로 탄생하였다. 느티나무로 마을 가꾸기를 한 결과 '느티마을'로 불리다가 2007년에 '치즈마을'로 개칭하였다. 그러나 임실치즈마을 운영위원회는 이미 1982년 시작되었으며, 1986년 '예가원(예수가족원)' 생활공동체로 구성되어 3년 여간 운영하다가, 경제적인 난관으로 중단한 바 있고, 1994년 다시 영농조합법인 예가원을 설립하였지만, 1996년에 또다시 문을 닫았다. 이후 '한·스위스 교회협의회'를 통해 스위스에서 선진낙농을 학습하고 온 김상철이 마을에 2000년 '한·스 유가공 연구소'로 출발하여 ㈜ 숲골유가공(2011 '맛누리'로 상호 변경)을 설립하였고, 이는 공장에서 대규모 생산되는 방식과 차별화된 목장형 유가공의 효시가 되었다. 2006년부터는 치즈 생산을 체험활동으로 정착시켜 본격적인 치즈마을의 출발을 알렸다. 현재는 젖소를 키우고 우유를 가공하여 치즈와 요구르트 등을 생산하고, 치즈를 테마로 한 각종 체험과 관광을 실시하는, 국가 지원금에 의존하지 않는 자립형 마을 공동체를 이루고 있다. 구영옥에 의하면, 금성리 치즈마을은 2009년 기준 방문객 84,000명, 고용창출 78명, 17억여 원의 수입 효과를 내고 있다(구영옥, 2010: 68). 하지만 임실군에서 치즈테마파크를 인근에 개발하면서 치즈마을의 관광객이 많이 감소하였고, 수익금 배분 및 사용에 대한 갈등도 부분적으로 나타나고 있다(이영걸, 2017: 46).

임실치즈산업의 발전은 전적으로 지정환 신부의 공로에 힘입은 바 크다. 지정환 신부는 자신의 활동을 회고하며, "나는 누군가를 위해 살지 않았다. 다만 '함께'했을 뿐이다"라고 말한 바 있다(고동희/박선영, 2007: 7). 하지만, 성직자 개인의 역할을 넘어 이를 종교(기독교)가 지역사회에 기여할 수 있는 일반적 모델로 발전시키고자 한다면 협동조합과 커뮤니티 비즈니스라는 유형으로 얘기할 수 있다. 물론 현재의 임실치즈마을 형성에는 1990년대 이후 발전한 '마을 만들기' 사업도 영향을 미쳤지만, 이에 대하여는 이후 염리동의 사례에서 자세히 언급할 것이다.

임실 치즈산업의 발전은 철저히 협동조합을 매개로 하여 이루어졌다. 초기의 산양협동조합과 신용협동조합을 거쳐, 본격적인 임실치즈협동조합과 현재의 임실치즈농협에 이르기까지 치즈 산업 발전 각 단계에 있어 협동조합은 매우 중요한 역할을 하였다. 지정환 신부 자신도 신용협동조합을 임실을 넘어 전라도 전체로 확대하는 교육 및 전파 활동에 매진하였고, "'내' 돈으로 '우리'를 돕기 위한 공동체"인 "신용협동조합은 민주주의이자 성경적 사랑이다"라고 말한 바 있다(고동희/박선영, 2007: 161f). 신용협동조합은 지역, 종교, 특정 모임 등 상호 유대를 가진 개인이나 단체 간의 협동 조직을 기반으로 한 비영리단체로서, 1849년 독일에서 시작되었다. 한국에서는 1950년대 가톨릭 계열의 부산 메리놀 병원에서 간호사와 지역 주민들이 작은 돈을 모아 그 돈을 대출해 주는 형태로 시작된 성가신용협동조합이 효시이다. 당시 전라북도에서는 이리(현 익산)에서 시작하여 전주로 확대되던 상황이었다. 지정환 신부는 처음에는 반대하였으나, 가톨릭 협동교육연구원에서 신용협동조합 이론을 공부하고 돌아온 신태근의 권유로 시작하였다(고동희/박선영, 2007: 61). 처음에는 가톨릭 신자만을 대상으로 하였으나, 바로 전체 주민을 대상으로 확대되었다.

사실 우리나라의 협동조합 운동은 역사적으로도 기독교 정신 및 조직에 기반하여 탄생하였고, 협동조합의 발달사는 기독교 사회운동과 맥을 같이한다. 우리나라 최초의 협동조합은 1907년에 설립된 금융조합이지만, 이는 총독부의 지도를 받는 관제 조합의 성격이 짙다. 실질적인 발전은 1920년대 YMCA 계열과 장로교 계열의 기독교 세력이 덴마크 모델을 따른 농촌협동조합 운동을 주도하면서부터이다(정재영, 2018: 169f.). 또한 일본 생협의 아버지로 불리는 가가와 도요히코(賀川豊彦) 목사의 사상의 영향도 매우 컸다(정재영, 2018: 171). 하지만, 1930년대 중반 이후 대내외적 여건이 악화되면서 협동조합 운동은 더 이상 발전하지 못한다.

해방 이후에는 1958년 충남 홍성에 이찬갑이 주도하여 풀무소비자조합이 결성되었고, 1960년에는 앞서 언급한 부산의 성가신용협동조합이, 1969년에는 영등포산업개발신용협동조합 등이 협동조합 운동의 중요한 맥을 이었다. 1970년대 전국 각지에 신용협동조합이 결성되고, 특히 예장(통합) 농어촌부의 곽재기 총무는 농촌신협의 조직에 큰 기여를 하였다(정재영, 2018: 173). 1990년대 이후에는 도시화와 함께 도시 소비자를 위한 생협 운동이 중요하게 등장하고 있는 것도 주목할 만하다.

보다 일반적인 의미의 협동조합은 이용자 소유회사, 즉 이용하려는 사람들이 출자하여 만든 사업체를 총칭하여 일컫는 말이다. 여기서 조합원은 이용자인 동시에 소유자인데, 통상 투자 이익이 아니라 이용에 따른 편익을 추구하여 조합에 참여한다. 국제협동조합연맹(International Cooperative Aliance)의 1995년 성명에 의하면 이 외에도 공동 소유와 민주적 운영이 협동조합의 주요 특성이라고 할 수 있다(이현웅, 2016: 17).[7] 이현웅에 따르면, 협동조합은 소비자협동조합(구매와 이용협동조합), 생산자협동조합, 직원협동조합, 다중이해관계자협동조합, 사회적협동조합의 다섯 가지 범주로 분류될 수 있다(이현웅, 2016: 27). 다중이해관계자협동조합은 소비자, 생산자, 직원 중 두 가지 유형 이상의 조합원이 함께 참여하는 조합을 말하며, 사회적협동조합은 영리법인이 아닌 비영리법인이라는 데에서 나머지와 차이를 갖는다(이현웅, 2016: 30). 사회적협동조합은 조합원의 필요 충족이 아닌 공익적 목적을 추구하기에, 자원봉사자나 후원자까지 구성원으로 참여가 가능하다.

협동조합은 교회가 사회적, 특히 지역적 차원에서 기여할 수 있는 통로이기도 하다. 협동조합의 모범적 사례로 꼽히고 있는 몬드라곤

7) 협동조합은 1주 1표가 아닌 1인 1표 권리를 행사한다.

(Mondragon) 협동조합도 1956년 가톨릭 신부 호세 마리아 아리스멘디아리에타(José María Arizmendiarrieta)에 의해 지역사회 주민들에게 좋은 일자리를 만들어 주기 위해 시작되었다. 지정환 신부의 경우도 내용상으로는 많은 차이가 있지만, 동기에 있어서는 매우 유사하다고 할 수 있다. 우리나라의 경우 기독교가 협동조합운동을 지역사회 발전에 기여한 대표적인 사례는 원주를 들 수 있다(하승우, 2013: 88-95). 원주는 1960년대부터 장일순과 지학순 주교를 중심으로 협동조합운동이 시작되어, 이후 협동교육연구소(1969), 도시생협운동(1984), 한살림농산(1986, 한살림의 모단체) 등으로 이어진다. 원주에서는 이들 외에도 호저교회 교인들과 한경호 목사(현 횡성영락교회)가 1989년 시작한 호저소비자협동조합이 원주생활협동조합으로 성장해 지역 발전에 기여하고 있다. 이 외에도 협동조합운동을 지역사회 발전과 연결한 교회의 사례는 많이 있는데, 이해학 목사가 경기도 성남에 세운 주민교회는 도시 빈민들과 함께 1979년 12월 시작한 주민교회신용협동조합을 꾸준히 성장시켰고, 1989년에는 주민소비자생활협동조합까지 만들어 지역사회에 기여하고 있다. 서울 구로구의 평화의교회(박경양 목사)도 2005년부터 공동육아 협동조합인 '궁더쿵어린이집'에 참여하며 공간을 무상으로 제공하고 있다. 교단 차원에서도 예장 통합은 1994년에 예장생활협동조합을, 기독교대한감리회는 1999년에 농도생활협동조합을 설립해 이어오고 있다(http://www.goscon.co.kr/news/articleView.html?idxno=28362).

교회 혹은 연합회 차원에서 협동조합 운동을 적극적으로 활용하는 경우가 최근에도 많이 나타나는데, 2014년 6월 예장통합 충남노회는 노회 차원에서 협동조합을 설립하여, 이를 통해 농촌 교회의 현실적 문제를 해결하고, 시골 미자립 교회의 터전을 잡는 데 도움을 주고 있으며, 일산의 '거룩한 빛 광성교회'는 농어촌지역교회와 손잡고 장터사회적협동조합을 설립한 바 있다. 이를 통해 지역주민은 친환경 안전 농산물을 구입하고, 수익금은 장애인과 북한이탈주민 등을 돕는 데 사용하고 있다. 또한 부천의 한 교회는 노인돌봄 협동조합을 설립하여, 교회 부지 안에 협동조합 건물을 짓고, 매년 교회 예산에서 2천만 원을 지원하는 등 지역사회에 기여하고 있다(정재영, 2016: 53-60).

사실 '지역사회 기여'는 국제협동조합연맹이 정한 협동조합의 7원칙 중 하나이기도 하다.[8)] 또한 2012년 제정된 협동조합기본법에서는 조합원의 권익 향상과 함께 지역사회에 대한 공헌을 협동조합의 중요한 목적으로 첨가하고 있다. 특히, 사회적협동조합은 지역사회의 당면 문제 해결에 기여하는 사업과 함께 특별히 취약계층에게 복지, 의료, 환경 분야에서 사회서비스를 제공하는 업무를 주 사업으로 하는 특성을 지니고 있다(최현주/엄수원, 2015: 125).

하지만, 협동조합 운동이 반드시 긍정적으로만 작용하는 것은 아니다. 조합을 당회 아래에 두고 자체적 운영을 저해하는 사례도 있고(정재영, 2016: 63), 신용협동조합의 경우 이를 통해 교회 건축 및 운영자금을 마련하려 하거나, 조합원인 교인 사이에 불화의 원인이 되기도 한다. 또한 조합 운영 및 이권을 둘러싼 갈등이 오히려 지역의 발전을 저해하고, 공동체성을 붕괴시키는 사례도 나타난다. 지정환 신부의 경우에도 성직자-평신도의 관계가 채권자-채무자의 관계

8) 국제협동조합연맹이 정한 협동조합의 7원칙은 지역사회 기여 외에 자발적이고 열린 조합원제도, 조합원의 민주적인 운영 및 관리, 조합원의 경제적 참여, 협동조합의 자치와 자립, 조합원에 대한 교육, 훈련 및 홍보, 협동조합 간의 협동 등이다(하승우, 2013: 93f).

로 변질되면서 나타나는 문제가 드러난 바 있다(고동희/박선영, 2007: 64). 또한, 많은 경우 협동조합은 설립보다 지속과 관련하여 문제가 발생하는 경우가 많다. 특히, 종교단체가 주도하는 경우 조합원의 인식 부족과 수익성의 문제가 협동조합의 지속에 커다란 과제로 제시되고 있다(정재영, 2016: 64).

협동조합과 함께 들 수 있는 또 다른 임실치즈산업 발전의 일반화 형태는 커뮤니티 비즈니스이다. 커뮤니티 비즈니스는 "지역주민이 주체가 되어 지역이 안고 있는 문제들을 비즈니스의 방법으로 해결하고, 그 과정에서 얻어진 이익은 다시 지역에 환원하는 모든 사업을 총칭하는 개념"이다(마포구청/희망제작소, 2008: 160). 임실의 경우 커뮤니티 비즈니스란 개념이 우리 사회에서 유통되기 이전의 경우이지만, '치즈산업'을 낙후된 지역을 개발하기 위한 주요 수단으로 채택하였고, 결국 연결된 사업들을 중심으로 지역발전이 이루어졌다는 면에서 커뮤니티 비즈니스의 사례로 볼 수 있다. 실제로 커뮤니티 비즈니스라는 용어는 1970-1980년대 영국의 스코틀랜드 글래스고우 지역에서 시작되었다. 산업혁명 당시 번영을 구가했던 이 지역이 중심 산업이 쇠퇴하면서 지역의 문제가 발생하자, 영국 정부가 장기실업자들을 훈련시켜 노동시장으로 복귀시키는 일을 담당하는 '커뮤니티 비즈니스 스코틀랜드'라는 중간지원조직 형태의 유한회사를 출범시킨 것이 그 효시라고 할 수 있다. 일본에서는 커뮤니티 비즈니스를 다음 장에서 논의할 '마을 만들기' 사업과 연결시켜 활성화시켰는데, 우리나라의 경우 이러한 일본의 영향이 직접적이라고 할 수 있다. 커뮤니티 비즈니스는 '공동체의 참여'와 '공동체로 환원'이 핵심 개념이라고 할 수 있으며, 지역사회와 주민과의 관계형성이 매우 중요하다(마포구청/희망제작소, 2008: 161ff).

기존의 교회가 하던 봉사나 복지 활동이 수요자에게 도움을 주는 형태라면, 커뮤니티 비즈니스는 자활, 자립에 방점을 두고 함께 문제를 해결해 나가는 형태라고 할 수 있다(정재영, 2018: 148). 특히, 커뮤니티 비즈니스에 있어서는 지역공동체를 활성화시키고, 지역 주민들의 참여와 관심을 이끄는 중간지원조직의 역할이 중요한데, 교회를 비롯한 종교단체가 이러한 역할을 담당할 수 있다. 임실의 경우 실제 사업에 참여한 것은 지역주민들이었지만, 지정환 신부가 중심이 되어 이들의 참여를 이끌어 내고, 필요한 지원을 해 나간 바 있다. 최근에는 비즈니스를 선교에 활용하는 소위 'BAM(Business as Mission)' 사역도 주목 받고 있는데, 이러한 맥락에서도 커뮤니티 비즈니스는 종교가 지역발전에 기여하는 중요한 통로가 될 수 있을 것으로 보인다.

Ⅲ. 염리동: 마을 만들기 참여를 통한 지역사회 발전 모델

마을 만들기가 우리나라에서 본격적으로 확산되기 시작한 것은 1990년대이다. 지역 구성원의 삶의 질 향상, 지방자치제도의 시작, 시민운동의 다양화, 지역문제 해결의 실마리 등이 확산의 중요한 요인으로 지적될 수 있을 것이다(임현진, 2013: 24-27). 한편으로는 이에 발맞추어 정부 차원에서도 행정안전부의 '아름마을 가꾸기', '정보화마을', '살기좋은 지역만들기', 해양수산부의 '어촌체험관광', 환경부의 '자연생태우수마을', 농림축산식품부의 '녹색농촌체험마을',

농촌진흥청의 '농촌전통테마마을' 사업, 국토부의 '살기좋은 도시만들기' 등 다양한 사업을 실시하여 왔다. 지방자치 단체도 이러한 마을 만들기 사업을 적극적으로 독려하고 있으며, 1992년 등장한 '지방의제 21(Local Agenda 21)'도 '지속 가능한 개발을 통한 지역 활성화'를 추구하며, 마을 만들기에 영향을 미치고 있다. '지방의제 21'은 환경보전을 중심으로 빈곤, 보건, 교육, 젠더 등 환경을 둘러싼 제반 문제를 다루기 위해 1992년 리우데자네이루에서 개최된 유엔환경개발회의에서 채택한 행동강령인 의제 21(Agenda 21)을 개별 지역의 특성에 맞춰 실천하기 위하여 만들어진 것이다. 우리나라에서는 1995년 부산시가 최초로 지방의제를 작성 발표하였으며, 2000년에는 대통령자문 지속가능발전위원회가 설립되고, 이를 추진하는 전국 단위의 네트워크도 구축하였다(하승우, 2013: 80). 2000년 부산에서 개최된 국제심포지엄에서는 지방의제 21을 지역사회에서 구체화하고 실천하기 위해 작은 마을 단위에서부터 지방의제 21을 만들어 가는 '마을의제21만들기' 운동이 제안되기까지 하였다(박수진/윤희철/나주몽, 2015: 341).

하지만, 우리나라의 마을 만들기 운동에 직접적인 영향을 미친 것은 일본의 '마치즈쿠리'라고 할 수 있다(전동진/황정현, 2014: 35f.). '마치', 즉 '마을'을 주민들이 그저 수동적으로 살기만 하는 곳이 아니라, '적극적으로 만들어 가야 하는 공간'으로 인식하고, 획일적 방식이 아니라, '개성'이 살아 있는 장소로 만들어 가는 것이 마을 만들기의 주요한 목적이라 할 수 있다. 이는 1962년 나고야시 에이토(榮東) 지구의 도시 재개발 시민운동에서 처음 사용된 것이지만, 실질적으로는 우리나라와 유사하게 1990년대 이후에 본격화되었다.

미국에서도 인구감소, 경기후퇴, 산업 및 고용변화 등 당면한 문제들을 극복하기 위해 도시 내 근린 지역을 중심으로 공동체적 전략을 짜고 이를 실천하는 방향으로 마을 만들기가 나타나고 있는데, 시애틀의 마을 만들기 운동이 그 대표적 사례라고 할 수 있다(전동진/황정현, 2014: 42f).

1990년대 후반에는 우리 사회에 '창조형' 마을 만들기 노력이 다양하게 나타나기 시작하였다. 시민단체인 녹색연합은 농촌에서의 마을 만들기 운동을 주도하였고, 도시에서는 담장허물기 운동, 마을도서관 만들기, 친환경주차장 만들기 등이 마을 만들기의 일환으로 시행되었다. 이와 함께 2000년대 중반 이후에는 초기 '운동'적 성격의 마을 만들기가 다양한 지역계획 정책과 맞물리면서 '사업'화되어 나타나게 된다(김상민, 2016: 182). 최승호는 이를 화천 토고미 마을이나 양평 부래미 마을과 같이 정부 지원하에 추진하는 지역과 산청 안솔기 마을, 함양 청미래 마을 등과 같이 생태적 공동체 운동의 방향에서 진행하는 사례들로 구분하기도 한다(최승호, 2009: 246). 김상민은 이와 달리 주민이 주도하는 형태, 정부가 주도하는 형태, 전문가 혹은 시민단체가 주도하는 형태 등 3가지 형태로 나누는데(김상민, 2016: 192), 누가 주도하든, 마을 만들기를 성공적으로 수행하기 위해서는 지역공동체 수준에서 민간과 행정의 협력체계와 네트워크를 만들어 가는 로컬거버넌스의 구축이 매우 중요하며, 공공기관, 준공공기관, 민간조직, 자원기관이 결합하여 상호 의존적인 수준에서 활동하는 것이 필요하다(박수진/윤희철/나주몽, 2015: 340). 1999년을 기점으로 '동사무소'가 '주민자치센터'로 기능전환된 것도 민/관의 협력적 거버넌스 구축의 필요라는 이러한 상황의 변화와 관련하여 볼 수 있다. 또한 2012년 박원순 서울시장은 마을 만들기를 중요한 시정 방향의 하나로 제시하고, 이것은 기존의 도시개발 중심적 사고의 패러다임을 전환시키는 계기가 되기도 하였다. 이후 서울시는 2013년에 마을공동체 만들기 지원 등에 관한 조례를 제정하였으며, 서울시 외에도 광주광역시(2004), 수원시(2010), 부산광역시(2012), 경기도(2013) 등이 관련 조례를 제정한 바 있다(최현주/엄수원, 2015).

염리(鹽里)동의 마을 만들기 사업은 이러한 상황에서 나타난 매우 성공적인 사례의 하나라고 할 수 있다. 특히 그 과정에 개신교 목회자가 깊숙이 관여하였다는 점에서 교회가 지역사회에 기여하는 중요한 모델을 제시하였다고 할 수 있다. 염리동은 서울시 마포구에 위치한 지역으로, 동쪽으로는 아현동과 공덕동, 서쪽으로는 대흥동, 남쪽으로는 도화동과 용강동, 북쪽으로는 서대문구 대현동과 인접해 있다. 동의 이름은 과거 소금장수들이 많이 살았던 데서 유래하였고, 이전 동막역 부근에는 소금창고가 있었고, 마포동의 소금머리골에는 소금배가 드나들던 소금전도 있었다. 2002년 뉴타운사업 재개발 지역으로 선정됐지만, 사업이 지연되어 마을이 슬럼화되는 상황이 빚어지던 것이 마을 만들기 사업이 시작될 무렵의 상황이었다.

염리동의 마을 만들기가 본격적으로 시작된 것은 2008년 마포구에서 실시한 'happy-eye' 사업의 일환으로 '염리동 창조마을 프로젝트'를 실시하면서부터이다.[9] 이는 2010년 '꿈 일구기 사업'으로 이어졌고, 2012년에는 '염리마을공동체'를 결성하고, 행정안전부 주관 마포구 마을기업에 선정되기도 하였다. 또한, 같은 해 서울시에서

9) 이하의 염리동 마을 만들기 사업 관련 내용은 월간 『주민자치』 3(2012), 80-83에 근거.

추진한 ‘범죄예방 디자인 프로젝트’의 일환으로 소금길 조성 사업도 실시하였다. 소금길은 소금과 깊은 관련이 있는 지역사적 의미와 함께 ‘Safe Area Live Together(SALT)’의 이니셜을 조합하여 만든 용어였다. 이후 마을기업으로 ‘솔트’카페를 만들고 또한 소금길 축제를 시작하였으며, 마을 커뮤니티 공간으로 ‘소금나루’를 조성하는 노력 등이 이어졌다.

이와 같은 염리동의 마을 만들기 사업에는 지역에 위치한 ‘아름다운교회’의 담임목사였던 홍성택 위원장의 역할이 매우 컸다. 홍성택 목사는 1995년부터 아프리카 잠비아에서 선교사로 활동하다가, 귀국 후 2006년 11월 염리동에 ‘아름다운교회’를 개척하였다. 그는 교회의 목사로 사역하는 동시에 지역의 주민생활협의회, 염리창조마을 주민자치위원 등으로 활동하다가 이후 위원장으로서 염리동 마을 만들기에 중요한 역할을 담당하였다. 2011년 2월부터 2014년 12월까지 약 4년간 염리동 주민자치위원장으로 활동하였고, 2014년 11월부터 2017년 1월까지는 염리동공동체 ‘소금나루’의 대표를 맡기도 하였다.

홍성택 목사가 주민을 대표해 이러한 사업을 진행할 수 있었던 데는 홍 목사 자신뿐만 아니라 지역교회의 도움이 절대적이었다. 염리동 내 11개 교회가 연합한 교동협의회가 자치위원장인 홍성택 목사의 든든한 후원자가 되어서, 때로는 인적・물적 자원으로, 때로는 기도와 격려로 많은 도움을 주었다. 교동협의회에 참여한 지역 교회가 11개나 되는 만큼 마을을 위한 사업의 규모도 작지 않고, 또 교파와 교단을 넘어 마을을 돕는 모습은 지역사회에도 큰 귀감이 되었다(http://www.cts.tv/news/view?dpid=121927). 홍 목사는 2013년부터는 주민자치 및 마을 만들기 전문강사로도 활동하고 있다.

앞서 언급한 바처럼 마을 만들기에는 주민들의 주인의식과 적극적 참여가 요구되며, 이는 '주민자치'가 마을 만들기의 핵심이자 목표임을 의미한다(전동진/황정현, 2014: 38). 하지만, 점차 마을 만들기가 마을주민이 아닌 공공기관이나 전문가/활동가들에 의해 주도되면서, 그 본질이 훼손되는 양상도 나타나고 있다. 극단적인 경우에는 마을 만들기를 지원하기 위해 만들어진 지원센터가 실제적인 자치를 가로막고, 다양성을 훼손하는 경우도 보인다(전동진/황정현, 2014: 58). 실제로 많은 마을 만들기 사업이 정책 사업화되면서, 정책 사업의 특성에 맞게 단기간에 성과 측정이 용이한 시설 및 환경 개선사업이 주를 이루고, 나아가 주민참여가 주민동원으로, 시민운동적 성격으로 출발한 마을 만들기가 보조금 지원 사업으로 변질되는 경우들도 나타나고 있다(박수진/윤희철/나주몽, 2015: 338). 또한, 시민단체가 주민들의 조직 운영을 촉매, 중개해 주고 조언, 자문하는 역할들을 맡아 주는 것이 마을 만들기 초기에는 매우 도움이 되지만, 이들의 철수와 함께 그동안 축적된 많은 것들이 원점으로 돌아가는 경우가 많았다(이은진, 2006: 17). 이러한 경험을 통해 확인할 수 있는 것은 마을에 주체를 세우고, 스스로 마을 만들기를 추진할 조직 자체를 만드는 것이 가장 중요하다는 것이다(이은진, 2006: 20). 조직, 네트워크, 주민참여와 같은 사회적 자본을 얼마나 성공적으로 형성하는가 하는 것이 마을 만들기의 성패를 좌우한다고 할 수 있다. 앞서 언급한 마을의제 21의 첫 번째 단계도 마을에 사는 자원봉사자, 여론지도자 들이 사람과 조직에 대한 지원체계를 만드는 것인데, 이러한 역할을 교회가 어느 정도 감당할 수 있을 것으로 보인다. 실제로 염리동을 비롯한 몇 개의 사례에서 지역교회는 참여 조정자, 센터로서의 역할을 담당하고, 포럼, 공청회 개최에도 참여하였다. 직접적인 마을 만들기는 아닐지라도, 군산 '행복한 교회'의 카페 '착한 동네', 부천의 '작은나무교회'나 '어울림교회' 등이 운영하는 도서관 등은 지역의 네트워크 형성과 공론장 형성을 통하여 간접적으로 지역의 사회적 자본 형성에 기여하기도 한다(정재영, 2018: 221-225, 251-259). 국내는 아니지만, 미국 시애틀의 여러 교회에서 시행하고 있는 지역 주민과 함께 하는 '공동체 식사(Community Dinner)'도 이러한 방향에서 기여하는 한 방식이 될 수 있다(정재영, 2018: 264f). 또한 일반적인 마을 만들기와는 다르지만, 충남 보령의 '시온교회'가 실시하는 다양한 사업들, 이를테면 마을 잔치 '들꽃마당', 그리고 이에서 확대된 '온세미 축제', 주민들을 위한 마을극장, 폐교 위기의 학교 살리기, 협동조합운동을 통해 도농직거래, 농촌체험, 지역특산물 유통의 실시 등도 마을 만들기와 연관된 맥락에서 중요하게 살펴볼 가치가 있다(정재영, 2018: 233-236). 이들은 계속해서 기존 프로그램을 지역사회에서 확대해 나가고, 나아가 운영 경험을 토대로 새로운 사업들을 제시하고 있는데, 이와 같이 지역 교회가 주민들과 함께 마을 만들기를 주도하는 모델은 마을 만들기의 본질을 잘 살리면서 교회가 지역사회에 기여하는 중요한 통로가 될 수 있다.

물론 마을 만들기 자체에 대한 근본적인 회의도 존재한다. 매년 전체 인구의 20% 정도가 이주하는 유목민적 성격의 현대사회의 특성상 마을이라는 공동체의 자치가 가능할까라는 의문이 제기될 수도 있다(이은진, 2006: 26). 그런 의미에서 지나치게 전통에 매몰된 과거 지향적인 마을의 ‘배타적 공동체성’을 넘어서고, 동시에 현대 도시의 ‘익명적/원자화된’ 성격도 극복하는 형태의 ‘현대적’ 마을 모델의 제시가 필요하다(전동진/황정현, 2014: 39). 이를 위해서는 주민들이 스스로 파악할 수 있는 범위, 체감할 수 있는 작은 일에서부터 시작하는 것이 중요하며, 방향성 면에서도 사회부조적 복지, 물리적 환경 개선에 치우치기보다는, 육아, 먹거리 등 직접 생활과 관련된 문제들을 다루는 것이 요구된다(이은진, 2006: 20). 마을 만들기가 성공적으로 수행되기 위해서는 이와 함께, 앞서 언급한 공동체의식의 정신적 지표 외에도 공동체 생활을 지속시킬 수 있는 경제적 지표의 마련도 필수적이라고 할 수 있다(최현주/엄수원, 2015: 123f).

Ⅳ. 나가는 말

본 논문은 전라북도 임실과 서울특별시 염리동의 경우를 통하여 지역밀착형 목회의 모델을 제시하고, 나아가 교회와 지역사회의 공존, 공생, 발전을 위한 방향을 제시하고자 하였다. 본 논문은 두 사례의 특징을 서술할 뿐 아니라, 이러한 특징들이 모델로서 어떻게 작용할 수 있을지 일반화하고, 나아가 이러한 모델을 현재의 시점에서 어떻게 지역사회와 교회의 바람직한 관계를 형성하는 데 적용할 수 있을지를 그 한계점과 함께 생각해 보았다. 개별 사례의 한계점과는 별개로 두 사례 모두 종교조직 전체의 체계적인 접근이라기보다는 사역자 개인의 경향에 근거하였다는 공통적인 한계를 지닌다. 이러한 접근이 좀 더 활성화되기 위해서는 교단, 혹은 보다 상위의 종교조직 차원에서 교회와 지역사회의 관계를 설정하고, 이에 대해 접근해 나가는 것이 필요할 것으로 보인다.

하지만 보다 근본적인 문제는 이러한 종교조직의 지역사회 참여가 어느 정도 발전되었을 때에는 종교적 입장을 떠나 자체의 궤도에 의해 진행된다는 점이다. 종교의 지역사회 기여 모델은, 종교의 '사사화'를 주장하는 세속화 일반 이론에 대한 반론으로서 제기된 카사노바(J. Casanova)의 '공적 종교(public religion)' 이론과 그 궤를 같이 한다고 볼 수 있다. 카사노바에 의하면, 현대사회에서도 종교는 사적인 영역에만 머무르는 것이 아니라, 공적 영역에서 그 역할을 감당하고 있고, 이를 통하여 사회 변화에 중요하게 영향을 미칠 수 있다(최현종, 2013: 106-108). 국가(정부), 정치적 공동체, 시민사회가 그 통로로 제시되며, 전반적으로 교회와 국가의 결합으로부터 시민사회를 통한 영향으로 그 통로로 이전되는 경향을 보이고 있다. 본 연구에서 제시된 사례들도 종교가 시민사회적 통로를 통하여 공적 영역에 참여하는 형태라고 볼 수 있다. 교회가 지역을 중심 기반으로 하고, 또한 지역의 중요한 자산이기에 교회가 지역사회 활동을 통해 공적 영역에 참여하는 것은 종교의 역할과 관련하여 한국 사회에서 매우 중요한 의미를 갖는다고 볼 수 있다.

하지만, 이러한 종교의 지역사회에의 참여는 루만적 관점에서는 종교의 '수행(Leistung, performance)' 영역에 해당한다. 루만은 종교를 포함한 각 '체계(system)'의 '코드'를 핵심적인 요소를 통하여 설명하고 있는데, 이에 따르면 종교 체계의 코드는 '초월성 · 내재성(Transzendez · Immanez)'이다. 루만에 의하면, 이러한 코드와 직접적으로 관련된 것이 그 체계의 기능이며, 다른 기능 체계도 할 수 있는 것을 감당하는 것은 '수행'으로서 그 체계의 기능과는 구분된다. 즉, 종교의 경우 문화적 역할, 도덕적 지도, 복지 문제에 대한 담당 등은 그 기능과 구분되는 수행의 영역에 해당하는 것으로 볼 수 있다. 여기서 문제는 사회가 기능적으로 분화됨에 따라 이러한 수행에서의 종교의 역할은 각각의 분화된 다른 체계로 넘겨지게 된다는 것이다. 즉, 이러한 수행적 측면이 종교가 사회 속에 자리 잡기 위한 보조의 수단은 될 수 있을지언정 종교 체계 자체를 구분(분화)하는 '기능'이 될 수는 없다는 것이 루만의 설명이다(최현종, 2017: 252-254). 이렇게 본다면 종교의 지역사회 기여는 체계의 기능적 분화에 따라 점점 제한될 수밖에 없는 한계를 지닌다.

종교의 지역사회 참여를 카사노바와 같이 현대사회에서도 여전히 공적 영역에 적극적으로 참여하는 것으로 볼지, 혹은 루만과 같이 체계의 기능적 분화에 따라 쇠퇴해 갈 영역으로 볼지는 현대 종교사회학의 중요한 이론적 쟁점의 하나라고 할 수 있다. 그럼에도 불구하고, 현실적으로 종교 기관들은 지역에 자리 잡고 있고, 지역과 소통할 수밖에 없다. 그러한 측면에서 수행의 역할에 국한되고, 어느 정도 진행됨에 따라 종교적 입장을 떠난다 할지라도 종교의 지역 기여는 분명 의미 있는 일이 될 수 있다. 그러한 의미에서 본 논문에서 언급한 협동조합, 커뮤니티 비즈니스, 마을 만들기 등은 그 기여의 중요한 통로로서 논의될 가치가 있다.

마지막으로, 본문에서 기술한 가시적인 활동의 영역을 넘어 교회가 지역 발전에 기여할 수 있는 또 하나의 측면을 주목할 필요가 있다. 이는 '대안적' 가치관의 제시이다. 지역의 참된 발전은 경제적인 면을 넘어 가치관과 의식의 변화, 인간이 진정으로 행복하게 살 수 있는 환경 및 자유, 잠재능력의 증대 등을 필요로 한다. 현대의 많은 문제는 그 위기를 불러온 사회의 근본적인 구조가 바뀌지 않으면 해결될 수 없으며, 이는 가치관의 변화를 수반한다. 이른바 '로하스(Lifestyle of Health and Sustainability)'로 불리는 삶의 양식의 변화는 우리가 사는 사회의 환경과 그에 대한 사회적 책임을 의식하는 가치관이 밑받침되어야 한다. 미즈(Maria Mies)의 언급처럼 사회의 꼭대기 층을 차지한 소수를 동경하거나 그들을 따라가려는 '따라잡기 개발'과 '따라잡기 소비주의'적 가치관이 이 사회를 지배하는 한 근본적인 변화는 쉽지 않다(하승우, 2013: 85f). 물론, 시장의 근본적인 변화 없이 생태적 가치나 윤리를 강조하는 것은 사회의 구조적 모순을 은폐시킬 위험성을 지니지만(하승우, 2013: 82), 시장의 변화 또한 가치관과 함께 할 때에야 의미 있게 진행될 수 있을 것이다. 하지만, 시장 체제를 비판하기보다는 체제에 순응케 하는 현재의 종교의 모습에서 '종교가 과연 대안적 가치관을 제공할 수 있을까?'라는 의문이 제기되기도 한다. 그러나 현실의 종교가 그렇게 하지 못할지라도 종교 자체에는 그러한 근본적 힘이 있다. 늘 본질로 돌아가는 종교의 갱신 노력 가운데 그러한 힘의 원천이 우리에게 이러한 변화의 동력을 제공해 줄 수 있을 것이다. 종교의 참된 가치인 '초월'은 이 세상과 '무관'한 것이 아니라 이 세상을 '넘어서는' 것이기 때문이다.

참고문헌

고동희/박선영. 2007.『치즈로 만든 무지개』. 서울: 명인문화사.

고동희. 2014.『지정환 신부: 임실치즈와 무지개 가족의 신화』. 서울: 명인문화사.

구영옥. 2010.「전북 임실군 치즈산업」.『도시문제』 Vol.45 No.505, 68.

김상민. 2016.「주민자치와 협력적 마을 만들기: 협력적 마을 거버넌스의 관점에서」.『한국지방자치학회보』 28-1.

마포구청/희망제작소. 2008.『살고 싶은 우리 동네 만드는 32가지 방법』. 서울: 마포구청.

박수진/윤희철/나주몽. 2015.「로컬거버넌스 관점에서 지방의제 21 마을만들기 실천사업의 고찰: 푸른광주21협의회의 내집앞마을가꾸기 사업을 중심으로」.『한국거버넌스학회보』 22-2.

이영걸. 2017.「마을 만들기 사례분석을 통한 활성화 방안 연구」. 전북대학교 환경대학원 석사학위논문.

이은진. 2006.「마을 만들기 운동의 현황과 과제」.『지역사회학』 8-1.

이현웅. 2016.「목회의 한 대안으로서 협동조합에 대한 실천신학적 이해」.『신학과 사회』 30-3.

임현진. 2013.「지역활성화를 위한 커뮤니티 디자인 연구: 서울시 마을공동체사업 마포구를 중심으로」. 홍익대학교 석사학위논문.

전동진/황정현. 2014.「마을 만들기 운동과 패러다임의 전환」.『존재론 연구』 35.

전혁일. 2013.「전북 임실군 치즈산업 지역의 지역혁신체계」. 한국교원대학교 교육대학원 석사학위논문.

정재영. 2016.「교회가 참여하는 바람직한 협동조합 설립 방안」.『신학과 사회』 30-4.

______. 2018.『함께 살아나는 마을과 교회』. 서울: SFC출판부.

최승호. 2009. 「지역 마을 공동체 만들기 운동의 발전 방안 모색: 충남 홍성군 홍동 풀무마을을 중심으로」. 『한・독사회과학논총』 19-1.
최현종. 2013. 「세속화」. 김성건 외. 『21세기 종교사회학』. 서울: 다산출판사.
______. 2017. 『오늘의 사회 오늘의 종교』. 서울: 다산출판사.
최현주/엄수원. 2015. 「사회적협동조합을 통한 마을 만들기에 대한 시론적 연구」. 『부동산경영』 11.
하승우. 2013. 「자립의 행복과 한국의 협동공동체」. 이동수 편. 『행복과 21세기 공동체』. 서울: 아카넷.
월간 『주민자치』 3 (2012).

06

북한이탈주민과 기독교*

Ⅰ. 들어가는 말

북한이탈주민이 본격적으로 발생하기 시작한 1990년대 이후로 현재까지 탈북에서 남한 사회의 정착까지 모든 과정에 기독교 단체 및 사역자들이 깊숙이 관계해 왔다. 본 연구는 이러한 관계를 단계별로 정리하고, 그 변천 과정을 살펴볼 뿐 아니라, 그 공과에 대해 생각해 보고자 한다. 먼저는 확인 가능한 통계 자료들을 통해서 북한이탈주민의 현황을 정리하고, 해외 체류 단계와 국내 입국 및 정착 단계에서의 민간단체의 역할을 특별히 기독교 단체를 중심으로 살펴볼 것이다. 그리고 이러한 연구를 통하여 북한이탈주민에 대한 기독교의 역할의 공과를 살펴보고, 이의 개선을 통하여 종교, 특히 기독교가 통일에 기여할 수 있는 바를 탐색해 볼 것이다.

---

* 본 장은 『신학과 선교』 52(2018)에 처음 발표되고, 이후 『해방 후 월남 기독교인의 활동과 통일』에 수록된 글에 『오늘의 사회 오늘의 종교』 (다산출판사, 2017) 7장의 마지막 부분을 첨가하여 수정하였다.

II. 북한이탈주민 현황

1994년에 김일성이 사망하고, 이어 1995년에는 북한 지역에 대홍수가 발생하면서, 북한의 식량난이 가중되었고, 이와 관련하여 통치체제도 이완되면서, 많은 북한 주민들이 중국과 러시아 등 해외 접경지역으로 이탈하게 되었다. 이들 중 많은 수가 1990년대 중반부터 남한으로 입국하게 되는데, 이때로부터 단순한 귀순자, 월남자의 문제가 아닌, 남한 사회의 중요한 한 과제로서 북한이탈주민의 문제가 대두되었다. 2000년 이후에는 여성 및 가족 동반 입국자를 중심으로 북한이탈주민의 숫자가 증가하였고, 이탈 동기도 생존보다 더 나은 삶에 대한 욕망이 중요한 부분을 차지하고 있다(윤인진, 2009: 5). 이와 함께 먼저 남한에 정착한 이들이 나머지 가족을 데려오는 경향도 많아지고 있다. 정부에서 공식적으로 집계한 북한이탈주민의 현황은 <표 1> 및 <그림 1>과 같다.

<표 1> 북한이탈주민 입국자 현황(2017. 12. 기준)

구분	2001	2002	2003	2004	2005	2006	2007	2008	2009
남	565	510	474	626	424	515	573	608	662
여	478	632	811	1,272	960	1,513	1,981	2,195	2,252
계	1,043	1,142	1,285	1,898	1,384	2,028	2,554	2,803	2,914
여성비율(%)	46	55	63	67	69	75	78	78	77
구분	**2010**	**2011**	**2012**	**2013**	**2014**	**2015**	**2016**	**2017**	**합계†**
남	591	795	404	369	305	251	299	188	8,993
여	1,811	1,911	1,098	1,145	1,092	1,025	1,119	939	22,346
계	2,402	2,706	1,502	1,514	1,397	1,276	1,418	1,127	31,339
여성비율(%)	75	71	73	76	78	80	79	83	71

* 출처: 남북하나재단.
† 2001년 이전 북한이탈주민 포함.

북한이탈주민의 국내 입국자는 앞서 언급한 대로 1990년대 중반 이후 꾸준히 증가하였고, 2007년 2월 총 입국자 수가 1만 명을 넘어선 이래, 2017년 현재에는 총 3만 명을 넘어선 상태이다. 하지만, 지속적인 증가 추세는 2012년 이후부터 주춤하여, 연간 1,500명대 이하로 입국인원이 축소되고 있다. 이는 북한 정권이 국가안전보위부 차원에서 탈북차단 특별대책을 실시한 결과로 보이는데, 북한 정권은 이를 통하여 북한이탈주민 가족 및 친척들에 대한 감시를 강화하고, 국경지역의 경비를 강화하는 등의 조치를 취하였다(이순형/최연실/진미정, 2015: 81). 남녀의 성비와 관련하여서는 1989년 이전 7%에 불과하였던 여성의 비율이 1997년 35%, 2000년 42% 등 꾸준한 증가 추세를 보이다가, 2002년을 기점으로 남성비율을 넘어서서, 현재에는 여성이 전체 북한이탈주민의 약 80%에 달하는 심각한 여초현상을 보이고 있다.

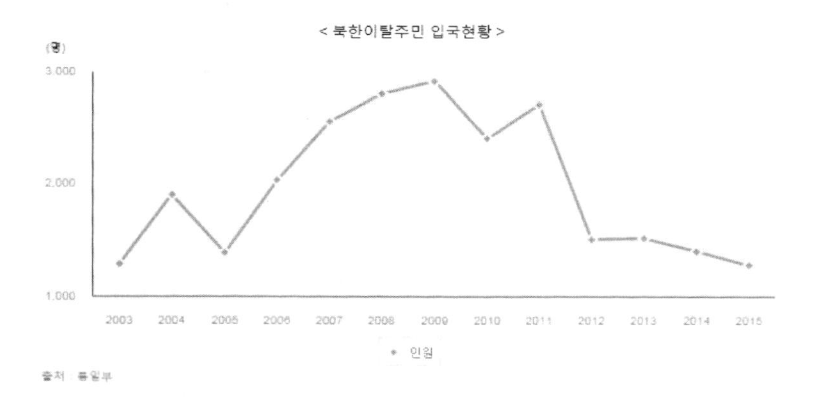

<그림 1> 북한이탈주민 입국현황

연령별로는 20대(28.5%)와 30대(29.0%)가 가장 높은 비율을 차지하고 있다(<표 2> 참조). 특기할 만한 사항은 근래 가족 단위 입국이 늘어나면서, 10대 이하의 청소년 인구들도 상당한 비율로 늘어나고 있다는 점이다. 이는 최근 대안학교 등 청소년을 대상으로 한 북한이탈주민 정착 지원 단체의 비중이 늘어나는 사실과도 연결된다. 재북 출신지역별로는 함북 출신이 압도적으로 많고, 그다음이 양강과 함남의 순서로 나타난다(<표 3> 참조). 이는 상대적으로 북한 탈출이 용이한 접경지역이라는 점이 작용한 것으로 보이며, 같은 접경지역인 평안도 지역과 비교해서는 국경 감시상황과 상대적인 생활형편 등이 작용한 것으로 보인다.[1)]

<표 2> 북한이탈주민 연령별 현황

연령(세)	0-9	10-19	20-29	30-39	40-49	50-59	60-69	계
인원(명)	1,262	3,576	8,864	8,993	5,366	1,732	1,269	31,062
비율(%)	4.0	11.5	28.5	29.0	17.3	5.6	4.1	100

* 출처: 통일부.
* 입국 당시 연령 기준이며, 최근 입국하여 보호시설 등에 수용 중인 일부 인원은 제외.

<표 3> 북한이탈주민 재북 출신지역별 현황

구분	강원	남포	양강	자강	평남	평북	평양
인원(명)	590	144	4,756	212	1,046	823	717
구분	함남	함북	황남	황북	개성	기타(재외 등)	계
인원(명)	2,731	18,910	450	437	74	172	31,062

* 출처: 통일부.

1) 두만강은 수심이 얕고 경계가 삼엄하지 않아 탈북자들이 가장 쉽게 국경을 넘는 통로가 되고 있다.

1997년 「북한이탈주민의 보호 및 정착 지원에 관한 법률」이 제정되면서 북한을 탈출하여 남한으로 입국한 사람들은 '귀순자'에서 '북한이탈주민'으로 바꾸어 호칭되고 있다. 그러나 일반적으로는 '탈북자'라는 명칭이 더 많이 사용되고 있다. 2005년 1월 통일부는 '탈북자'가 주는 부정적 이미지를 없애고자 '새로운 삶의 터전에서 사는 사람'이라는 의미의 '새터민'의 사용을 시도하기도 하였지만, 일반 국민과 북한이탈주민들의 호응을 얻지 못하였고, 일부 북한이탈주민 단체들이 이에 대해 공개적으로 항의한 이후에는 '새터민'을 공식명칭으로 사용하지 않기로 하였다(윤인진, 2009: 22). 하지만, 북한이탈주민, 혹은 탈북자라는 호칭이 갖는 부정적 함의 때문에, '북향민' 등 다른 명칭으로 대신하고자 하는 시도는 여전히 계속되고 있다.

북한이탈주민의 국제법상의 지위는 일반적으로 '난민(Refugee)'으로 규정된다. 외교통상부의 공식 영문표기도 2008년부터 이에 해당하는 'North Korean Refugee'로 통일되었다. 유엔난민기구(UNHCR: United Nations High Commissioner for Refugees)도 2003년에 북한이탈주민을 '위임 난민(Mandate Refugees)'[2]으로 간주할 수 있다고 밝혔지만, 실제로 유엔난민기구를 통하여 난민 지위를 부여받은 이는 2012년 기준 총 1,110명에 불과하다(김경진, 2015: 2). 국제법에 의하면 난민 지위 부여는 난민이 머무는 비호국의 주권 사항인데, 대부분의 북한이탈주민이 머물고 있는 중국이 이를 거부하는 것이 난민 지위 부여의 가장 심각한 장애요인이다. 중국은 이에서 더 나아가, 북한이탈주민의 강제 송환에도 적극적인데, 탈북이 본격화된 1995년 이래 중국에서 북한으로 강제 송환된 이들은 10만 명이 넘

2) 난민 지위를 인정받지는 못하지만, 국제법상 '사실상 난민'으로 인정받는 이들.

는 것으로 추정되고 있다(김경진, 2015: 29). 북한이탈주민의 국내 입국경로로 많이 이용되는 국가인 몽골과 동남아시아 국가들은 이들을 난민으로 인정하지는 않지만, 인도주의의 견지에서 제3국행을 암묵적으로 허용하고 있다.

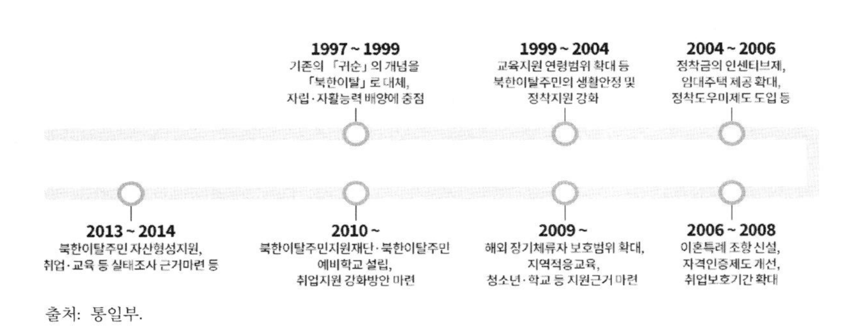

출처: 통일부.

<그림 2> 북한이탈주민 관련 지원정책 변천 과정

북한이탈주민의 특성을 일반적으로 기술하는 것은 많은 오류와 왜곡된 정보를 가져올 수 있다. 그러나 일반적으로는 1) 개성과 주장이 강하고, 2) 사라져 가는 정체성 때문에 불안해하며, 3) 사회에 적응하기보다 주변의 연줄을 통해 직장을 얻으려는 등 소극적인 생활 태도를 지니고 있고, 4) 이분법적 태도와 급진적이고, 약간은 과격한 성향을 지니며, 5) 남한의 보호와 지원에 대해 지나치게 높은 기대를 갖고 있다는 등 부정적인 특성을 강조하는 경향이 많다(김성민, 2005: 92; 안효덕, 2005: 109). 이에 반해, 최근에는 북한이탈주민의 보다 긍정적인 특성을 강조하며, 이를 발전시키려는 시도들도 늘어나고 있다.

현재 북한이탈주민이 국내에 입국하면, 먼저 국정원, 경찰청 등

관계기관의 합동신문을 받고, 조사가 종료된 후에는 정착지원시설인 하나원으로 신병이 이관된다(<그림 2> 참조). 하나원에서는 사회적응교육을 12주간 이수하고, 문화적 이질감 해소, 심리안정, 진로지도 등에 관한 상담을 받으며, 이후 가족관계등록, 주거알선 등 정착준비를 마친 후 거주지로 전입하게 된다. 거주지에서는 생계・의료급여 등 사회적 안전망을 제공하고, 고용지원금, 무료 직업훈련, 자격인정 등의 취업지원과 특례 편입학 및 등록금 지원 등의 교육지원을 제공한다. 또한 이들의 정착을 돕기 위해 거주지・취업・신변보호를 담당하는 보호담당관제를 운영하며, 지역마다 지역적응센터(하나센터)도 지정, 운영하고 있다. 그뿐만 아니라 민간자원봉사자와 연계한 정착도우미제도 운영하고 있다.

Ⅲ. 북한이탈주민 관련 기독교 민간단체의 역할

북한이탈주민과 관련된 민간단체의 역할은 크게 3단계로 구분하여 볼 수 있다.[3] 첫 번째는 '탈북 이전 단계'로 북한 인권 문제나 북한 내 구호활동 등이 이에 해당한다. 두 번째는 '제3국 체류 단계'로, 탈북자 보호 및 지원을 제공하는 한편, 이들의 인권침해 실태를 알리고, 이슈화해서 해결하는 등의 활동을 하며, 최종적으로는 국내 입국을 주선하고 이를 돕는 활동이 포함된다. 마지막으로는 '국내 입국과 정착 단계'로 이들이 남한 사회에 들어와 정착하는 과정을 지원하는 다양한 활동이 이에 포함된다. 하지만, 엄격하게 말하면

3) 단계의 구분은 윤인진(2009), 98 참조.

북한이탈주민의 발생은 북한을 탈출한 시점으로부터 시작되기 때문에, 본 논문에서는 주로 '제3국 체류 단계'와 '국내 입국 및 정착 단계'와 관련된 활동을 다루려 한다.

북한이탈주민의 체류지역은 러시아, 몽골 등 다양하지만, 가장 많은 이들이 머무르는 지역은 역시 중국이다. 하지만, 앞서 언급한 대로 중국 당국은 북한이탈주민의 난민지위를 인정하지 않고, 경제적 사유에 따른 '불법월경자'로 규정하고 있기 때문에, 북한이탈주민에 대한 민간단체의 지원 활동은 쉽지 않은 실정이다. 실제로 1990년대 중·후반에는 동북 3성 지역에 많은 민간단체들이 진출하여 탈북자 구호사업을 벌였으나, 현재는 거의 대다수가 철수하여 선교를 목적으로 한 종교단체들(대부분 기독교 단체)만 남아 있는 정도이다. 이들의 일부는 북한 내부 주민에 대한 직접 지원으로 방향을 전환하기도 하였다.

이탈 초기에는 민간단체 이외에 중국 내 조선족들도 북한이탈주민의 신변보장과 생계문제 해결에 중요한 역할을 하였다. 하지만, 탈북자들이 급속도로 증가하면서 이제는 조선족들이 감당할 수 있는 범위를 넘어선 것으로 보인다(윤여상, 2005: 83). 일부에서는 이와 관련하여, 조선족 밀집지역에 대규모 투자 사업을 실시하거나, 조선족의 국내 취업을 합법적으로 지원하는 방책 등 조선족 사회에 대한 대규모 지원정책을 펴 나가는 것이 중국 내 북한이탈주민의 보호를 위하여 도움이 될 수 있다는 주장도 나온 바 있다(윤여상, 2005: 86).

중국 내 민간단체의 지원 활동은 현지 은신처와 기초생계 제공, 한국 입국 지원, 현지 생활환경 특히 인권실태조사와 이에 따른 캠

페인 활동 등 다양하다. 하지만, 중국에서의 민간단체 활동은 조직화가 덜 되어 있어 파악이 쉽지 않은 상황이며, 특히 북한이탈주민 문제와 같은 민감한 상황에 대해서는 파악이 더욱 어려운 형편이다. 북한민주화네트워크 한기홍 대표는 "민간단체는 중국 당국이 대부분 파악을 해서 단체 이름을 걸고는 활동 자체를 할 수 없(다)"고 말한다(김경진, 2015: 49). 여전히 종교단체들을 중심으로 한 지원 활동은 이루어지고 있지만, 발각될 경우에는 소수민족 정책에 대한 위반과 종교행위로 체포될 수 있다. 그럼에도 불구하고, "도강해서 중국으로 가면 무조건 십자가를 찾아가라"는 말이 탈북자들 사이에 나돌 정도로 기독교단체의 역할은 중요하였다(김경진, 2015: 63). 중국 내 삼자교회나 사업체를 운영하는 한인들도 북한이탈주민들이 찾아오면 이들 기독교단체의 선교사들에게 연락하는 경우가 많았다. 당시 활동했던 선교사의 인터뷰에 따르면 1990년대 후반부터 2000년대 초반까지의 탈북난민 구호활동은 90% 이상이 선교사에 의해 이루어졌다(김경진, 2015: 70). 그러나 2000년대 이후에는 상황이-특히, 북한이탈주민의 국내 입국과 관련하여서- 달라진다.

2000년대 들어 중국 내의 북한이탈주민 보호가 점차 한국행을 위한 과도단계로 변화되고(곽대중, 2005: 70), 탈북 이유도 삶의 질을 높이기 위한 생계형 이주가 대다수를 차지하게 된다. 북한이탈주민의 국내 입국 희망도 점차 정착지원금 제도와 밀접하게 관련되며, 생활이 쉽지 않은 북한이탈주민의 경우 정착지원금을 받고자 북한이나 중국에 있는 가족들을 데려오게 된다(노욱재, 2005: 49). 이러한 변화의 과정에서 선교사보다는 (돈을 목적으로 한) 전문 브로커들이 북한이탈주민의 국내 입국에 중요한 역할을 하게 된다. 2006년 미국인권위원회의 조사에 따르면, 국내 입국자 중 전문 브로커의 도움을 받아 입국한 사람이 52%(조사인원 1,004명 중 521명)로 가장 높은 비율을 차지했다. 반면에 선교사는 1%(10명), 민간단체도 1%(7명)에 불과했다(김경진, 2015: 75).[4] 2012 대한변협의 실태 조사에서도 전문 브로커를 통한 입국 인원이 82.2%에 달하는 등(김경진, 2015: 76) 국내 입국과 관련해서는 이제는 전문 브로커들의 역할을 무시할 수 없게 되었다. 이러한 브로커들이라도 없으면 해외 체류 북한이탈주민의 국내 입국은 힘들 수 있기에 필요한 존재라고 할 수 있지만, 악덕 브로커들에 대한 대책은 필요한 것으로 보인다.

제3국 체류 단계에서의 활동을 민간단체에서 체계적으로 파악하기 어려운 데 반해, 국내 입국 후 정착 단계에서의 파악은 비교적 용이하다. 2018년 현재 통일부에 허가를 받은 391개 법인단체 중 그 목적이 '북한이탈주민 정착 지원'으로 되어 있는 단체는 69개에 달하며, 이 중 홈페이지나 전화로 그 활동 내역을 확인할 수 있었던 단체들의 목록은 아래의 <표 4>와 같다.[5]

<표 4> 북한이탈주민 정착지원 통일부 허가법인 현황(2018. 1. 18. 현재)

구분	법인명	활동 분야	홈페이지/전화번호
1	엔케이 인포메이션센터	탈북청소년 대안학교운영, 탈북민 맞춤형 취업지원	http://nkinfo.kr/
2	평화디딤돌	탈북 아동 · 청소년 방과후 교육 프로그램 '한누리학교' 운영, 남북 통합형 돌봄 마을 만들기	http://steppingstone.or.kr/

4) 하지만, 김경진의 논문에 제시된 인터넷 링크에서는 현재 이 자료를 찾을 수 없었다.

5) <표 4>의 단체 중 한반도평화연구원이나, 탈북예술인연합회 등 몇몇 단체들은 북한이탈주민 정착지원이 주요한 활동 분야라고는 할 수 없지만, 통일부에 등록된 기준에 따라 일단 여기에 포함하였다.

구분	법인명	활동 분야	홈페이지/전화번호
3	남북사랑 네트워크	남북사랑학교, 통일 어머니/아버지 학교, 탈북미혼모 지원사업, 탈북 남성을 위한 로뎀나무 쉼터 운영	http://www.nambuksarang.org/
4	느헤미야코리아	'다음학교' 운영	http://daumschool.org/
5	더불어함께 새희망	아동복지 단체	http://www.youcan.or.kr/
6	두리하나	두리하나 국제학교 및 그룹홈 운영, 탈북자 구출활동, 보호, 정착 지원 및 신앙교육, 탈북자 고아원 '천사의 집' 운영	http://www.durihana.com/
7	물망초	물망초 학교, 물망초 열린 학교(성인), 물망초 합창단, 물망초 치과, 출판 및 북한 인권	http://www.mulmangcho.org/
8	미래나눔	탈북학생 장학사업	http://www.miraenanum.org/
9	부산YWCA새터 민지원센터	정착 지원	http://www.psywca.or.kr/
10	북한이탈주민비 전네트워크	취업알선 및 정착 지원, 북한이탈주민 정착문제 연구를 위한 국내외 연대, 방과 후 문화 전통교육 및 장학사업, 무료 PC 지원 및 교육	http://www.nkdvn.com/g5/
11	북한이탈주민 사랑협의회	북한평신도선교사 양성, 정착 지원사업 및 직장알선, 결혼정보 사역, 상담 사역	http://xn--pr3b01dq10a.com/
12	북한이탈주민 자립지원협의회	지역사회 적응, 생활 편익 향상 도모	http://cafe.daum.net/CofISD
13	사랑을 담는 사람들	의료봉사, 장학금 지원	02-514-4340
14	북한체제트라우마 치유상담센터	상담 및 상담사 교육, 멘토링 프로그램	http://www.nkst.kr/board/index
15	새문화복지 연합회	자활 지원, 일자리 제공, 결혼 상담, 고려예술단 운영	http://ncwc.or.kr/
16	새삶	교육, 문화, 스포츠 등을 통한 트라우마 극복 도모	http://newlifeofkorea.com/
17	새일아카데미	탈북 대학생 방과후 학교	http://www.saeilacademy.org/
18	새터민회	정착 지원, 친목도모, 장학사업, 통일교육, 정착교육, 취업 지원, 만두사업단, 예술단 운영	https://blog.naver.com/saeteomin1

구분	법인명	활동 분야	홈페이지/전화번호
19	세이브엔케이	북한이탈주민의 정착 지원 및 복지향상, 북한 인권 개선 활동	http://www.savenorthkorea.com/
20	숭의동지회	월남 귀순자들의 친목단체로 시작, 현재는 북한이탈주민 지원 활동 병행	http://www.sungy.or.kr/
21	여명	북한이탈 청소년 대안학교	http://www.ymschool.org/
22	영통포럼[6]	불교 단체, 북한이탈주민 지원, 소규모 자원봉사 민간단체	02-713-0084
23	우리들의성장 이야기	청소년 그룹홈	http://www.g-story.or.kr/
24	우리탈북민 정착기구	교회 지원, 정책, 네트워킹	02-557-0390
25	좋은씨앗 (하늘꿈학교)	북한이탈 청소년 특성화학교	http://www.hdschool.org/
26	큰샘	탈북 지원, 상담, 후원, 쌀 보내기, 방과후 교실	http://www.kuensaem.net/
27	탈북동포사회 복지센터	교육, 문화, 탈북인 선교, 상담	http://ukmission.ummag.net/
28	탈북여성지원 지에프에스 우물가	탈북여성 고용 및 자녀 장학금 지원	070-8848-4234
29	탈북자동지회	최초 탈북자조직, 국내 및 해외 탈북자 지원, 회보 '망향' 발간	http://nkd.or.kr/
30	통일길벗협회	정착 지원, 탈북자 복지, 북한문화, 실상 바로 알기 등 교육사업	02-2226-1028
31	통일미래연대	정착 지원, 탈북자 네트워크, 스포츠 활동	http://ufsolidarity.org/
32	통일을준비하는 탈북자협회	공부방, 취업연계, 자활공동체, 통일봉사단 운영	http://tongzun.co.kr/
33	통일희망 나눔재단	정착 지원, 통일 교육, 남북청소년 한마당 잔치 개최, 안과 수술 및 안경 지원	http://www.seehonanum.or.kr/
34	평화통일탈북인 연합회	탈북자 정착도모 및 친목 활동, 사회적 기업을 통한 일자리 창출, 평화통일 관련 활동	http://www.pyunghua.com/
35	하나로복지회	장학회, 의료 및 축구 선교회, 취업 지원, 탈북자를 위한 영어 교실	http://hanaroch.com/base/m5/menu054.php?left=4

구분	법인명	활동 분야	홈페이지/전화번호
36	하나여성회	북한이탈여성 취/창업 지원 및 자립 자활 지원, 멘토링, 생활문화교육, 여성리더 양성, 장학 지원	http://www.hanawoman.or.kr/
37	하늘우산	적응을 위한 교육훈련 및 지원, 기술직업훈련 및 창업 지원, 통일교육	http://www.huo.or.kr/
38	한국기독교탈북민정착지원협의회	하나원 선교활동, 정착지 교회 자매결연, 탈북민 조찬기도회 및 영성수련회, 탈북민 신학생 양성	http://www.hjh.or.kr/
39	한꿈	기독교 탈북 청소년학교	http://www.greatvision.or.kr/
40	한민족밀알공동체	농촌 정착 지원	02-765-1171
41	한민족예술문화진흥협회	예술 공연 및 교육, 정착 지원, 통일 환경 조성	http://koreaart.kr/
42	한반도평화연구원	통일 관련 기독교 싱크탱크	http://kpin.tistory.com/
43	한생명살리기운동본부	유기농업을 통한 정착 지원 및 전문가 양성	http://www.cls.kr/
44	함께일하는 사람들	탈북인 대상 대출, 시장경제 교육, 탈북 자영업자 커뮤니티	http://www.workingnk.com/
45	해솔직업사관학교	탈북 청년, 청소년 대상 직업교육 대안학교	http://haesolschool.org/
46	하나사랑협회	탈북 의사 중심 봉사활동 단체, 장학금 지원	http://hananànum.com/
47	하나의코리아	청소년 대상 통일교육, 탈북 청소년 지원, 북한 접경 지역 역사문화 탐방	https://unitedkorea.modoo.at/
48	새한누리	취/창업 지원, 청소년 멘토링, 부모 교육, 통일 정책 연구 및 세미나 개최	www.사단법인새한누리.kr
49	탈북예술인연합회	예술단 운영	02-992-1959
50	자유통일문화원	북한음식 교육, 통일체험 교육	http://www.clr.or.kr/
51	한우리	충남지역 북한이탈주민 지원	https://hanwoori1004.modoo.at/
52	하늘우산	하늘쉼터(주택 미배정자 지원 사업), 하늘누리(교육 및 지원 사업), 상담센터 운영	http://www.huo.or.kr/

구분	법인명	활동 분야	홈페이지/전화번호
53	우리들학교	탈북다문화청소년대안학교	http://wooridulschool.org/
54	남북통합 복지협회	의료 활동, 경제적 지원, 복지환경 구축	sniwa.co.kr
55	탈북민사랑 나눔운동본부	자립 지원, 영어교실, 결혼 상담, 청소년 캠프	onekorea21.org
56	생명그루	청년 장학 활동 (생명나래교회 산하 기관)	02-3471-0692

* 출처: 통일부 목록에 근거하여 필자가 조사.
* ____는 기독교 단체.

박정란은 북한이탈주민 관련 민간단체의 역할을 시기적으로 3단계로 나누어 기술하고 있다. 먼저 1단계는 '초창기'로 1990년대 중반이 이에 해당하며, 북한 및 이탈주민에 대한 산발적인 인도적 긴급구호활동이 주를 이루었던 시기이다. 2단계는 '과도기'로 명명되며, 1990년대 말-2000년대 초의 시기가 이에 해당한다. 이 시기에 이르러 탈북지원사업이 어느 정도 체계적으로 정비되는데, 탈북자들의 초기 정착을 지원하는 하나원이 1999년 7월 개원되며, 탈북지원단체들 간의 정보교류와 협조체제 구축을 위해 '북한이탈주민지원민간단체협의회'도 1999년 11월 결성된다. 이후 3단계는 '안정기'로 명명되며, 2000년대 이후 탈북지원사업이 조직화 · 세분화된 시기이다. 특별히, 2010년 3월에는 북한이탈주민의 보호 및 정착지원에 관한 법률이 개정되고, 이를 통해 북한이탈주민지원재단(남북하나재단) 설립의 근거가 마련되고, 9월에는 재단이 설립되기에 이른다. 또한 2000년대 들어 늘어난 북한이탈 아동 및 청소년들에 대한 교육프로그램이 확충되는데, 특성화학교인 한겨레 중고등학교(2004년 3

6) 인터넷상에서는 기독교단체인 영통포럼도 검색되나, 현재의 전화번호로 확인된 단체는 불교를 배경으로 한 단체이다.

월 개교), 무지개청소년센터(2006년 4월 개소) 등이 이에 해당한다. 또한, 북한이탈주민 정착도우미 제도가 2005년 시범 실시된 이후 각 지역의 종합사회복지관을 중심으로 확대되어 간다(박정란, 2009).

<표 4>에서도 북한이탈 아동, 청소년에 대한 지원 시설의 확대를 엿볼 수 있는데, 표에 제시된 56개의 단체 중 21개의 단체(37.5%)가 아동 및 청소년 프로그램을 운영하거나, 전문적으로 이들만을 대상으로 한 시설 운영을 하고 있다. 이는 앞서 언급한 바처럼 북한이탈주민에서 아동 및 청소년들이 차지하는 비중이 늘어나는 것과 관련된다(10대 이하 15.5%, <표 2> 참조). 이와 함께 기존 북한이탈주민이 가정을 꾸림에 따라 새롭게 태어나는 자녀들도 이들 시설의 주요한 대상이 되고 있다. 한편으로 아동·청소년 시설이 상대적으로 후원을 받기에 용이하다는 점도 이들 시설 및 프로그램의 확대에 영향을 미치고 있는 것으로 보인다.

아동·청소년 시설의 확대와 함께 또 하나 주목할 만한 사실은 북한이탈주민 스스로 만든 단체가 늘어나고 있다는 사실이다. <표 4>에서는 탈북자동지회, 숭의동지회 등이 대표적이며, 그 외의 많은 단체들에서도 북한이탈주민의 참여가 두드러진다. 이는 북한이탈주민의 실태 및 문제점을 가장 잘 아는 이가 북한이탈주민 자신이라는 점에 기반하지만, 이들 단체가 일자리를 구하기 힘든 북한이탈주민의 입장에서 중요한 소득 기반이 된다는 점도 무시할 수 없는 것으로 보인다. 앞서 언급한 탈북자 브로커들도 대부분 북한이탈주민들로 파악된다(김경진, 2015: 79f).

종교별로는 기독교(개신교)단체가 압도적인데, <표 4>의 단체 중 공개적으로 기독교적 성향을 표방하거나, 인적 구성에서 그러한 입장을 엿볼 수 있는 단체는 22개(39.3%)에 달한다. 반면, 불교단체는 1개(영통포럼),[7] 가톨릭단체는 하나도 확인되지 않았다.[8] 이는 북한이탈주민이 처음에 만나는 종교가 대체로 기독교이며, 기독교 선교사들이 북한선교 및 해외 체류 북한이탈주민 구호 활동에 적극적인 상황과 무관하지 않은 것으로 보인다. 실제로 북한이탈주민 중 가장 많은 이가 믿는 종교도 기독교로 나타난다. <표 4>에 언급된 민간단체 이외에도 북한이탈주민에 대한 서비스를 제공하는 지역사회복지관의 경우에도 기독교와 관련된 시설이 많으며,[9] 이들은 운영 규약상 보다 탈종교적인 중립적 서비스를 제공하고 있다(유호열, 2005: 455). 여기에 등록되지 않은 기독교 민간단체와 한국기독교총연합회 등 교회연합단체, 그리고 개(個)교회 차원의 관련 지원활동을 더하면 북한이탈주민에 대한 기독교의 기여는 더욱 중요한 의미를 지닌다고 볼 수 있다.

Ⅳ. 북한이탈주민 관련 기독교민간단체의 문제와 개선방안

지금까지 언급한 바처럼 북한이탈주민과 관련된 민간단체의 활동에 있어서 기독교(개신교)의 역할은 매우 중요하였고, 여전히 중요하다. 그런 까닭에 북한이탈주민의 종교도 기독교(개신교)가 가장

7) 표에 나타나지 않은 북한이탈주민 지원 관련 활동을 하는 대표적인 단체로는 '좋은벗들(http://www.goodfriends.or.kr/)'이 있다.

8) 등록된 법인 단체는 아니지만, 관련된 활동을 하는 가톨릭 단체로는 '한국천주교주교회의 민족화해위원회(hwaha Ⅰ.cbck.or.kr)'가 있다.

9) 대표적으로는 강남구, 송파구의 북한이탈주민 가정 지원사업을 실시하고 있는 '태화기독교사회복지관(www.taiwha.or.kr)'을 들 수 있다.

높은 비중을 차지한다. 정재영의 조사에 의하면 북한이탈주민의 종교는 개신교가 가장 많았고(66%), 참여 단체 활동도 선교단체가 가장 높았다(29.3%). 남한 사회 적응 시 가장 큰 도움을 받은 단체도 정부단체(39.6%)와 종교단체(39.0%)가 비슷하게 많았다(정재영, 2012: 78ff). 이순형 등의 연구에서는 종교를 가진 북한이탈주민이 전체의 79.1%인데, 개신교가 47.0%로 절반 이상을 차지했다(이순형/최연실/진미정, 2015: 3). 이순형 등은 사회관계망으로서의 종교가 북한이탈주민의 적응 및 직접적인 삶의 도움을 제공하고, 정부의 북한이탈주민정책의 한계 부분을 대신한 것이 교회라고 평가하기도 한다(이순형/최연실/진미정, 2015: 236, 251). 하지만, 국내 거주 기간이 늘어날수록 많은 북한이탈주민들이 종교 생활에서 멀어지는 경향을 보이는데, 이는 남한 생활에 대해 어느 정도 적응하면서 생활이 바빠진 결과이기도 하고, 한편으로는 기존의 종교단체나 종교에 대한 불신 때문이기도 한 것으로 보인다(이순형/최연실/진미정, 2015: 3).

하지만 이러한 기독교 민간단체의 의미 있는 기여에도 불구하고, 몇 가지 문제점도 존재하는 것이 사실이다. 먼저 지적할 사항은 지나친 물량 공세의 문제이다. 물량 공세 문제는 북한이탈주민 관련 지원뿐 아니라, 북한지원사업 전반이나 다른 선교 관련 사업에서도 많이 지적된 기독교의 문제점이다. 김중석 목사는 '탈북민의 신앙화 정착화 방안'과 관련된 포럼에서 북한이탈주민에게 지급되는 지원금이 오히려 신앙적 정착에 장애가 될 수 있음을 지적한 바 있는데, 그에 따르면 북한이탈주민들은 한국 교회의 북한이탈주민 사역을 "교회는 탈북자를 돕는다는 성취감을 위해, 탈북자는 지원금이라는 목적을 위해"라는 서로의 필요에 의한 결과물로 인식하기까지 한다(크리스천투데이, 2008. 6. 9. 보도). 또한 일부 선교사들은 적극적으로 탈북자를 모집하며 선교활동을 하기도 한다. 중국에 머무는 탈북자에게 성경암송을 대가로 자금을 지원하거나, 1년 뒤 한국에 보내 준다는 약속을 하며 탈북자들을 끌어들인다는 것이다(김경진, 2015: 65). 물론 이러한 경향은 북한이탈주민의 상황이 예전과 달라지면서 변화하기는 했지만, 물량 공세 자체는 북한이탈주민 관련 지원 사업에서 여전히 주의해야 할 부분이라고 할 수 있다.

물량 공세와 맞물린 또 하나의 문제는 통합적・장기적인 지원이 아닌, 개별적・경쟁적 지원에 치중하는 경향이다. 각 단체가 자체 프로그램에 따른 지원활동에만 치중하는 경우, 단체 자체의 목적이 일반 이익에 우선하여 부정적인 결과를 야기하는 경우가 많으며(윤여상, 2005: 84), 비용적 측면에서도 비효율적일 뿐 아니라, 지속적인 지원보다 일회성 지원 위주로 운영된다는 문제를 지닌다. 이러한 개별적・경쟁적 지원은 사업의 효과를 드러내야 단체가 존속하고, 지원 자금을 끌어들이는 데 유리한 현실과도 연결된다. 해외 체류 북한이탈주민의 국내 입국에 있어서 선교사들의 역할이 축소된 것도 이러한 현상과 연결된다. 즉, 북한이탈주민 국내 입국 작업은 은밀하게 이루어져야 하는데, 선교사들은 자신들이 몇 명을 탈북시켰고, 또한 어떤 루트를 통해 탈북시켰는지 알리는 것을 포기하지 못하며, 이러한 상황은 활동을 알려야만 후원을 받을 수 있고, 향후 선교의 활동반경도 넓힐 수 있는 환경과 연관된다는 것이다(김경진, 2015: 74). 이러한 상황은 결국 국내 입국 작업이 선교사들로부터 전문 브로커들에게 넘어가는 중요한 이유가 되기도 하였다.

이러한 개별적・경쟁적 지원 문제를 해결하기 위해서는 전체적인 자원을 공유하고 역할을 조정하는 작업이 필요하며, 나아가 기존 사회복지 체계와 연계하는 방안도 생각해 보아야 한다. 또한 필요한 경우 국제적 NGO와의 적극적인 협조도 필요하다. 그리고 북한이탈주민이 지원만 바라보는 의존적 존재에서 탈피할 수 있도록, 자활공동체의 모델을 개발하고, 육성하는 것도 필요하다(김성민, 2005: 97). 이를 위해서는 북한이탈주민의 과거 전공, 직업 또는 관심 분야, 그들이 갖고 있는 기술 등에 맞는 현실적인 직업을 선택할 수 있도록 지속적인 정보 제공이 먼저 요청된다(안효덕, 2005: 101). 아울러, 북한이탈주민 지원에 대한 인도적 정신을 넘어선 보다 전문화된 사역의 필요성도 제기되고 있다(유호열, 2005: 456).

이제는 조금 주춤해졌지만, 위와 같은 물량주의, 경쟁적 지원과도 연결된, 경계해야 할 사항 중의 하나는 소위 '기획망명'의 문제이다. 근래에 일어난 기획입국은 민간단체가 아닌 주로 브로커들의 작품이긴 하지만, 기획망명은 해외에 체류하는 북한이탈주민의 신변이 노출되고, 오히려 수많은 북한이탈주민들의 인권상황이 더욱 악화되는 결과를 낳는 원인이 되었다. 인권을 개선하기 위한 것이라고 말하지만, 이는 북한이탈주민들의 생명을 담보로 하는 것이며, "인권이란 이름의 정치적 대상화 및 목적화"는 경계할 필요가 있다(노욱재, 2005: 50).

V. 주체사상과 기독교

그렇다면, 북한이탈주민은 개별적으로 기독교를 어떻게 생각하고 있을까? 이들의 기독교 수용문제는 북한 사회에서 사실상 종교의 역할을 하고 있는 주체사상에 대한 태도와 무관하지 않다. 본 연구자가 실시한 인터뷰 결과에 따르면,[10] 북한주민들의 주체사상에 대한 내면화·개인화 정도는 결정적인 2개의 계기, 즉 김일성 사망(1994년 7월)과 화폐개혁(2009년 12월)을 기점으로 엄청난 변화를 겪은 것으로 나타난다. 인터뷰 대상자 C에 의하면,[11] 김일성 생존 시에는 체제에 대한 불평이 별로 없었다고 한다. 그녀는 김일성 사망 시의 상황을 '분위기가 왠지 으스스하고', 마치 '지구가 멈추는 듯한 느낌'이었다고 전한다. 그때, 사람들이 너무나 많이 울었고, 사회 전체가 뒤죽박죽이었다고 전하며, 그동안의 '시스템'이 완전히 무력화되었다고 표현했다.

인터뷰 대상자 D는 김일성 생존 시 주체사상은 '바람벽'과 같은 역할을 해 주었다고 평가했다. 주체사상은 '의지하는 대상'이 되었

10) 인터뷰는 2016년 2월 25일 서울의료원 내 북한이탈주민 상담실에서 남자 1명, 여자 7명 등 총 8명을 대상으로 초점 집단(focus group) 인터뷰 방식으로 행해졌다. 인터뷰 대상자의 인적 사항은 아래의 표와 같다. 상대적으로 여성의 비율이 높은 것은 북한이탈주민 전체에서 여성 비율이 높은 것과 관련된다. 인터뷰 대상자 H에 의하면 전체 이탈주민 중 여성이 차지하는 비율은 약 70-80% 정도에 달한다고 한다.

구분	성별	연령	출신지역	북한이탈시기
A	여	69	함경남도	2004
B	여	50	함경북도	2014
C	여	50	함경북도	2010
D	여	58	평안북도	2003
E	여	39	함경북도	1997
F	여	58	밝히지 않음	2005
G	여	44	함경북도	1998
H	남	43	평안남도	2011

11) C는 보위국 안전부 예술선전대 출신으로 딸과 함께 북한을 탈출하였다.

고, "잡신경을 안 써도 살아갈 수 있게 해 주었다." "전반적으로 '사는 데 불평/불만이 없었고", "초등학교 아이들에게 국가에서 선물도 주었다." 하지만, 김정일 등장 이후 자기 힘으로 살 수밖에 없게 되었고, 이러한 상황을 그녀는 "'아버지'가 바뀌니. 원래 '아버지' 생각이 난다"고 표현하였다. "김일성 때까지는 괜찮았지만(C의 진술)", 김일성 사망 이후 "먹고사는 문제"가 제기되었고, 결정적으로 2009년의 화폐개혁을 통해 주체사상의 영향력은 결정적으로 감소한 것으로 평가하였다(A를 비롯한 대부분의 진술). 결국 "'사상'은 변하지 않았지만, '환경'이 변했고", 주체사상의 영향은 아직도 남아 있지만, 아직도 주체사상이 '맞긴 맞지만(A의 진술)', 그 영향력은 감소할 수밖에 없었다. 하지만, 공개적으로 이에 대한 '불평'은 할 수 없고, 대신 '대충 하자'는 의식, '형식적'인 참여가 일반화되어 있다고 전했다. 국가에서 '이렇게 이렇게 하라'고 지시하지만, 그리고 이에 대한 '말반동'들은 지금도 역시 다 잡혀가지만, 비공식적인 자리에서의 불평은 늘어날 수밖에 없었다.[12)]

이러한 상황에 대해 H는 "(김일성이) 죽고 나니, 결국 의지할 것은 '인간'이 아니구나"라는 생각이 들었고, '인간'은 영원한 믿을 대상이 될 수 없다는 생각이 전반적으로 퍼지게 되었다고 증언했다. 이러한 맥락에서 예전에는 2월 15일(김일성 탄생일), 4월 15일(김정일 탄생일) 등을 중요한 날로 지켰지만, 지금은 그보다 음력 설, 대보름 등을 더 중요하게 지키게 되었다고 한다. 결국, 이러한 주체사상의 공백을 메운 것은 다른 종교적 심성이었다. '사라졌던 무당들'

---

12) C는 이와 관련된 북한에서 유행하는 한 농담을 소개해 주었는데, 북한체제에서 강조하는 '강성대국'과 관련된 것이었다. 그 내용은 "강성대국의 문이 조금 열렸단다. 그런데 거기 간부들이 다 앉아 있더란다"라는 체제불만적인 것이었다.

이 다시 살아났고, 이는 간부들이 먼저 시작했다고 한다. 또한 중국에서 '불교 책'도 들어오게 되었다고 말하였다.

현재 북한에서의 주체사상의 영향도와 관련해서는, 그대로 믿는 사람의 비율에 대한 평가가 10-30% 사이로 엇갈렸지만, 예전 같지 않다는 것은 공통적이었다. 정부의 혜택을 받는 사람들이 상대적으로 주체사상을 더 신봉하기는 하지만, 당 간부라고 해서 모두 이에 긍정적인 것은 아니었다. 오히려 당 간부들이 더 부정적이라는 말도 나왔고(A, C의 진술), 안 믿으니까 오히려 더 통제를 강력하게 하고, 교육 자체도 더 강화되었다고 증언했다. '10대 원칙' 같은 경우도 암송은 하지만 대부분 믿지는 않으며, "주체사상대로 살려면 뼈가 다 빠진다"는 표현도 하였다. 지역 내에서도 '주체사상 연구실'의 건설이 지체되는 등 실제적 우선순위에서 밀리는 상황도 얘기했다. 이러한 상황은 북쪽지역과 남쪽지역이 약간 다른데, 북쪽지역이 국경을 통한 중국의 영향으로 더 개방되었고, 이에 따라 불만이 더 많은 것으로 얘기되었다.

주체사상에 대한 태도는 기독교의 이해 및 수용에 대해 중요한 영향을 미치고 있다. F에 의하면, "'교회 책'이 김일성-하나님 이름만 바꾸면 저작선집과 똑같다"고 말했고, 다른 인터뷰 대상자들도 "주체사상과 기독교가 행사 및 절차는 똑같다"고 표현했다. A의 경우는 아는 분이 장로님이라, 교회에 출석한 경험이 있는데, 헌금 강조가 부담이 되었고, 주체사상과 똑같아서 오히려 교회 가기가 싫다고 증언했다. 몇몇은 교회가 "김일성보다 더 하면 더 했지"라고 말하기도 했다.[13] E는 교회에 출석한 경험에 대하여, '김정일/김일성 세뇌'하

13) 이렇게 말한 이들은 이단에 속하는 M교회를 방문한 경험이 있었고, 그 교회에서 담임

는 것과 유사했고, 주체사상이 "아무리 미쳤다고 해도 그 정도는 아니었다(교회가 더 심하다)"고 말하기도 하였다. 또한, 종교를 통해 "지배받는 느낌이 싫다. (기도가) 시끄럽다"고 얘기했다. 주체사상에 대해 "하나님을 믿는 거나 그게 그거 아니냐"라는 표현도 있었다. 반면, B의 경우는 북한이탈 과정에서 많은 어려움을 겪었고, 그 가운데 체험한 것들로 인해 기독교 신앙을 갖게 되었다고 고백했다.

현재에 있어서 얼마나 주체사상이 영향을 미치고 있는가라는 질문에 대하여는, 대부분이 큰 영향은 없지만, '주체적 인간관'만은 긍정적으로 평가하고, 아직도 어느 정도 영향이 있음을 얘기했다. 주체사상이 붕괴하기 이전, 즉 그러한 사상이 가능했던 김일성 생존시의 북한과 현재의 남한 중에서 선택할 수 있다면 어떤 체제를 선택하겠는가 하는 질문에 대하여, 응답한 이들은 오히려 김일성 생존시의 북한을 택하겠다는 의견이 많았다. C의 경우, 그 이유로 "그래도 정돈되게 살 수 있었고, 스트레스 받을 일이 없었다"고 하면서, 그 당시 북한 주민들은 "충족하지는 못했지만, 남들보다 잘 먹고 잘 입으려는 생각도 없었다"고 전했다.

마지막으로, 북한의 현재 변화에 대하여 얘기하면서, 많은 이들은 "한국의 절반은 조선이다. 북한도 이제 잘 산다(D의 언급)"고 결론지었다. 실제로 '공산주의'란 말도 이제는 거의 사용되지 않으며, "젊은 세대의 경우는 머리카락을 염색하고, 남한 드라마의 영향으로[14] 서울말도 사용하는 등 큰 차이가 없다"고 증언했다. 실제로, C의 경

목사를 대하는 태도를 보고 위와 같이 표현하였다.

14) 남한 드라마는 과거에는 주로 CD를 통해 유통되었고, 현재는 USB를 많이 이용한다고 했다. 가격은 지역에 따라 다른데, 오히려 (감시로 인해) 평양이 제일 비싸고, 청진 같은 대도시가 중간, 무산 같은 국경 지역이 가장 싸다고 했다. 유통되는 영상 중에는 소위 '야동'이라고 하는 내용도 꽤 있다고 전했다.

우 20세 된 딸과 함께 이탈했는데, 딸은 김일성이 누군지도 잘 모르며, 자신에 비해 (상대적으로) 적응도 더 잘 했다고 했다. 북한에 있을 때에 '서울에서 전화 왔다'는 농담을 할 정도로, 남한에 친숙했음도 전했다. "남한이랑 차이가 별로 없다", "이제 북한 정신도 남한과 다를 바 없다"는 것이 이들의 공통적인 의견이었다.

Ⅵ. 나가는 말

북한이탈주민이 3만 명을 넘어서기 시작한 현재의 시점에서 북한이탈주민의 현황과 그동안의 기독교의 기여 상황을 살펴보고, 앞으로의 방향을 모색하는 것이 본 논문의 주요한 목적이었다. 공개적인 민간단체 활동이나, 정부 차원의 지원활동이 어려운 해외 거주 북한이탈주민의 지원을 거의 전담하다시피 한 것이 기독교 단체들이었고, 최근 전문 브로커들에게 주도권이 넘어가지 전까지 이들의 국내 입국을 전담한 것도 기독교 단체들이었다. 또한 현재 증가하고 있는 북한이탈주민 정착 지원 단체들 중에서도 기독교는 일정 부분 중요한 역할을 담당하고 있다. 이러한 기독교의 기여를 통하여 북한이탈주민의 많은 수가 교회에 다니고, 기독교 신앙을 유지해 왔다. 하지만, 물량 공세의 문제나, 개별적 · 경쟁적 지원 문제, 일회성 이벤트적 지원의 문제는 북한이탈주민 관련 기독교의 역할에서 문제로 지적되어 왔고, 이 때문에 많은 북한이탈주민들이 시간이 지남에 따라 교회에서 멀어져 가는 것도 사실이다. 본 연구는 이러한 문제들의 해결을 위하여 1) 기독교 전체의 자원을 공유하고 역할을 조정하는 작업이 필요하며, 2) 나아가 기존 사회복지 체계 및 국제적 NGO와 연계, 협조하고, 3) 북한이탈주민 자활공동체 모델을 개발하고, 4) 북한이탈주민 지원 사역을 보다 전문화할 것을 제시하였다.

김성민 자유북한방송 대표는 "탈북자가 우리 사회에서 정착하지 못한다면 통일 후 사회문화적 통합은 참으로 어려운 일일 것이다"라고 지적한 바 있다(김성민, 2005: 97). 현재 3만 명을 겨우 넘어선 북한이탈주민을 수용하는 문제도 해결하지 못한다면, 통일 이후 2,500만 명에 달하는 북한 주민들의 문제를 해결하는 것은 요원하다 할 것이다. 북한이탈주민 문제를 해결하는 것은 우리 사회의 수용 및 통합 능력을 확인할 수 있는 지표임과 동시에, 통일에 대비하는 역량을 키워 갈 수 있는 준비 과정임을 명심해야 할 것이다.

참고문헌

곽대중. 2005. 「국외 탈북자 지원의 현황과 쟁점, 그리고 과제」. 이영석/정유경 엮음. 『어디까지 왔나 무엇이 쟁점인가?: 국내외 탈북자를 위한 민간 지원』. 서울: 도서출판 우양.

김경진. 2015. 「동북아시아 난민 네트워크와 비국가 행위자의 역할: 선교사와 탈북 브로커를 중심으로」. 서울대학교 석사학위논문.

김성민. 2005. 「국내 탈북민의 정착과 경제적 독립에 관한 제언: 탈북자의 입장에서」. 이영석/정유경 엮음. 『어디까지 왔나 무엇이 쟁점인가?: 국내외 탈북자를 위한 민간 지원』. 서울: 도서출판 우양.

노욱재. 2005. 「국외 탈북자에 관한 민간의 지원: 쟁점과 요구」. 이영석/정유경 엮음. 『어디까지 왔나 무엇이 쟁점인가?: 국내외 탈북자를 위한 민간 지원』. 서울: 도서출판 우양.

박정란. 2009. 「민간단체의 탈북자 정착지원 현황과 과제」. Marc Ziemek 편. 『북한이탈주민 리포트: 먼저 온 미래』. 서울: ㈜늘품플러스.

안효덕. 2005. 「민간단체의 북한이탈주민 초기정착지원 프로그램에서 얻은 경험들」. 이영석/정유경 엮음. 『어디까지 왔나 무엇이 쟁점인가?: 국내외 탈북자를 위한 민간 지원』. 서울: 도서출판 우양.

유호열. 2005. 「동북아 탈북자지원 NGO의 현황과 전망」. 조한범 외 공저. 『동북아 NGO 연구총서』. 서울: 통일연구원.

윤여상. 2005. 「재외 탈북자에 대한 지원체계의 문제점과 지원에 관한 제언」. 이영석/정유경 엮음. 『어디까지 왔나 무엇이 쟁점인가?: 국내외 탈북자를 위한 민간 지원』. 서울: 도서출판 우양.

윤인진. 2009. 『북한 이주민: 생활과 의식, 그리고 정착지원 정책』. 파주: 집문당.

이순형/최연실/진미정. 2015. 『북한이탈주민의 종교경험』(서울대학교통일학연구총서 24). 서울: 서울대학교출판문화원.

정재영. 2012. 「통일과 교회의 역할을 중심으로 본 새터민의 사회의식」. 『한국 교회의 종교사회학적 이해』. 서울: 열린출판사.
최현종. 『오늘의 사회 오늘의 종교』. 서울: 다산출판사, 2017.

남북하나재단(https://www.koreahana.or.kr/).
크리스천투데이. "교회 떠나는 탈북자들, 그 이유와 대책은"(2008.6.9.) (http://www.christiantoday.co.kr/news/192783).
통일부(http://www.unikorea.go.kr/unikorea/).
e-나라지표(http://www.index.go.kr)>영역별지표>사회>사회통합>기타>북한이탈주민입국현황 자료.
북한이탈주민 지원단체 관련 인터넷 사이트는 <표 4> 참조.

07

사회자본으로서의 종교:
미군정기 관료 채용을 중심으로*

Ⅰ. 들어가는 말

미군정기 3년은 짧은 기간이지만, 이후 대한민국의 역사의 많은 부분을 결정한 매우 중요한 시기라고 할 수 있다. 그럼에도 불구하고, 이 시기에 대한 사회학적 연구는 강인철(1996)을 제외하고는 그리 많지 않은 실정이다. 물론 역사학 쪽에서도 사회학적 방법론을 차용한 연구들이 나타나기도 하는데, 예를 들어 커밍스(1986)의 연구는 이 시기 각 지역의 보수/진보 정치 성향을 분석하면서, 인구변화, 교통 및 통신, 토지 관계, 지리적 위치 등을 고려하여 사회학적으로 분석을 시도하고 있다.

본 연구는 위에 언급한 강인철이나 커밍스의 접근과는 조금 다른 사회학적 시각을 가지고 이 시기에 접근하고자 한다. 즉, 기존의 연구들이 주로 거시적 시각에서의 접근이라면, 본 연구는 부르디외의 사회자본 이론과 그라노베터의 연결망 이론을 통해 종교가 어떻게 이 시기의 행정 관료 채용에 영향을 미쳤는가를 미시적으로 살펴보고, 이것이 또한 이후의 한국 사회의 방향에 끼친 영향에 대해 살펴

---

* 본 장은 『한국교회사학회지』 47(2017)에 게재된 바 있다.

보고자 한다.

Ⅱ. 이론적 배경: 부르디외와 그라노베터

부르디외(Pierre Bourdieu)는 기존에 경제적인 요소에 한정되던 자본의 개념을 경제, 문화, 사회, 상징의 4가지 형태로 확대하여 설명하였다. 그는 자본을 "축적과 그에 따른 효과"를 의미하는 것으로 정의하는데(Bourdieu, 1983: 183), 자본은 축적에 시간이 걸리지만, 일단 축적된 후에는 지속의 경향성을 지니며, 그 결과 기회의 불균등을 야기한다. 그의 설명에 의하면, 경제자본이 다른 자본 형태의 기반이 되며 그 작용 방식을 궁극적으로 결정하기는 하지만, 일단 각각의 자본이 형성되고 나면 경제자본으로 환원될 수 없는 어느 정도 고유한 작용 방식을 갖게 된다.[1] 다양한 형태의 자본은 서로 다른 자본의 형태로 변환도 가능한데, 예를 들어 교육에 따른 학업 성과는 이전에 가족에 의해 투자된 문화 자본에 의존하고, 교육적 자격을 갖춘 이의 경제적 성취는 그것을 뒷받침하는 사회자본에 어느 정도 의존한다(Bourdieu, 1983: 186).

부르디외가 말하는 '사회자본(social capital)' 혹은 '사회관계자본(capital de relation social)'은 "어느 정도 제도화된 지속적 상호 인식 관계망의 소유와 결합된 실제적 · 잠재적 자원의 총합"을 의미한다(Bourdieu, 1983: 190). 이는 이러한 형태의 자본을 소유한 개인에게 '확실성 · 안전성(Sicherheit)'과 '신뢰할 만함(Kreditwürdigkeit)'이라

1) 부르디외는 경제자본에 의한 여타 자본의 궁극적 결정을 경제주의(economism), 각각의 자본의 고유한 작용방식을 기호주의(semiologism)로 명명한다(Bourdieu, 1983: 196).

는 성격을 제공해 준다. 사회자본은 가족, 계급, 학파 등 특정 집단에의 소속에 의해, 혹은 사회자본 관계를 알리는 여러 장치들을 통해 사회적으로 제도화되고, 보장된다(Bourdieu, 1983: 191). 사회자본이 근거한 교환관계는 그 물질적 측면과 상징적 측면이 불가분적으로 결합되어 있고, 이 결합관계가 인식될 수 있을 때에 유효하며, 한 사람이 소유한 사회자본의 총량은 그가 동원할 수 있는 연결망의 범위와 그 연결망에 연결된 각 사람의 경제, 문화, 상징자본의 총량이 된다(Bourdieu, 1983: 191).

부르디외와 조금은 다른 각도에서, '사회자본'이 구체적으로 현대의 노동시장에서 어떻게 작용하는지를 연구한 것이 그라노베터(Mark Granovetter)의 『일자리 구하기(Getting A Job)』이다. 그는 이 연구를 통하여 노동시장에서의 접촉연결망(contact networks)의 문제를 다루는데, 그에 따르면, 일자리를 구할 때 보통 '행운'으로 고려되어 온 많은 요소들이 사실은 '적기에 적절한 장소에서 적절한 접촉을 하는 것(having the right contact in the right place at the right time)'으로서 설명될 수 있다(그라노베터, 2012: 16). 결국, 비공식적인 상호작용이 일자리를 구하는 데 있어 매우 중요하게 작용하며, 이는 개인들이 속한 사회연결망(social network)이 개인들에게 가하는, 종종 드러나지 않는 커다란 제약의 한 예라고 그라노베터는 주장한다(그라노베터, 2012: 22).

그라노베터가 연구한 사례 중 공식적 메커니즘에 의해 일자리가 얻어진 경우는 20%가 넘지 않으며, 나머지는 친구나 친척의 도움 등 비공식적인 방법에 의한 것이었다(그라노베터, 2012: 23). 이러한 연결망을 통한 비공식적 방법은 일자리를 얻는 것 자체뿐 아니라,

일자리의 성격 혹은 질에도 영향을 미치는데, 그라노베터의 연구에 의하면 직업관련 정보를 얻는 데 있어서 개인적 접촉(personal contacts)이 사용되었는지의 여부가 일자리의 소득수준에 중요한 영향을 미쳤다(그라노베터, 2012: 17). 그라노베터는 개인의 접촉연결망을 구성하는 사회적 상황의 특성을 '구조적 요인'이라고 규정하는데, 노동시장에서 개인은 단순한 개인이 아니라, 제도적으로, 집합적으로 배태된(embedded) 연결망 안에서 (잘 정의된) 집단의 일원으로 노동시장에 나오는 것이라고 설명한다(그라노베터, 2012: 222).

그라노베터가 연구한 직종 중 일자리 찾기에서 인적 접촉을 이용한 비율은 관리직이 65.4%로 기술직(43.5%)이나 전문직(56.1%)에 비해 높았다(그라노베터, 2012: 43).[2] 하지만, 이들의 종교적 배경이 일자리 찾기에 특별한 영향을 미치지는 않았다(그라노베터, 2012: 40). "현재 일하고 있는 근로자들과 연계된 외부인들에게만 채용을 제한"하는 '확장된 내부노동시장(extended internal labor market)'의 개념도 본 연구와 관련해서 중요한 의미를 갖는데, 그라노베터가 인용한 월딩어(Roger Waldinger)의 연구에 따르면, 뉴욕 시의 경우 1970년대 이전까지의 상황은 공무원들과의 연계를 가진 사람들이 사실상 지원자 집단을 형성한 전형적인 '확장된 내부노동시장'이었다(그라노베터, 2012: 266).

본 연구는 이러한 사회자본, 접촉 연결망, 확장된 내부 노동시장 등의 개념을 통해 미군정의 관료 채용 상황을 살펴보고, 그것이 지닌 의미를 확인하는 것을 목적으로 한다. 즉, 종교가 하나의 사회자본으로 기능할 수 있으며, 특히, 노동시장에서 중요한 연결망으로서

2) 종교적 배경과 관리직, 특히 행정관리직이 본 연구의 중요한 대상이다.

작용할 수 있음을 미군정기의 행정 관료 채용을 통해서 살펴보는 것이다. 부르디외에게 종교는 사회자본이라기보다는 상징자본으로서 중요한 의미를 갖지만, 현실 상황에서, 특히 노동시장에서 이와 다른 기능을 감당할 수 있음을 본 연구를 통해 확인할 수 있을 것이다. 또한 종교적 배경이 중요한 요인으로 작용할 수 없었던 그라노베터의 연구와는 달리, 미군정기에는 종교가 고용주(미군정 담당관)들과 고용 희망자들을 연결해 주는 (영어, 학연이라는 요인들과 함께) 중요한 접촉 연결망으로 작용하고, 나아가 '확장된 내부노동시장'의 장치를 통해 지속적인 영향을 미친 사실도 확인할 수 있을 것이다. 본 연구는 특히, 이러한 과정을 1) 고용주-고용 희망자의 연결망에서 1차 결절점(node)으로서 핵심적인 역할을 한 3명의 선교사 2세(윌리엄스, 언더우드, 윔스)와, 2) 확장된 내부 노동시장에서 2차 결절점(node)으로서 핵심적인 역할을 한 1차 등용 관료(조병옥, 정일형, 이묘묵)들을 중심으로 살펴볼 것이다.

Ⅲ. 미군정의 전반적 상황과 행정 관료 등용

미군정은 1945년 9월 8일 하지(John R. Hodge) 중장 휘하 미 24군단이 인천에 상륙함을 시작으로 1948년 8월 15일 대한민국 정부가 수립하기까지 약 3년간 지속되었다.[3] 1945년 9월 12일에는 7사단장이었던 아놀드(Archibald Ⅴ. Arnold) 소장이 제1대 군정장관으로 임명되었고, 9월 18일에는 일본인 국장들을 대신하여 미군 장교

3) 하지만 본대가 들어오기 전인 9월 4일에 이미 군정차관에 내정된 해리스(Charles S. Harris) 준장 휘하의 선발대 37명이 항공기를 통해 김포로 들어왔다.

들이 각 국장으로 임명되고, 그다음 날인 9월 19일 서울에 미군정청 이 설치됨으로써 미군정은 본격적인 체제를 갖추게 된다.[4)]

한국인의 군정 참여의 시발점은 10월 5일의 한국인 고문 임명인데, 임명된 11명 중에서 조만식은 북한에 있어서 참석할 수 없었고, 여운형은 우익편중 인사에 반발하여 거부함으로써 9명만이 정식으로 취임하게 된다. 고문회의는 이후 군정청 기구가 정비됨에 따라, 특히 12월 이후 미/한국인 양국장제가 실시됨에 따라 유명무실해지긴 했으나, 이후 한인 군정청관리의 진출에 중요한 교량역할을 하게 된다. 이에 대하여는 이후 좀 더 상세하게 서술할 예정이다.

12월 9일에는 러취 소장이 제2대 군정장관으로 취임하고,[5)] 1946년 2월 14일에는 군정청 자문기구로 남조선국민대표민주의원(의장: 이승만, 부의장: 김구, 김규식)을 설립한다. 하지만, 이승만은 남한만의 단독정부 수립을 주장하고, 김규식 등은 좌・우 합작운동을 추진함으로써 민주의원은 입법기구로서의 기능을 상실한다. 이어 3월 29일에는 군정법령 64호에 의해 미군정 행정기구 직제 개혁 및 충원 확정을 통한 한국인의 군정 참여를 확대하고, 9월 12일에는 군정청이 조선인 부처장에 행정권을 이양한다는 성명을 발표함으로써 군정의 행정 분야에 있어서 한국인 주도 체제로 전환한다. 또한 10월 12일에는 남한 입법기관설치에 관한 법령 118호를 공포하고, 이어 11월 15일 지방의 각급 행정수장과 지방의회 의원의 선거절차에 대한 법령 126호를 공포함으로써 행정부에 이어 입법부도 이양할 준

---

4) 지방의 미군정 진주는 시기적으로 차이가 나지만, 최종적으로 제주도까지 배치가 완료된 것은 10월 24일이었다.

5) 이후 헬믹(Charles G. Helmick) 군정장관 직무대리(1946. 9. 12. 임명)를 거쳐, 딘(William F. Dean) 소장이 3대 군정장관으로 취임하지만(1946. 10. 30.), 군정장관의 상급자라고 할 수 있는 점령군 사령관은 군정기 3년 동안 하지 중장이 계속 수행한다.

비를 마치게 된다. 그 결과 실시된 선거로 12월 20일 남조선과도입법의원이 개원함으로써 과도정부의 외형은 모두 갖추게 된다. 이어 1947년 2월 5일 안재홍이 민정장관으로 취임하고, 6월 3일에는 정식으로 남조선과도정부가 출범한 가운데, 1948년 8월 15일 대한민국 정부가 수립될 때까지 지속된다.

이와 같이 진행된 미군정 3년 동안, 어떤 한국인들이 군정에 참여하고, 중요한 역할을 하였는가는 군정 3년뿐 아니라, 이후의 대한민국 역사에 끼친 영향이 매우 크다 할 수 있다. 그렇다면 과연, 어떤 인물들이 어떤 경로들을 통해 미군정에 들어가게 되었을까? 안진에 의하면, 먼저 영어구사력과 교육수준이 고려되었고, 나아가 공산주의 관계 인물은 배제한 채 친미적 성향의 인물이 주로 등용되었다(안진, 2005: 166f). 군정의 정치고문이었던 랭던(W. R. Langdon)이 국무장관에게 보낸 1945년 11월 26일 자 편지에서도 "현실적인 목적 때문에 우리는 영어를 할 줄 아는 사람들을 임용할 수밖에 없었고, 그러다 보니 [···] 이들 인사와 그 동료들은 자연히 돈 많은 사람들 중에서 대부분 차지했던 사태가 발생"했다고 기록하고 있다(김국태 역, 1984: 157). 여기에 한준상은 군정청 산하 각 부처에 근무할 수 있었던 한인들의 조건으로서 개신교 계통의 종교적 배경을 덧붙이고 있다(한준상, 1983: 278). 실제로, 개신교와 미국은 상당한 친화성을 지니고 있었고, 개신교인들 중에는 많은 미국 유학파가 존재하여서 통역정치에 유리한 조건을 지니고 있었다. 더군다나, 군정의 관료 채용은 공개채용이 아닌 추천에 의한 임명이었기 때문에 개신교인의 유리한 조건은 더욱 두드러졌다. 강인철에 의하면, 한국의 개신교 교회는 한국민과 미국을 연결 짓는 가장 중요한 통로 가운데 하나였다(강인철, 1995: 163). 앞서 언급한 고문회의 구성원 11명(실제 활동은 9명) 중 6명이 개신교 신자였고, 그중 3명은 목사였다(라우터백, 1983: 43-45).[6] 1946년 당시 미군정 내 한국인 고위관료 50명 가운데 35명 정도가 기독교인으로 추정되며(Rhodes and Campbell, 1984: 381), 진덕규에 의하면, 미군정 중앙행정기구에 참여한 한국인은 국장과 부장이 20명, 처장이 11명 등 총 31명인데, 이들 중 15명(47.4%)이 개신교인이었다(진덕규, 1977: 96). 강인철도 1946년 12월부터 다음 해 8월까지 임명된 군정청의 각 부처 국장 13명 가운데 7명(54%), 초대 차장 가운데는 4명(44%), 민주의원 28명 중에는 9명(32%), 입법의원 90명 중에는 21명(23%)이 개신교인이었다고 계산하고 있다(강인철, 1995: 225).

사실 미군정에는 한국인 관료뿐 아니라, 많은 선교사 혹은 선교사 자녀들이 다양한 자격을 가지고 참여하였다. 많은 선교사들이 비공식적으로 군 인사들을 위한 통역 활동에 소환되었고, 특히 한국에서 태어난 젊은 선교사들이 중요한 활동을 하였다(Rhodes and Campbell, 1984: 199f.). 로즈(H. A. Rhodes)와 캠벨(A. Campbell)의 기록에 의하면, 1945년 9월 기준으로 루츠(D. N. Lutz)가 농업, 비거(J. D. Bigger)와 스미스(R. K. Smith)가 의료, 언더우드(H. H. Underwood)와 그 아들(H. G. Underwood)이 교육 등 수많은 선교사들이 미군정 고문으로 활동하고 있었다(Rhodes and Campbell, 1984: 379). 1945년 11월에는 미국무성에 정식으로 10명의 선교사 파송을 요청하기도 하는데, 그중 대표적 인물은 1946년 1월 돌아온 피셔(J. E. Fischer)로서, 그는 정치 및 교육담당 고문 자격으로 활동하였다. 그

6) 3명의 목사는 김동원, 김용순, 윤기익이다.

외 복귀 선교사들도 대부분 미군 영내에서 생활하였고, 이들의 한국어 능력과 한국에 관한 지식은 미군정에는 매우 요긴한 자원이었다. 특히 1946년 12월과 1947년 3월, 미군정 측은 개신교와 가톨릭의 모든 선교사들과 협의회를 가졌고, 두 번째 회합 이후부터 6개월 동안은 매주 금요일 오전 10시에 당시 군정장관인 러취와 간담회를 가졌는데, 이를 통해 그들의 한국에 대한 의견을 청취하기도 했다(Rhodes and Campbell, 1984: 300). 미국인 선교사뿐 아니라, 재미한국 개신교인들도 통역 요원으로 선발되어 한국으로 배치되었는데, 이와 같은 목적으로 1945년 11월 13일 입국한 7명 중 배민수와 임창영은 목사였고, 황성수, 임병직, 이순용, 유일한, 한영교 등 다수의 개신교 신자들도 군정에서 활동했다(강인철, 1995: 220). 배민수의 회고록에 의하면, 처음 입국한 7명의 통역 요원은 민간인이면서도 미군 대위의 복장 및 처우를 받았고(배민수, 1999: 294), 지방으로 보내져서 주로 재판을 통역하거나 공산당원들을 색출하는 업무를 맡게 되었다(배민수, 1999: 303-305).

미군정기 개신교인의 등용은 영어 구사 능력, 교육 수준, 친미적 성향 등의 요인도 작용하였지만, 이러한 선교사 혹은 선교사 2세들의 영향 또한 중요했다. 한국 상황을 잘 아는 선교사들은 군정의 요청에 의해 정치에 깊이 관여했고, 그들의 영향력은 막강했다. 더욱이 일제강점기 이래로 한국의 기독교계 학교들은 거의 대부분 미국인 선교사들에 의해 설립되었고, 미국에 대해 우호적인 교육을 시행하였기 때문에, 이들 학교 출신들로서 선교사들이 추천한 인사들을 군정 당국은 *안심*하고 등용할 수 있었다(박태균, 1994: 62). 실제로 미군정 직후 부장 재직자들은 대개 숭실전문(오정수, 조병옥, 이훈구

등), 연희전문(유억겸, 조병옥, 정일형 등), 세브란스 의학전문(이용설) 등 기독교 계통 학교를 나왔거나, 거기서 교수 또는 강사로 재직했던 독실한 개신교 신자였으며, 이는 미군정 관리 충원 과정에서 깊숙이 개입한 선교사(2세)들의 역할과 연결된다(박태균, 1994: 61). 그중 특별히 중요한 역할을 담당했던 인물이 바로 윌리엄스(George Z. Williams), 언더우드(Horace H. Underwood), 윔스(Clarence N. Weems Jr.) 등 3명의 선교사 2세들이었다. 이들은 미군정기 한인관료 등용이라는 노동시장에서 중요한 고용접촉망, 그 네트워크의 핵심적인 결절점으로서 작용함으로써, 미군정기 개신교가 중요한 사회자본으로서 기능하도록 만들었다. 이들의 역할에 대해서는 다음 장에서 자세히 살펴볼 것이다.

Ⅳ. 개신교 인사 등용의 결절점(node)으로서의 선교사 2세들의 역할

군정 초기 미군정 당국에는 한국어를 할 줄 알거나, 한국 사정에 밝은 전문가가 거의 없었다. 이에 태평양 사령부는 관할구역 내에서 한국 문제 전문가들을 수배하여 응급조치로 미군정에 파견하였는데(정용욱, 2003: 143), 그 대표적인 인물이 윌리엄스와 윔스였다. 콜코 부부(Gabriel & Joyce Kolko)에 따르면, 이들은 행정부서에 한국인을 기용함에 있어, 그 선택의 대상을 개신교인에 국한시켰는데 이들 대부분은 우파였고, 부일협력자도 적지 않았다(콜코, 1982: 35). 1945년 10월 말에는 태평양전쟁 당시 OSS요원으로 근무했던 언더우드 역시 군정고문 자격으로 복귀하여, 한국인을 미군정 관리로 채용하는 역할을 담당한 군정청 '인사조정위원회'에 큰 영향력을 행사하게 된다(강인철, 1995: 221). 본 장에서는 이 3명의 선교사 2세들을 중심으로 미군정기에 개신교가 어떻게 사회자본으로서 고용접촉망을 형성하였는지 살펴보고자 한다.

1. 조지 윌리엄스 (George Z. Williams: 1907-1994, 한국명 우광복)

조지 윌리엄스는 감리교 선교사 프랭크 윌리엄스(Frank E. C. Williams: 1883-1962)의 장남으로 인천에서 출생하였다. 아버지 윌리엄스는 1906년 내한하여 충남 공주를 중심으로 천안, 홍성 등 충남 여러 지역에서 선교사로 활동하였으며, 1906년 10월 15일 공주에 영명학교(영원한 광명; eternal light 의미)를 세우고, 오랜 기간 교장을 역임하다가 1940년 총독부에 의해 강제 추방되었다. 아들 윌리엄스의 한국명 우광복은 그가 한국의 광복을 기원하면서 지었다고 한다. 아들 윌리엄스는 영명학교를 나온 후 미국으로 건너가 고등학교와 의과대학을 졸업하였고, 해군 군의관 생활을 하던 중, 미군정 하지 사령관의 보좌관으로 발탁됐다.[7] 이후 그의 아버지 프랭크 윌리엄스도 농업 고문으로 당시 선교사로 활동하던 인도로부터 소환되었다. 조지 윌리엄스는 1988년 6월 20일에 행해진 이정식과의 인터뷰에서 자신의 활동에 대하여, "미군정과 한국인의 가교 역할을

7) 1988년 6월 20일에 행해진 이정식과의 인터뷰에 의하면(중앙일보 2011.8.15. 보도), 하지 장군이 이끈 24군단 1만여 명의 병사 가운데 한국어를 할 줄 아는 미군은 한 명도 없었고, 윌리엄스가 유일하게 한국말을 할 줄 아는 미군이었다. 그는 본래 하지의 병사가 아니라, 하지의 24군단을 호위하던 7함대 소속 해군 군의관이었는데, 하지의 군단이 인천에 상륙하던 1945년 9월 8일 상륙 보고를 하러 갔다가, 우연히 한국어 통역을 하게 되면서, 육군의 보좌관으로 특채되었다고 한다. 이 일화는 Sauer(1973), 161에도 잘 기록되어 있다.

하기 위해 남한 전역을 돌며 여론 조사"를 했고, "당시 한국인들이 이승만을 '우리 대통령'이라 부르며 그의 귀국을 바라고 있다는 내용을 여러 차례 하지 사령관에게 보고했다"고 말했다(중앙일보 2011. 8. 15. 보도). 윌리엄스는 또한 자신의 한국인 인맥에 대하여 언급하면서, 본 연구에서 다루어질 조병옥은 영명학교 2회 졸업생이라는 인연으로, 이묘묵은 영명학교 교사 출신이라는 인연으로 연결되었다고 기술하고 있다.

실제로 윌리엄스는 미군정 초기 한국인 행정관료 등용에 막대한 영향을 끼친 것으로 알려져 있다. 강인철은 윌리엄스가 군정 당국이 최고위층 관료들을 임명하는 데 중요한 역할을 하였다고 기술하고 있으며(강인철, 1995: 221), 오연호 또한 앞서 언급한 11명의 한국인 고문 임명과 행정관서장 임명에 윌리엄스가 관여한 것으로 말하고 있다(오연호, 1994: 55). 특히, 라우터백의 증언은 이후 많은 연구에서도 인용되고 있다.

> 재한국 미인 선교사의 영식이며 해군 소좌인 George Z. Williams 씨가 한국인 관리 선택의 임무를 맡게 되었다. 동 소좌는 이들 관리를 주로 조선 기독교 신자 중에서 뽑았는데, 그 대부분은 한국민주당에 속한 사람이었다. 이 중산지주이며 교육도 있고 친일파로 된 소수당인 완고 보수진영은 또 하지 고문회의에도 중요한 인물을 보내게 되었다(라우터백, 1983: 45).

그는 1945년 11월 구성된 미군정 인사문제조정위원회에도 참여하였는데(자유신문, 1945. 11. 18), 이를 통해 미군정의 인사행정에 깊이 관여하였다.

윌리엄스의 보수적인 성향에 대해서는 장동수 또한 그가 "대단히 보수적인 사람으로서 반공을 제일로 관리를 선택하는 작업에 관여하였다"고 기록하고 있는데(장동수, 1999: 24), 실제로 윌리엄스는 1945년 10월 13일 군사관과의 인터뷰에서 남한의 정치 상황을 급진파(radicals) 대 민주주의자(democrats)의 대립으로 묘사하면서, 한국에서 중립은 불가능하며, 이 둘 가운데 양자택일을 할 수밖에 없다고 말하기도 하였다(정용욱 편, 1994: 138). 조병옥 또한 그의 경무국장 추천과 관련하여 윌리엄스가 송진우의 자택을 방문하였을 때, 이러한 보수적인 입장에서 추천을 의뢰하였음을 증언하고 있다.

> 여러분도 아시다시피 지금 북한에서는 공산군이 점령하고 있습니다. 그러므로 이에 대비하기 위하여 공산주의 이론에 투철하고 반공사상에 철저한 유능하고도 실천력이 강한 한인 중에서 애국적 인사가 아니면 도저히 이 중책을 담당해 나가기가 어려우니 우리 군정을 협력하고 또 한국을 위한다는 의미에서 그러한 인사를 추천해 달라는 하지 중장의 요청이니 심사숙고하여 그와 같은 인사를 추천해 주시기 바랍니다(조병옥, 1959: 149).

윌리엄스의 보수적인 정치성향은 그의 개신교 네트워크를 통해서 실현이 가능하였다. 특히, 그의 개신교 네트워크는 그의 아버지가 세운 영명학교의 연결망을 통해 작용했는데, 앞에 언급한 조병옥과 이묘묵 외에도 충청남도 초대 지사였던 황인식과 2대 지사 박종만 역시 모두 영명학교 교사 출신이었다(김상태, 2002: 108). 조병옥의 경우, 윌리엄스 집안과의 인연은 유학시절로도 이어져서, 와이오밍 대학에 입학하고 장학금을 받은 것도 아버지 윌리엄스의 영향과 격려가 있었다고 전해진다(Fischer, 1977: 75). 또한, 위에서 언급한 바처럼, 조병옥의 경무국장 추천에 앞서 1945년 10월 17일과 18일 윌리엄스는 직접 조병옥과 송진우를 찾아와 인선 문제를 협의하였고, 결국 조병옥이 경무국장직을 맡게 되었는데(조병옥, 1959: 150-151), 이로 인한 영향에 대해서는 1차 등용 관료들에 관한 부분에서 좀 더 자세히 서술할 것이다.

윌리엄스는 이 외에도 하지의 정치고문인 베닝호프(H. Merrell Benninghoff)와 함께 군정기 교육원조 구상과 협의회 조직 작업에도 관여하였다(윤종문, 2012: 181). 일반적으로 학무국의 주요 사업과 자문기관을 정치고문이 참여하고 주도한 경우는 없었다. 이는 하지와 그의 측근들이 교육원조에 많은 관심이 있었다는 것을 드러내 주며, 또한 윌리엄스의 영향력을 확인해 주는 사실이기도 하다. 이와 관련하여, 당시 군정장관이었던 아놀드 소장이 맥아더 장군에게 보낸 1945년 12월 1일 자 서한에도, 사절단을 이끌 인물로 윌리엄스를 언급하고 있다.

> 6명의 한국민간사절단을 2개월 기한으로 워싱턴에 파견하여, 미국의 부흥원조를 얻어내기 위한 노력의 일환으로 농업, 공업, 의약, 교육 및 상업 등의 분야에서 정부 및 사설 기관과 협의케 하도록 승인해 줄 것을 요청합니다. 또한 동 사절단의 잠정적인 임무 수행에는 제 78214 미해군예비대 USNR G. Z. Williams 중령을 임명해줄 것도 요청합니다. 윌리암스는 재임명차 금명간 미국에 귀환할 것입니다. 동 사절단에 선정된 6명의 한국인들은 다음과 같습니다. 이훈구, 이용설, 조병옥, 장이욱, 나기호, 고황경(김국태 역, 1984: 164).

흥미로운 것은 여기에도 조병옥의 이름이 언급되어 있다는 점이다. 그 외에 사절단에 포함된 인물 모두 개신교 신자로, 특히 이용설은 10월 5일 임명된 한국인 고문 가운데 1인이었고, 이후 보건후생

부장으로 활동하게 된다. 이 외에도 이훈구는 농무부장으로, 나기호는 상무부 차장으로, 고황경은 보건후생부 부녀국장으로, 장이욱은 1946년 8월 창설된 국립 서울대학교 초대 사범대학장을 거쳐, 제3대 서울대학교 총장으로 활동하였다.

2. 호레이스 언더우드 (Horace H. Underwood: 1890-1951, 한국명 원한경)

언더우드는 연희전문을 설립한 선교사 언더우드(Horace. G. Underwood)의 아들로 서울 정동에서 출생하였다. 그 또한 윌리엄스와 마찬가지로, 한국에서 어린 시절을 보낸 후 학업을 위하여 도미하였고, 1912년 뉴욕 대학교를 졸업한 후에, 장로교 선교부 준선교사로 다시 한국으로 돌아온다. 이후 경신학교와 연희전문학교에서 강의하였고,[8] 1934년 제3대 연희전문 학장으로 취임하여 1941년까지 활동하다가, 일제의 강제 추방에 의해 다시 미국으로 건너가게 된다. 1944년에는 그의 아들과 함께 장로교 목사 안수를 받기도 한다. 태평양 전쟁기에는 군 정보기관인 OSS(Office of Strategic Services)에서 일하였고,[9] 해방 후 미군정에서는 군정장관 고문, 검열국 총무, 문교부장 고문 등을 역임하였다. 1947년 10월 군정을 떠나 연희전문으로 돌아갔고, 이후 한국전쟁에도 그의 두 아들 호레이스(Horace)와 리처드(Richard)와 함께 참전하여 미군요원으로 활동하다가 부산에서 사망하였다.

언더우드의 군정기 활동은 1945년 10월 15일 언더우드를 포함한

---

8) 그사이 1923-1925년 다시 미국으로 건너가 뉴욕 대학에서 "Modern Education in Korea"라는 제목의 논문으로 박사학위를 취득한다.

9) 언더우드의 친구로 이미 OSS에서 한국, 일본, 필리핀 전문가로 일하고 있던 피셔(J. E. Fischer)가 그를 추천하였다고 한다(Fischer, 1977: 271).

미국인 선교사 3인이 군정고문으로 초빙됨과 함께 시작되는데, 그의 역할은 처음에는 일반 정치 방면이었다(허명섭, 2005: 179).[10] 언더우드는 자신의 고문 활동에 대해 "중요하지 않은 일은 많이 묻지만, 정작 중요한 일은 나에게 묻지 않고 한다"고 얘기하였지만, 이 대화의 상대방이었던 피셔는 언더우드가 생각한 것 이상으로 많은 영향을 미쳤으리라고 그의 책에서 적고 있다(Fischer, 1977: 271). 이후 그는 군정장관이었던 러취의 보좌관으로 근무하면서 앞에서 언급한 6개월간 지속된 매주 금요일 오전의 선교사와의 간담회에서도 중요한 역할을 담당하였다(안종철, 2009: 17). 특별히 커밍스의 증언에 의하면, 그는 당시의 식민경찰을 민주경찰로 재교육시키고자 노력하기도 하였다(커밍스, 1986: 223).

언더우드는 윌리엄스와 함께 1945년 11월 구성된 미군정 인사문제조정위원회에도 참여하였는데(오연호, 1994: 55), 정일형(인사행정처장), 하경덕(과도입법의원), 오천석(문교부 차장/부장), 지용은(중앙식량행정처장), 유억겸(문교부장), 최순주(조선은행장) 등 연희전문 관련 기독교계 인사들의 등용에 어느 정도 그의 영향력이 미친 것으로 보인다(안종철, 2010: 282; 김상태, 2002: 108). 정일형은 그의 회고록에서 스스로 자신의 임명을 "미군정에 참여한 연희전문학교의 미국인 교수들과 선교사들의 추천에 의한 것"이라고 진술하기도 하였다(정일형, 1991: 149). 언더우드 자신도

> 이 고위 지휘관(하지)은 선교사들과 기독교 활동에 대해 매우 친절하고 우호적인 태도를 가지고 있습니다. 각 부서의 장, 도지사

---

10) 그와 함께 농업 및 기타 산업 방면의 고문으로 초빙된 이가 바로 조지 윌리엄스의 아버지 프랭크 윌리엄스이다.

등 가장 신뢰할 수 있는 사람들이 거의 모두 기독교인이자 선교사계 학교와 대학 출신이라는 것을 볼 때 그러합니다. 수많은 우리 졸업생들이 영향력과 권위가 있는 자리에 있기 때문에 사람들은 현재의 정부를 '연희전문정부(Chosen Christian College government)'라고 부릅니다(안종철, 2010: 264 재인용).[11]

라고 증언하고 있기도 하다. 이 외에도 앞서 윌리엄스와 관련하여 언급한 조병옥, 이묘묵, 이용설, 이훈구, 고황경 등도 언더우드와 연희전문을 통하여 연결된다.

3. 클라렌스 윔스 (Clarence N. Weems Jr.: 1907-?, 한국명 위대현)

윔스는 1909년 내한한 미국 남감리회 선교사 윔스(Clarence N. Weems)의 둘째 아들로, 윌리엄스나 언더우드와는 달리 미국에서 출생하여 2살 때 한국으로 건너왔다. 아버지 윔스는 1932년 원산으로 선교지를 옮길 때까지 한영서원(송도고등보통학교) 교장을 지내는 등 23년간 개성에서 선교 활동을 하였고, 1940년에 강제 출국 당하였다. 아들 윔스는 태평양 전쟁기에는 언더우드와 마찬가지로 OSS에서 일하였는데, 1943년까지는 미국 서해안 지역에서 대한인공작을 담당하였고,[12] 이후에는 중경에 건너가 임정관계 공작을 담당하였다. 해방 직전에는 광복군과의 합동작전인 독수리작전 준비에도 참가하였고, 해방 직후 임정에 관한 미군정의 견해에 중요한 영향을

---

11) 원출처는 Board of Foreign Missions, *Korea Mission Reports 1911-1954*. Department of History, Presbyterian Church(U.S.A.) Philadelphia에 수록된 언더우드가 J. L. Hooper에게 보낸 1946년 3월 1일 자 편지.

12) 윔스는 중국과 하와이, 미주 본토 한인들의 단결과 통합을 위해 김원용, 유일한, 김용중 같은 젊은 지도자들에게 은근한 기대를 걸었는데. 이러한 그의 기대는 이후 어느 정도 실현되기도 하였다(정용욱, 2003: 104).

미친 보고서를 작성하기도 하였다(커밍스, 1986: 246).

윔스가 군정에 합류한 것은 윌리엄스나 언더우드보다는 늦은 1946년 초이며, 하지의 부관으로 활동하였다(안종철, 2010: 268). 윔스 역시 군정청 인사에 상당한 영향력을 행사한 것으로 파악되는데, 그 역시 주로 개신교 신자들을 등용했다(강인철, 1995: 221). 윔스는 정치적으로는 비교적 온건한 성향이었고, 이후 남조선 과도입법의원 관계공작을 담당하였으며, 이 과정에서 은근히 김규식을 지지한 것으로 보인다(정용욱, 2003: 89). 윔스에 의해 등용된 개신교 인사들은 개성 한영서원과 YMCA 및 흥업구락부 관련 인사들이 많았는데(김상태, 2002: 109), 이는 그의 아버지가 한영서원 교장을 지낸 사실과 무관하지 않다. 이에 해당하는 인물로는 김영희(사법부 차장), 이춘호(문교부 차장), 최규남(문교부 차장), 허현(미소공위 번역관) 등으로, 이들은 모두 한영서원 졸업생이며, 김영희는 송도고보 교사를 지내기도 하였다. 서울시장을 지낸 김형민도 송도고보 교사로 재직한 바 있다.

Ⅴ. 개신교 인사 등용의 2차 결절점(node)으로서의 1차 등용 관료들의 역할과 영향

Ⅳ장에서 살펴본 바와 같이 미군정 초기 한국 관료의 등용에 선교사 2세들이 미친 영향은 매우 크다. 그들은 특히 관료 임명에 관한 자신들의 영향력을 그들의 아버지들이 세운 학교와 관련된 개신교 네트워크를 이용하여 행사한 것으로 보인다. 즉, 윌리엄스는 공주 영명학교, 언더우드는 연희전문, 윔스는 개성 한영서원이 그들의

개신교 네트워크에 중심적인 역할을 하였다. 하지만, 이와 같은 네트워크는 선교사 2세들의 1차적 역할에 영향을 주었을 뿐 아니라, 그들에 의해 임명된 주요 개신교 인사들을 통하여 '확장된 내부노동시장'으로서 2차적 영향을 미쳤다. 본 장에서는 이와 같은 선교사 2세들에 의해 등용된 1차 관료들을 통한 개신교 '내부' 노동시장의 확대를 조병옥, 정일형, 이묘묵 등의 3명의 중심인물을 통하여 살펴보고자 한다.

1. 조병옥(1894-1960)

조병옥의 등용에는 윌리엄스의 역할이 매우 컸으며, 이는 조병옥이 윌리엄스의 아버지가 세운 영명학교 출신이라는 것과 연결되어 있음은 앞에서 살펴본 바와 같다. 당시 영명학교는 5년제 소학교와 2년제 특별중학교가 설치되어 있었는데, 조병옥은 영명학교 4학년에 편입하였고, 졸업 후에는 다시 특별중학교로 진학하여 소정의 수업을 마쳤다(조병옥, 1959: 28). 그 후 평양에 있는 숭실중학교 3학년(4년제)에 편입하였고, 미국 유학을 결심한 이후에는 배재전문(연희전문 전신)에 입학하여 유학을 준비하였다. 그의 결혼 또한 영명학교 은사 모친의 소개로 인한 것이기에 영명학교와 그의 인연은 매우 깊다고 할 수 있다. 그의 최종학위는 컬럼비아(Columbia) 대학 경제학 박사로, 이후 한민당에서 함께 활동했던 장덕수도 이때 컬럼비아 대학에 유학하고 있었다. 귀국 후에는 연희전문 상과 교수로 재직하면서, 그의 개신교 네트워크의 또 한 축인 언더우드-연희전문망에도 연결되었다. 정일형에 의하면, 연희전문 재직 당시 교수 조병옥은 학생들의 절대적인 지지를 받았지만, 선교사들과의 사이는 그리 좋지 못했던 것으로 보인다(정일형, 1991: 62).

컬럼비아 대학 유학 중에는 연희전문에서 만난 바 있었던 피셔(J. E. Fischer)와도 재회하였는데, 그들은 같은 인문학부 소속이었다. 피셔는 그의 책에서 첫 만남에서부터 유창하고 정확한 그리고 효과적으로 영어를 사용하는 조병옥에 대하여 깊은 인상을 받았다고 기록하고 있다(Fischer, 1977: 76). 피셔와의 인연은 군정기로 이어져서, 피셔가 1946년 미군정 요원으로 왔을 때, 조병옥은 경무국장으로서 "미군정 행정부서에서 한국인들의 삶에 가장 강력한 힘을 행사"하고 있었다(Fischer, 1977: 77). 피셔는 하지와 특별한 절차 없이 만날 수 있는 사이였고, 실제로 수차례 하지를 만나 많은 한국인들의 문제를 해결하기 위한 면담을 한 인물이었다(Fischer, 1977: 129).

해방 후 조병옥은 한민당을 중심으로 활동하였고, 1945년 10월 20일 한민당을 중심으로 개최된 미군진주 환영회의 위원장을 맡기도 했다. 당시 하지 장군의 답사 통역을 맡은 이는 그가 경무국장으로 재직 시에 수도경찰청장으로 활동한 장택상이었다(조병옥, 1959: 147). 또한 조병옥의 회고에 의하면, 환영회 당시 이승만을 단상에 앉게 하는 것을 하지가 반대하자, "이승만 박사는 비록 평민의 자격으로 환영회에 참석하게 될 것이로되 그는 독립운동의 원훈이므로 당연히 앞자리에 앉아 여러분을 환영해야 된다"고 2일간이나 주장했다고 한다(조병옥, 1959: 147).

조병옥의 등용 배경에 대하여는 윌리엄스와 관련하여 이미 서술한 바 있다. 그는 경무국장으로 재직하면서 하지와 아놀드 군정장관에게 여운형이 주도한 인민공화국의 불법화와 인민위원회의 해체를 주장하였으며, 이는 결국 1945년 12월 12일의 성명으로 발표되었다

(조병옥, 1959: 155). 반면, 우익세력을 육성하는 데 큰 역할을 하였는데, 많은 우익청년단체들은 조병옥의 지휘하에 경찰과 함께 활동하였으며(안진, 2005: 271f.), 미군정의 서북청년회 해산시도 또한 그의 반대로 무산되었다(조병옥, 1959: 155). 조병옥은 국방부 설치 및 주요 인사 임명에도 많은 영향을 미친 것으로 보이는데, 그는 미군정의 추천 의뢰를 받고 이응준(국방사령부 고문으로 국방경비대 창설 주도),[13] 오광소 등을 추천하였으며, 이후 소련군 항의로 국방부가 이름을 통위부로 바꾸었을 때, 그 초대 부장에 유동렬을 추천하기도 하였다(조병옥, 1959: 157f.).

미군정기 조병옥의 더욱 중요한 영향은, 1946년 초 미군정이 시도한 좌우합작 운동에서의 중간파에 대한 견제역할에서 두드러진다. 그는 미군정이 중간파인 김규식을 밀려는 움직임에 대하여 행정정책의 '정치요강'을 기초하여 중간파의 등장을 제도적으로 견제하였다. 그의 회고록에 의하면:

> 자유독립국가로서의 미국과 같은 나라에서는 사회정책이나 경제정책에 있어서 중간노선이 있을 수도 있으나, 통일독립국가를 형성하지 못하고 더욱이 민족진영과 공산진영이 혈투하는 한국의 사회적 현실에 비추어 볼 때, 중간노선이라는 것은 도저히 있을 수 없는 것이다(조병옥, 1959: 186f.)

라고 자신의 입장을 밝히고 있다. 특히, 조병옥은 좌우합작 운동에 이어진 남조선과도입법의원 선거(1946. 10. 21.-31.)를 관리하는 입장에서 중간파의 승리를 조직적으로 방해한 혐의로 고발되기도

13) 이응준은 1948년 대한민국 수립과 함께 초대 육군참모총장(대령)이 되었으며, 이후 준장으로 진급하여, 대한민국 최초의 장성이 되었다.

하였다. 재한국정치고문 랭던(W. R. Langdon)이 국무장관에게 보낸 접수 일자 1946년 12월 5일의 일자 미상 편지에 의하면, 좌우합작 위원회는 이와 관련하여 재선거와 두 명의 경찰서장에 대한 해임을 요청하였는데(김국태 역, 1984: 396), 이러한 경찰 개입의 총 책임자가 바로 조병옥이었다. 실제로 선거에서는 미군정의 중간파 지원에도 불구하고, 한민당 및 우익 계열이 압승을 거두었는데(45명 중 31명), 이는 미군정청에 근무하는 우익 지향적 한국인 관리들의 지원에 힘입은 바 크며(커밍스, 1986: 334-339), 여기에 가장 큰 기여를 한 인물 중 하나가 바로 조병옥이라고 할 수 있다. 또한 1947년 2월 초 안재홍이 민정장관으로 임명되어, 남조선과도정부의 총 책임을 맡게 되었지만, 조병옥을 비롯한 군정청 부처장들이 그를 견제함으로 인해, 과도정부의 방향을 조정하는 역할을 하기도 했다(손인수, 1990: 167).

2. 정일형(1904-1982)

정일형은 황해도 안악군 출신으로, 광성학교와 연희전문에서 수학하였고, 미국 드류(Drew) 대학에서 미국 남부지역 농촌사회에 대한 연구로 1935년 6월에 사회학 박사학위를 취득했다. 뉴욕 거주 시 동료 유학생으로는 이묘묵, 장덕수, 오천석, 이기붕 등이 있었고(정일형, 1991: 74), 1933년 여름에는 시라큐스 대학 교수인 플레스 박사의 집에서 이묘묵과 함께 프랑스어와 사회학을 공부하기도 하였다(정일형, 1991: 79). 정일형이 귀국할 때, 환영해 준 인사는 조병옥, 유억겸 등이었고, 당시 연희전문 학감으로 있던 이묘묵은 자기 집에 함께 머물면서 사회학을 강의하도록 권유하기도 했다(정일형,

1991: 95). 1937-1939년에는 감리교 신학교에서 사회학과 철학을 강의하기도 했다.

정일형은 초기 미군정하에서 한국인으로서는 가장 높은 직책이라고도 할 수 있는 인사행정처장이 되었다. 이 직책은 미군정청 인사권의 실무 핵심을 장악한 자리로서, 이를 통해 많은 인사들이 미군정에 대거 들어갈 수 있었다(윤덕영, 2011: 276). 앞서 언급한 바처럼, 정일형은 자신이 인사행정처장이 될 수 있었던 것을 "미군정에 참가한 연희 전문학교의 미국인 교수들과 선교사들의 추천에 의한 것이었던 것 같다"고 기술하고 있다(정일형, 1991: 149). 송진우와 김성수 등은 정일형에게 군정의 일을 그만두고 한민당 외교부장직을 맡도록 권하기도 했지만(정일형, 1991: 157, 160), 그는 군정 기간 인사행정처장직을 끝까지 유지했다. 그는 각료 회의, 국/차장 회의, 그리고 도지사 회의를 주관하는 국내 행정의 총수일 뿐 아니라, 하지 장관이나 러취 장관과의 개인적 관계도 깊어져서 자연 군정의 중추적 역할을 담당하게 되었다. 특별히 정일형과 같은 감리교 신자였던 러취 장관은 매우 사려 깊게 그를 이해해 주었으며, 인사 행정처의 업무에 관한 일체의 결재권을 그에게 일임하고, 그의 방에서 미 고문단을 철수시켰다. 미군정에서 맨 먼저 한국인이 결재권을 행사한 부처가 인사 행정처였다(정일형, 1991: 159).

이와 같은 신임과 권한을 바탕으로 군정에 근무하는 다른 한국인 부처장들과 함께 하지 중장에게 좌익 계열의 활동을 불법화시키도록 건의하는 한편, 하지 중장이 서북청년회의 해산을 명령하였을 때 러취 장관을 찾아가 그 부당성을 설명하고, 해산명령 취소를 종용하기도 하였다(정일형, 1991: 160-162). 1947년 2월에는 남조선과도정부의 행정기구 개혁 위원회 위원장을 맡았으며, 이때 민정장관으로 임명된 안재홍과는 충돌하기도 하였다. 조병옥과 함께 우익 보수노선이었던 정일형은, 중간노선을 걷고 있었던 안재홍을 반대하였으며, 다른 한국인 부처장들과 함께 민정장관의 업무에 비협조적이었다. 특별히 1947년 5월 하순 안재홍이 최초로 인사이동을 발표했을 때, 정일형을 비롯한 부처장들은 그의 인사 발령을 거부하기도 하였다(손인수, 1990: 167). 더욱이 안재홍은 영어를 자유자재하게 구사하지 못해 군정 책임자들과도 잘 연결되지 않았고, 자신의 역할을 제대로 수행하기가 어려웠다(정일형, 1991: 163). 결국 과도정부 출범 이후에도 실제적인 힘을 가지고 이끌어 간 것은 정일형, 조병옥을 비롯한 1차 등용 관료들이라고 할 수 있었다.

3. 이묘묵(1902-1957)

이묘묵은 평안남도 중화군 출신으로, (정일형과 마찬가지로) 평양 광성학교, 연희전문을 졸업하고, 공주 영명학교에서 교사로 재직하다가, 미국으로 유학하여 시라큐스(Syracus)와 보스턴(Boston) 대학에서 석・박사 학위를 취득했다. 미국에서는 흥사단원으로 활동하기도 하였으며, 귀국 후에는 연희전문에서 교수로 재직했다. 연희전문 재직 시 그는 언더우드와 매우 긴밀한 사이였고, 언더우드 가족에게 태평양전쟁의 발발을 알려 준 인물도 바로 이묘묵이었다(안종철, 2010: 282).

해방 후에는『코리아타임스(Korea Times)』의 편집자로 활동하던 중, 1945년 9월 10일 한국기자단 주최로 명월관에서 열린 미군정 진주 후 첫 번째 만찬에서 대표 연설을 하게 되고, 바로 9월 12일부터 하지의 수석 통역관 겸 비서관으로 활동하게 된다. 그의 미군정 발탁은 유창한 영어실력과 함께, 영명학교 출신의 윌리엄스 소령의 추천에 힘입은 바 크다는 것이 정설이다(커밍스, 1986: 194; 손인수, 1990: 185f.; 박태균, 1994: 57 등). 피셔는

> 하지가 조선신학교(이후 연희전문)의 우수한 학생이었고, 미국 대학의 박사학위를 소지한 이묘묵을 한국인 비서 겸 상담역으로 임명한 것은 행운이었다. 나는 이묘묵이 많은 조언을 통해 한국과 미국에 큰 기여를 했다고 확신한다(Fischer, 1977: 128).

고 기술하고 있는데, 이묘묵은 조병옥이나 정일형과 같이 직접적인 영향력을 행사할 수 있는 자리에 있지는 않았으나, 당시 군정의 최고 책임자였던 하지를 최근거리에서 보좌하는 위치에 있었기에 많은 영향력을 행사할 수 있었다. 미군정에 대한 '통역정치'라는 비판의 가장 직접적인 대상이 된 인물이 바로 이묘묵이라고 할 수 있다.

4. 1차 등용 관료들이 미군정에 미친 영향

한국인이 처음 군정에 참여한 것은 1945년 10월 초 임명된 고문회의 위원의 임명이었다. 앞서도 언급한 바처럼, 이들 중 다수가 개신교 인사였고, 이들은 이후 군정청관리로 진출하는 인물들의 교량역할을 한 것으로 평가된다(안진, 2005: 167; 박태균, 1994: 102). 이후 군정의 한국인 관리로 등용된 조병옥, 정일형, 이묘묵 등의 영향은 앞에서 살펴본 바와 같다. 사실, 여기서 언급된 개신교 네트워크는 당시 '미군정의 여당'이라고도 불렸던 한민당의 네트워크와 많은 부분 중복된다. 한민당 자체가 뚜렷한 이념과 기반을 가지고 결성된

정당이라기보다는 조선인민공화국에 반대하는 다양한 정파의 연합에 의해 결성된 것이라고 할 수 있지만(박태균, 1994: 93), 집단지도체제에 의해 운영된 한민당의 8인 총무 중 5인(백관수, 김도연, 허정, 백남훈, 김동원)이 저명한 개신교 지도자들이었다는 것에서 알 수 있듯이, 개신교 네트워크는 여기서도 중요한 역할을 하였다. 특히, 해방 전 양대 기독교 세력라고 할 수 있는 동우회(안창호의 흥사단의 국내 지부 역할)와 흥업구락부(이승만의 국민회와 연계) 세력 중 동우회 출신들이 한민당에 보다 적극적으로 참여하였다(박태균, 1994: 97f.). 본 논문에서는 주로 중앙정부의 관료들을 중심으로 개신교 네트워크의 역할을 살펴보았지만, 지방군정 고문회의의 구성을 비롯한 이후 지방 관료의 임명에서도 한민당계 개신교 네트워크의 영향은 매우 컸다(안진, 2005: 167).[14)]

미군정의 정치고문이었던 베닝호프가 미 국무장관에게 보낸 1945년 9월 29일 자 서한에 보면

> 남한 전역은 정치적으로 두 개의 선명한 그룹으로 나뉘어져 있습니다. 그 하나는 소위 민주주의적 혹은 보수적 세력으로 그 구성원의 상당수는 미국 또는 한국 내의 미국계 선교기관에서 교육받은 전문적 교육계 지도자들로 이루어져 있습니다. 가장 규모가 큰 보수세력은 한국민주당인데, […](한민당의 정강 및 정책 소개, 군정에 대한 요구사항 등 기술) 대규모의 대중적 지지는 얻지 못했던 것 같습니다(김국태 역, 1984: 70-71).

라고 한민당 세력을 평가하고 있다. 하지만, 이후 미군정의 지원

---

14) 한민당의 지방지부 설치가 시작된 것이 미군정이 지방행정을 어느 정도 장악하기 시작한 1945년 말 이후라는 점은 시사하는 바가 매우 크다. 한민당의 도당지부의 결성이 본격화(1946. 6. 16. 경남도당, 7. 31. 충북도당, 10. 15. 전북도당, 11. 2. 경북도당)된 것도 미군정 지방 행정기구의 완성과 함께였다(박태균, 1994: 91).

과 밀착은 군정 기간 한민당이 세력을 유지, 확장할 수 있는 기반이 되었다. 커밍스에 따르면, 군정 초기인 9월 10일 한민당 대표들이 군정 장관을 만난 이후 10일 동안 미군정의 정보를 담당한 G-2의 일일보고서에서 인용한 한인 정보제공자들은 거의 다 한민당 출신이었다(커밍스, 1986: 193). 이러한 한민당계의 득세에 있어서, 한민당에 밀착해 있었던 하지의 고문 윌리엄스의 매개적 역할도 매우 중요하게 작용하였다(김운태, 1992: 95, 191-194; 김광식, 1985: 199).

이후 정국에 있어서 1차 등용 관료의 영향력이 크게 작용한 대표적인 사례는, 앞에서도 언급한 남조선과도입법의원 선거였다. 이 선거에서 미군정의 중간파 지지에도 불구하고, 한민당 및 우익 계열은 압승을 거두었다. 여기에는 미군정청에 근무하는 한국인 관리들의 지원이 결정적으로 작용하였는데, 각 부처 내의 충원결정권은 해당 부처장에 위임되어 있었기에, 여기에 미친 1차 등용 관료들의 영향은 매우 컸다(윤형섭, 1974: 185). 선거를 위한 행정적 준비는 거의 이들 수중에 달려 있었고, 미군정 선거에 대해 좌파들의 무조직과 무관심 상황에서, 이러한 편파적 지원은 우파의 압도적 다수 선출을 야기하였다(커밍스, 1986: 339). 더욱이 이 선거가 일정 납세액을 정하여 기준에 미달하는 자는 선거권을 제한한 차별선거, 4단계의 절차를 거치는 간접선거라는 면에서 이들 행정관리의 영향은 더 클 수밖에 없었다(김운태, 1992: 238).

1947년 남조선과도정부가 출범한 이후에도, 이들 행정관리의 저항에 의해, 당시 과도정부의 수장이라고 할 수 있는 중간파 성격의 안재홍이 그 기능을 거의 발휘하지 못하고 고전하였음은 앞에서 서술한 바와 같다. 결국 이들의 영향은 점차 특정 인물 혹은 세력의 포괄(inclusion)뿐 아니라, 배제(exclusion)라는 면에서도 기능한 것으로 볼 수 있다.

Ⅵ. 나가는 말

본 논문은 종교가 하나의 (부르디외적) 사회자본으로 기능할 수 있으며, 특히, 노동시장에서 (그라노베터식의) 중요한 연결망으로서 작용할 수 있음을 미군정기의 행정 관료 채용을 통해서 살펴보았다. 부르디외에게 종교는 상징자본으로서의 역할이 중요하지만, 때로는 사회자본으로서의 기능을 감당할 수 있음을, 또한 종교적 배경이 중요한 요인으로 작용할 수 없었던 그라노베터의 연구와는 달리, 미군정기 노동시장에서 중요한 접촉 연결망으로 작용하고, 나아가 '확장된 내부노동시장'의 장치를 통해 지속적인 영향을 미쳤음을 확인할 수 있었다. 특히, 이러한 과정을 네트워크에서 1차 결절점(node)으로서 기능한 3명의 선교사 2세(윌리엄스, 언더우드, 윔스)와 2차 결절점으로서 기능한 1차 등용 관료(조병옥, 정일형, 이묘묵)들을 중심으로 살펴보았다.

물론 이들의 네트워크는 중층적으로 학연(영명학교, 연희전문, 송도고보), 영어 사용이 능통한 자, 보수적 정치 노선 등과 함께 엮여 있으나, 이와 같은 중층적 네트워크의 기반에 개신교라는 공통적 종교 배경이 존재하였음은 부인할 수 없다. 즉, 학연으로 묶인 것도 이들이 개신교계 학교라는 맥락이 있고, 영어 사용은 이러한 배경하에 미국 유학을 한 것과 관련되며, 그러한 과정에서 친미적인 보수적인 정치 노선을 형성하였다고 할 수 있다. 특히, 이러한 네트워크에 있어서 중요한 역할을 하였던 정치단체인 한민당도 개신교계 세력이 우세하였을 뿐 아니라, 한민당 안에서도 이러한 개신교 네트워크에 연결된 이들이 미군정기 관료로서 중요한 영향력을 행사하였다.

이러한 개신교 네트워크의 역할은 미군정이 진행됨에 따라 배후로 물러나는 인상을 주기도 하지만, 남조선과도입법의원 선거의 결과나, 과도정부의 한인 수장이었던 안재홍의 역할을 견제한 점 등에서 그 파급 효과는 지속적이었다고 할 수 있다. 또한, 본 연구의 범위를 벗어나기는 하지만, 이와 같은 상위관료 충원에 있어서의 개신교 네트워크의 역할은 대한민국 정부 수립 이후에도 어느 정도 지속된 것으로 보인다(강인철, 2009 참조).

이후의 대한민국 역사에 있어서, 그리고 현재의 한국 사회에서도 개신교를 비롯한 종교가 사회자본으로서 중요한 영향을 미치고 있는가? 이것을 확인하기 위해서는 본 연구와는 별도의, 하지만 연결된 심도 깊은 연구가 필요하다고 할 것이다. 나아가서, 종교가 사회자본으로서 기능하기 위한 일반적 조건은 무엇이며, 이것이 각 나라의 고유 환경에 따라 어떻게 다르게 작용하는지에 대한 다른 나라와의 비교연구 또한 필요할 것으로 보인다.

참고문헌

강인철. 1995. 「미군정기의 국가와 교회」. 한국사회사학회. 『해방 후 정치 세력과 지배구조』. 서울: 문학과 지성사.

______. 1996. 『한국 기독교와 국가·시민사회: 1945-1960』. 서울: 한국 기독교역사연구소.

______. 2009. 「해방 후 한국 개신교의 정치참여: 역사와 평가」. 『한국교수불자연합학회지』 15.

김광식. 1985. 「미군정과 분단국가의 형성」. 최장집 편. 한국현대사 I. 부산: 열음사.

김국태 역. 1984. 『해방3년과 미국』. 서울: 돌베개.

김상태. 2002. 「근현대 평안도 출신 사회지도층 연구」. 서울대학교 박사학위논문.

김운태. 1992. 『미군정의 한국통치』. 서울: 박영사.

리처드 라우터백. 1983. 『한국미군정사』. 국제신문사출판부 역. 서울: 돌베개.

마크 그라노베터. 2012. 『일자리 구하기: 일자리 접촉과 직업경력 연구』. 유홍준/정태인 역. 서울: 아카넷.

박태균. 1994. 「해방직후 한국민주당 구성원의 성격과 조직개편」. 『국사관논총』 58.

배민수. 1999. 『배민수 자서전: 누가 그의 왕국에 들어갈 수 있는가』. 서울: 연세대학교출판부.

브루스 커밍스. 1986. 『한국전쟁의 기원』. 김자동 역. 서울: 일월서각.

손인수. 1992. 『미군정과 교육정책』. 서울: 민영사.

안종철. 2009. 「미군정 참여 미국선교사·관련 인사들의 활동과 대한민국 정부 수립」. 『한국기독교와 역사』 30.

______. 2010. 『미국선교사와 한미관계, 1931-1948: 교육철수, 전시협력

그리고 미군정』. 서울: 한국기독교역사연구소.
안진. 2005. 『미군정과 한국의 민주주의』. 파주: 한울 아카데미.
오연호. 1994. 「미 CIA의 92 대선공작과 친CIA 인맥」. 『말』 1월호.
윤덕영. 2011. 「1945년 한국민주당 초기 조직의 성격과 주한미군정 활용」. 『역사와 현실』 80.
윤종문. 2012. 「미군정 초기 한국학생의 미국파견 정책과 그 성격」. 『한국근현대사연구』 63.
윤형섭. 1974. 「미군정의 정치적 충원에 관한 발전론적 연구」. 『한국정치학회보』 8.
장동수. 1999. 「미군정기 한국 기독교인들의 정치참여에 관한 연구」. 감리교신학대학교 석사학위논문.
정용욱. 2003. 『해방 전후 미국의 대한정책』. 서울: 서울대학교출판문화원.
정용욱 편. 1994. 『해방직후 정치・사회사 자료집』. vol. 1. 서울: 다락방.
정일형. 1991. 『오직 한 길로』. 서울: 을지서적.
조병옥. 1959. 『나의 회고록』. 서울: 민교사.
조이스 콜코/가브리엘 콜코. 1982. 「미국과 한국의 해방」. 『한국 현대사의 재조명』. 서울: 돌베개.
진덕규. 1977. 「한국 정치사회의 권력 구조에 관한 연구: 엘리뜨 유동성과 이데올로기 관련성의 분석」. 연세대학교 박사학위논문.
한준상. 1983. 『한국 대학교육의 희생』. 서울: 문음사.
허명섭. 2005. 「미군정기 재한 선교사와 한국교회」. 『한국교회사학회』 16.

『자유신문』. 1945. 11. 18.
『중앙일보』. 2011. 8. 15.

Bourdieu, Pierre. 1983. Ökonomisches Kapital, kulturelles Kapital, soziales Kapital. In: Reinhard Kreckel(Hg.). *Soziale Ungleichheiten*. Göttingen: Schwartz.
Fischer, J. Earnest. *Pioneers of Modern Korea*. Seoul: Christan Literature

Society of Korea.
Rhodes, Harry A. and Archibald Campbell. 1984. *History of the Korea Mission: Presbyterian Church in the U.S.A Volume II, 1935-1959.* Seoul: The Presbyterian Church of Korea.
Sauer, Charles A. 1973. *Methodists in Korea:1930-1960.* Seoul: Christian Literature Society of Korea.

제3부 ——— 종교와 돈

08

짐멜의 『돈의 철학』에 나타난 '돈'과 '종교'*

Ⅰ. 들어가는 말

돈의 중요성은 동서고금을 막론하고 부정할 수 없는 사실이다. 특히, 현대 자본주의사회에서 그 중요성은 더욱 증가하고 있으며, 이러한 영향력의 증가 속에서 돈의 영향력으로부터 비껴 있는 것으로 간주되었던, 혹은 그 저항 세력으로까지 생각할 수 있던 종교마저 돈의 영향력 아래 굴복하는 듯한 인상을 보이는 것이 현재의 상황이다. 이러한 변화 앞에서 돈에 대한 사회학적 이해의 초석을 놓았던 게오르그 짐멜(Georg Simmel)의 『돈의 철학(Philosophie des Geldes)』을 다시 살펴보는 것은 매우 의미 있는 작업이라고 할 것이다. 돈과 종교를 대립적으로 보는 일반적 견해와는 달리, 짐멜은 이 둘 사이에 상당한 유사성을 제시하기도 하였는데, 이러한 짐멜의 입장은 현대의 돈과 종교의 관계를 이해하는 데에 매우 중요한 시사점을 던져줄 수 있다고 생각한다.

본 논문은 먼저 짐멜이 설명하는 돈의 본질적 요소를 그의 『돈의 철학』을 중심으로 살펴보고(2장), 이러한 입장을 또 다른 돈에 대한

* 본 장은 『담론 201』 19-3(2016)에 처음 발표되었고, 이후 『종교는 돈을 어떻게 가르치는가』(동연, 2016)에도 수록되었다.

고전적 분석가인 마르크스(Karl Marx)와 비교한 후에(3장), 다시 짐멜의 『돈의 철학』에 나타난 종교에 대한 언급을 통해 돈과의 관련성을 생각해 보고(4장), 결론적으로 현재의 돈과 종교의 관계에 대한 시사점을 제시하고자 한다(5장).

II. 짐멜의 『돈의 철학』에 나타난 '돈'의 이해

짐멜의 『돈의 철학』에 나타난 '돈'의 분석은 돈이 가지는 '상징성' 및 '심리적' 기반에 중점을 두며, 후에 기술할 마르크스의 특징인 '자본으로서의 돈'의 기능에 대해서는 소홀한 면이 없지 않다. 짐멜에 의하면 '돈'은 주관적인 경제적 가치가 객관화된 것으로서, 주관적 가치의 총체성에 대한 표준화 혹은 보증으로서 존재한다(75ff).[1] 짐멜은 '문화적 과정'을 충동과 향유와 같은 주관적 상태를 대상에 대한 평가로 이전시키는 과정이라고 인식하며, 이렇게 함으로써 대상들을 매번 자아에 관련시키지 않은 채 상호 측정할 수 있게 된다고 설명한다. 그 결과 경제적 대상도 마치 그 고유한 속성인 것처럼 가치량이 부여되며, 돈은 이 가치평가의 결과를 대표하게 된다(96ff).

돈이 이와 같이 가치평가를 대표하는 과정에는 교환과정이 중요하게 작용한다. 짐멜에 의하면 교환은 한 대상의 순수하게 주관적인 가치 의미를 극복하는 과정이다. 교환과정 속에서 대상들은 자신들의 가치를 상호적으로 표현하며, 다른 대상과 교환됨으로써 객관화된다. 교환만이 대상에 경제적이라는 특별한 성격을 부여하며, 주관

1) 본 논문은 짐멜의 『돈의 철학』(1983)을 중심으로 그 논의를 진행하기에, 『돈의 철학』을 참고한 부분에 대해서는 별도의 저자 표시 없이 인용된 페이지만을 () 안에 표기하였다.

적인 평가를 객관적인 평가로 전환시킨다. 보통 교환과정에서 가치는, 공급의 측면에서는 희소성과, 수요의 측면에서는 효용과 연관되는데, 효용과 희소성은 교환이 전제될 때에만 비로소 가치형성의 요소로서 중요성을 획득한다. 또한 교환과정에서 가격은 객관적인 가치를 드러내 주는데, 가격이 없다면, 객관적인 가치와 주관적인 효용을 구분하는 것이 불가능하다. 가격을 통하여, 교환은 사회적으로 확정되고 보증되며, 교환의 당사자인 개인들에게 가치 평가의 실마리를 제공해 준다(101-130). 가격의 변동은 특정한 상품과 다른 상품과의 교환관계가 변화했음을 의미할 뿐이다.

경제적으로 볼 때, 교환 대상이 되는 모든 사물들은 일정한 속성, 내용을 가지고 있기 때문에 가치가 있다. 그러나 돈은 가치가 있기 때문에 돈으로서의 속성, 내용을 갖는다. 즉, 돈은 '실체화한 가치'이며, '사물들 자체를 배제한 사물들의 가치'이다(156). 추상적 가치로서의 돈은 가치를 구성하는 사물들의 상대성을 표현할 뿐이지만, 교환의 축으로서의 돈은 대상들의 변동과 대립하여 안정적으로 존재한다. 돈이 이와 같이 안정적으로 다른 사물들로부터 독립하지 못한다면, 돈 또한 하나의 개별적 대상으로 다른 사물들 중의 하나가 될 뿐이다. 이와 같은 과정을 통해 교환의 대상들을 돈에 의하여 완전히 대체할 수 있게 된다(159). 그러나 한편으로 돈을 직접적으로 향유할 수는 없기 때문에, 원칙적으로는 모든 주관적 욕구와 충동으로부터는 벗어나 있다(165). 결론적으로 돈은 '일반적인 존재형식의 물화'이며, 이것을 통해서 사물들은 그들의 상호적인 의미를 발견할 수 있게 된다(166).

그렇다면, 돈은 고유의 실질가치를 갖지 않더라도 기호와 상징으로서만 작용하면 충분할까? "가장 가치 있는 사물들을 인쇄된 종잇조각과 교환하는 일"은, 후자가 직접적으로는 가치가 없을지라도 다른 가치를 획득하는 데 도움을 줄 것이라는 확신을 제공하기에 가능한 일이다(183). 돈은 사회적으로 보증된 이러한 확신 위에 현실의 모든 질적인 범주를 양적인 범주로 해체시키는 데 기여한다. 그리고 이러한 양적 해체는 사물의 상징적 취급을 한층 용이하게 한다(193). 나아가 실제로 돈으로서 기능하기 위해서는, 돈으로 사용되는 유용한 대상(ex. 금이나 은)은 자신의 유용성을 거부해야 한다. 돈이 자신이 구매하는 가치들과 똑같은 방식으로 이용되면, 그것은 더 이상 돈이 아니라, 단지 하나의 상품, 귀금속이 될 뿐이다. 귀금속은 그 자체로서 가장 적합한 돈의 재료가 아니라, 그것이 돈의 공급을 적절히 제한하는 기능을 할 수 있기 때문에 돈의 재료로서 사용된 것이다(207). 짐멜은, 그 당시의 상황에서 돈의 기능을 순수한 명목화폐로 이전시키고, 모든 실질적 가치로부터 완전히 분리시키는 것은 현실적으로 불가능하며, 그 때문에 실질 가치가 일정 정도는 보존되어야 한다고 기술하지만(212ff), 현재의 경제적 상황에서는 이와 같은 돈의 순수한 상징적 성격은 더욱 강력하게 구현되고 있다. 물질적 실체로서의 돈의 중요성이 감소하면서, 수표, 어음 나아가 현대의 단순한 금융 이체는 보다 신속한 순환을 발생시킨다. 현대사회의 거래의 증가는 한편으로는 이러한 신속한 유통속도에 힘입은 바 크다(248f). 돈의 유통속도의 촉진은 화폐량의 증가와 같은 효과를 지닌다. 이러한 상황에서 돈의 기능은, 앞에서 언급한 바처럼, 사회적 상호작용의 안정성과 신뢰성, 즉 경제적 영역의 일관성에 의존한다(220). 짐멜은 화폐경제란 결국 "이미 물질적 화폐 속에 존재하던 신용의 요소들"이 발전, 독립한 것으로 해석하며(230), 이러한 발전의 기초는 중앙 정치권력이 제공하는 보증에 있다고 주장한다(236).

목적이 그 실현을 위한 수단을 만들어 내지만, 완성된 수단은 또 다른 목적관념을 만들어 낼 수 있다. 모든 지속적인 사회조직은 특정 목적을 위해 만들어진 것이지만, 일단 만들어지고 나면 원래의 목적과는 다른 자체의 목적을 창조한다. 목적에 대한 수단의 우위는 우리의 삶에 있어 주변적이었던 것, 삶의 본질 외부에 존재했던 것들이 우리의 삶의 중심을 차지하고, 심지어 지배하게 되었다는 데에서 정점에 도달한다. 이러한 수단의 우위, 만족을 위한 수단계열의 연장은 돈에 의하여 완성된다. 돈은 그 자체가 목적으로 여겨지며, 오히려 그 자체가 목적인 사물들이 수단으로 전락하는 현상도 일어난다(539f).[2] 이러한 변화과정에서 수단은 그 사용범위가 넓을수록, 특수한 이해관계와 목적으로부터 중립적일수록 그 가치가 증가하는데, 돈이 제공하는 넓은 선택의 가능성은 돈의 가치를 증가시키는 중요한 요인으로 작용한다(272). 즉, 돈의 가치는 등가 관계에 있는 대상의 가치에다 다른 대상을 선택할 수 있는 자유의 가치를 더한 것이 된다. 특정 순간에 돈에 부여되는 가치는 그 순간의 이해관계 중 가장 중요한 것의 평가와 같다. 또한 돈의 사용에 있어서의 선택 가능성은 그 사용시점이 보다 자유롭다는 점에 의해 더욱 확대된다

2) 짐멜은 "문화의 위기"라는 논문에서도 도구가 목적을 은폐하는 가장 광범위한 예로써 경제영역에서 등장한 돈을 들면서, 다음과 같이 기술한다: "돈은 교환과 가치보상의 수단으로서, 이 같은 중간 매개자의 기능 외에는 아무 가치도 의미도 없는, 극단적인 무이다. 그런데 돈이 대다수 문화인간의 최고 목표가 되어 버렸다. [...] 현대인의 의식에서 결핍은 대상의 결핍이 아니라 그것을 살 수 있는 돈의 결핍을 의미한다"(게오르그 짐멜, 2007: 190).

(273f). 결국 돈은 그 특성 없음이 지극히 적극적인, 중요한 장점으로서 작용하며, 돈의 잠재적 이용 가능성은 심리적 계산의 대상이 되어, 그 소유자로 하여금 많은 영향력을 행사할 수 있게 해 준다(280). 하지만, 돈으로 인한 선택 자유의 폭은 부자와 가난한 사람에게서 다르게 나타난다. 가난한 사람의 경우 필수품의 소비에 구속되므로, 이러한 선택의 자유로 인한 부가적 가치는 사라지게 된다(281).

돈은 이와 같이, 수단이 목적으로 변화되는 가장 극단적인 보기이다. 내용적인 만족을 부여하는 궁극적인 생활목적이 위축될 때에도, 수단에 불과한 가치로서의 돈이 그 목적을 대신할 수 있다. 이러한 돈의 목적론적 전위에 따른 심리적인 제 결과는 금전적 탐욕과 인색, 낭비, 금욕적 가난, 냉소주의, 포만권태 등 다양한 형태로 나타날 수 있다(301-330). 돈은 (권력과 유사하게) 사용가치가 아닌 소유 자체가 중요하게 되며(탐욕과 인색), 때로는 사용가치와 상관없이 지출 자체가 중요한 쾌감의 대상이 된다(낭비자는 일단 대상을 소유하게 되면 그 대상 자체에 대해서는 무관심해진다). 또는 세상의 가치, 다양한 목적에 대한 거부를 목적으로 화폐 소유를 거부하는 것 자체를 중요한 목적으로 삼거나(금욕적 가난), 이를 냉소적으로 보기도 한다(냉소주의). 한편으로는 화폐의 획득이 일정 수준에 이름에 따라, 이것이 흥미 없게 되는 현상도 나타난다(포만권태).

돈은 또한 '경제적 의식의 역'이라고 할 수 있는 특성을 지니고 있다. 특정량 이하의 자극은 경제적인 것으로 의식되지 않는다. 이는 한편으로는, 사물의 화폐가치가 그 단순한 증대로 인하여 그 질적인 성격, 욕구를 역전시켜 버릴 수 있음을 의미하기도 한다. 이러한 현상은 양적 변화가 질적 변화를 야기하는 예로 볼 수 있는데, 이는 현대과학 일반의 중요한 인식경향이기도 하다. 분해할 수 없었던 요소의 질을 현대과학은 그 양과 수로 인식할 수 있는 것으로 변화시킨다(354f). 소수가 다수에 복종해야 한다는 민주주의적 원칙도 개인의 절대적인 질적 가치가 양적인 의미로 전락한 것을 의미하기도 한다(555). 윤리적 행복론은 모든 윤리적 차이 및 부수적인 현상들을 질적으로 동일한 행복의 순수한 양적 차이로 평가하게 된다. 돈은 이러한 변화의 가장 선두에 서서, 이를 선도한다. 대상들이 돈의 가치의 측면에서 관찰되고 평가되는 그 순간부터 대상들의 질적 가치는 양적 가치에 종속된다(491).[3] 노동의 질적 차이도 화폐로 측정 가능한 양적 차이로 변화한다. 노동가치설은 구체적 노동을 동일한 근원적 노동으로 환원함에 기초한다. '모든 노동은 오직 노동일뿐이며, 그 이상의 것은 결코 아니라는' 추상적이며, 공허한 주장이 이론의 기반이 된다(523).[4] 이러한 관점에는 사물들이 돈에 의해서 표현될 수 없는 측면을 갖고 있다는 사실은 무시된다(507). 짐멜에 의하면, 사회주의는 경제적인 이해관계가 다른 모든 이해관계의 근원이라고 선언함으로써 경제적 영역의 모든 내용들을 하나의 단위로 환원시키는 결과를 야기하였으며, 이러한 면에서 사회주의는 합리주의적 화폐경제발전의 최종적인 산물이며, 사회주의의 매력은 합리주의이면서 동시에 합리주의에 대한 반작용이라는 이중적 동기에 있는 것이다(517).

---

3) 한편으로는 화폐 안에서의 평등이라는 것이 인간관계의 형식적인 원리가 되면, 그것은 개인들의 불평등을 가장 첨예하게 표현하는 수단이 될 수도 있다. 돈의 계산적 본질은 삶의 요소들 간의 관계를 동일한 선상에서 평가함으로 인해 평등과 불평등을 명확하게 해준다(552ff).

4) 이에 반해 짐멜은 노동의 가치가 노동량이 아니라 노동결과의 유용성에 의해서 측정된다고 주장한다(532).

한편, 화폐경제의 파생물로 발생한 현대의 분업은 모든 행위를 객관적인 기능으로 변화시키는 경향이 있다. 인식 가능한 모든 행위요소들은 계산 가능한 합리적 관계로 변화하고, 목적에 부여된 감정적 강조를 제거시켜 버린다. 이에 따라 생활양식은 무특징성과 객관성을 특징으로 하게 되며, 사람과 사물은 순수히 합리주의적으로 취급되며, 주관적인 충동은 제거된다. 무엇보다도 돈은 인간들의 행동과 관계를 주체로서의 인간 외부에 위치시킨다(546). 생산물이 객관적이고 비인격적인 것이 될수록 보다 많은 사람에게 적합한 것이 되기 때문에, 소비의 확대는 이러한 '객관적' 문화의 성장에 의존한다. 역설적으로 돈은 자체 안에 방향성도, 장애물도 포함하고 있지 않기 때문에 강력한 자체의 충동을 따르며, 이 충동은 소비영역에 있어서 이기주의적 충동으로 나타난다. 결국, 돈은 내용 면에서는 초개인적이지만, 기능 면에서는 개인주의적 혹은 이기적인 역할을 한다고 볼 수 있다.

그러나 한편으로, 인간관계가 과거의 안정적이고 불변적인 것으로부터 현대의 불안정하고 변경 가능한 것으로 변화됨에 따라, 역설적으로 인간의 자유는 성장하기도 한다. 돈은 이러한 인간들의 비인격적인 관계와 개인의 자유 사이의 구체적인 표현체이다(378). 현대사회에서 자유는 대상을 통해서 자아를 표현하는 형태로 나타나며, '소유물의 총합이 마치 개인의 전체적인 개성인 것처럼' 나타난다(409). 자유가 방해받지 않고 자신의 의지를 실현하는 것을 의미하면서, 보다 많이 소유할수록 더욱 자유로워질 것이라는 사고가 팽배해진다. 이러한 과정에서 소유로 인해 획득되는 대상에 대한 상징적인 지배권에 만족하면서, 앞에서 얘기한 바와 같은 실제로는 아무것도 즐기지 않는, 화폐 소비의 단순한 행동으로 인한 '자기확대감'에 만족하는 현상들도 나타난다(414). 이러한 만족은 구체적인 대상의 소유에 나타나는 '한계'에 부딪히지도 않는다. 재산 증식과 관리에 모든 시간과 힘을 다 쏟아부어서, 실제로 그 재산을 즐길 여유를 갖지 못하는 자산가들의 상황은 이러한 모습을 잘 드러내준다.

돈에 대한 요구는 충족을 위해 의무자의 신의를 가장 덜 필요로 하는 것이며, 돈에 대한 지불 요구는 필요한 것만을 요구하고, 다른 모든 것에 대해서는 가능한 최대의 자유를 부여한다(499f). 짐멜은, 노동계약도 인간적인 종속이 아니라, 돈의 기초 위에서 규정된 노동량만을 제공하는 것이기 때문에, 노동활동이 객관적이고 기술적인 것이 될수록 그의 인격 자체는 자유롭게 된다고 생각한다(423). 화폐임금의 최종적 가치의 불확실성으로 인하여, 노동자의 지위가 부분적으로 악화되기는 하지만, 이러한 불확실성과 불규칙성은 자유의 불가피한 부산물이다(427). 유사한 방식으로, 중세의 조합이 전인격을 포괄하였다면, 주식회사는 오직 금전적 관심만을 공유하며, 회사가 무엇을 생산하는지조차 관심을 갖지 않는다. 화폐경제가 완성된 이후 자본은 참여한 개인을 초월하는 법인격을 획득하면서 객관화되고, 참여자는 재산의 일정 부분을 갖고 참여하지만 인격을 갖고 참여하지는 않는다. 개인들의 비인격적인 요소를 하나의 기획 속에 통일시키는 이러한 '목적결사체(Zweckverband)'는 돈에 의해 순수한 형식으로 발전하였다(436). 그러나 사회의 통일적 결합의 원리가 목적결사체의 성격을 갖게 될수록 사회는 더욱 비정신적으로 된다. 객관적 업적은 이제 돈으로 표시되며, 명예와 같은 덕목도 이제 상금으로 대체된다.

또한, 돈은 사유재산적 소유형식의 가장 적합한 토대이다. 풍부한 침투력을 가진 화폐경제의 활성화는 집단주의적 생활양식을 개인주의적 생활양식으로 변화시켰다(437ff). 재산 소유의 형식이 토지에서 돈으로 바뀌면서, 개인은 경제활동 장소의 자유를 획득하고, 이로 말미암아 사회 전체에 대해 보다 독립적인 감정을 갖게 되는데, 이는 사회의 공동체적인 관심을 소멸시키고, 나아가 개인을 사회 전체에 대한 대항적 존재로 만들었다(432f). 짐멜에 의하면, 가족관계의 점진적 해체도 개별적인 가족 구성원들의 분화된 경제적 이익들 때문에 발생한 것이다. 관계들이 돈과 관련하여 규정되면서, 개인들 사이에 보이지 않는 기능적 거리가 발생하며, 이 거리는 우리들 생활의 지나친 밀집과 마찰을 억제하기도 한다(596). 돈은 인간과 인간 사이뿐 아니라, 인간과 상품 사이에서도 경제적 거래의 대상들과 직접 접촉하지 않고, 돈이라는 매개체를 통해서 간접적으로 이루어지도록 만든다.[5] 돈은 소유자와 소유물을 완전히 분화시킨다.

이러한 돈에 대한 짐멜의 견해는 다음과 같이 요약할 수 있다:

1) 돈은 주관적인 경제적 가치가 객관화된 것이며, 교환과정을 통하여 그 주관적인 가치 의미가 극복된다.
2) 결국, 돈은 일정한 속성, 내용을 배제한 추상적 가치로서 나타나며, 이러한 돈의 사용은 사회적 신용관계에 바탕을 둔다.
3) 돈은 가치의 질적인 성격을 양적인 것으로 환원, 표준화한다.
4) 돈이 지배하는 사회에서 자아는 그가 가진 것을 통해 표현된다. 또한, 보다 많이 소유할수록 보다 많은 자유를 지닌다.

---

5) 짐멜에 의하면 자동판매기는 근대경제의 이와 같은 성격을 가장 잘 나타내 주는 보기이다. 모든 상품은 구매자의 심사숙고, 판매자의 노력과 설명에 상관없이 오직 가격이라는 등가물에 의하여 판단되며, 개인과 상관없이 빠르게 진행된다(575).

5) 돈은 수단 계열을 연장하고, 나아가 목적을 대체한다. 돈은 그 넓은 선택의 범위와 사용 시점의 자유로 인하여 그 효용성을 증대시킨다.
6) 돈은 사유재산적 소유형식을 발전시키는 데 기여하고, 그에 따른 사회 변화를 야기한다.

Ⅲ. 짐멜과 마르크스의 '돈' 개념의 비교

마르크스의 돈에 대한 저작은 『경제학-철학 초고(Ökonomisch-philosophische Manuskripte)』 제6장 '화폐', 『정치경제학 비판 요강(Grundrisse der Kritik der politischen Ökonomie)』 제2장 '화폐에 관한 장', 『정치경제학 비판을 위하여(Zur Kritik der Politischen Ökonomie)』 제2장 '화폐 또는 단순 유통', 『자본론(Das Kapital: Kritik der politischen Ökonomie)』 전 3권, 특히 제1권 제1편 '상품과 화폐' 등에 담겨 있다. 여기서는 가장 초기의 저작인 『경제학-철학 초고』 제6장 '화폐'와, 가장 후기의 작품인 자본론 제1권 제1편 '상품과 화폐'를 중심으로 마르크스의 돈에 대한 사상을 정리하고, 이를 『돈의 철학』에 나타난 짐멜의 사상과 비교하고자 한다.

마르크스는 그의 초기의 저작인 『경제학-철학 초고』 제6장 '화폐'에서, 돈을 "모든 대상을 내 것으로 할 수 있다는 속성을 가지고 있음으로써" 그 소유의 보편성이 그 존재의 전능성으로 발전될 수 있는 성질을 가진 것으로 기술한다(마르크스, 2008: 153). 돈은 욕구와 대상을 연결해 주는 '뚜쟁이'의 역할을 할 뿐 아니라, 또한 타인의 존재를 매개하는 '또 다른 인간'과도 같은 존재라고 말한다(마르크스, 2008: 153). 이러한 돈을 통해 살 수 있는 것은 외적인 물건뿐 아니라, 바로 자신, 그 돈의 소유자인 나이며, 결국 돈의 힘의 범위가 곧 내 힘의 범위가 된다(마르크스, 2008: 155). 그런 의미에서 나의 본질, 능력은 나의 개별적 특성이 아니라 돈에 의해 결정된다는 것이 마르크스의 생각이다.

이어서 마르크스는 셰익스피어(William Shakespeare)의 '아테네의 티몬(Timon of Athens)'을 인용하면서, 돈의 2가지 속성을 강조하는데, 그 첫 번째는 '가시적 신성'으로, 이는 모든 본성을 반대로 바꿀 수 있는, 또한 불가능을 연결해 주는 사물의 보편적 왜곡과 혼동의 원인이라고 설명한다. 또 하나의 돈의 속성을 마르크스는 '공동의 창부, 뚜쟁이'라고 기술하는데, 모순되는 속성이나 대상까지도 교환할 수 있고, 상상을 현실로 바꾸는 참된 창조력을 지닌 것으로 돈을 정의한다. 내가 인간으로서 할 수 없는 것을 돈을 통해서 할 수 있지만, 돈의 신적 힘은 인간의 소외에 기인한 것으로, 결국 돈은 '인간성의 소외된 능력'이라고 정의할 수 있다(마르크스, 2008: 156ff).

마르크스의 입장에서 볼 때, 자본주의사회는 근본적으로 소외된 사회이며, 그 가장 구체적인 결과는 사유재산이며, 이러한 사유재산의 보편적 표현이 돈이라고 할 수 있다. 시장 경제에서 돈은 바로 이러한 소외된 노동의 산물이며, 따라서, 돈을 바라볼 때는 그 자본주의적 생산관계를 고려하는 것이 중요하다. 어쩌면, 짐멜은 마르크스와 유사하게 돈의 배경이 되는 사회적 신뢰관계를 중요하게 생각하지만, 이 관계에 담긴 불평등, 계급성을 무시했다고 할 수 있다. 돈의 등장은 자본주의에 고유한 발전의 전제가 되며, 돈 중심의 자본주의적 발전을 촉진하는 수단이 된다. 자본주의사회에서는 결국 돈에 대한 욕구만이 자본주의적 욕구이며, 또한 모든 욕구는 돈으로 환원이 가능해진다.

마르크스의 돈에 대한 이해는 『정치경제학 비판 요강』과 『정치경제학 비판을 위하여』를 거쳐, 『자본론』에 이르러 완성되는데, 기본적인 돈의 속성에 대한 이해는 『자본론』 제1권 제1편인 '상품과 화폐'의 편에 잘 나타나 있다. 먼저 마르크스는 짐멜과는 달리 '사용가치'와 '가치' 혹은 '교환가치'의 개념을 구분한다. 즉, 짐멜이 단순하게 돈을 '주관적·경제적 가치의 객관화'와 연결한 데 비해(75), 마르크스에게 있어 주관적 가치는 '사용가치'로, '객관화된 가치'는 '가치' 혹은 '교환가치'로 구별된다. 또한 짐멜에 있어 객관화된 교환가치는 '효용'과 '희소성'을 통해 형성되지만, 마르크스는 교환가치를 그 속에 포함된 노동의 양에 의해서 정해지는 것으로 설명한다(마르크스, 2016: 47f). 마르크스에 의하면, '(교환)가치'는 오직 상품과 상품 사이의 사회적 관계에서만 나타날 수 있으며, 사용가치가 아니라 교환가치를 위해 노동을 사용하는 것이야말로 상품사회, 즉 자본주의사회의 특징이라고 주장한다(마르크스, 2016: 77).

교환에 있어 상이한 물건들의 가치는 동일한 단위로 환원된 뒤에야 비로소 양적으로 비교할 수 있는데, 이것이 바로 서로 다른 사물들의 가치를 재는 척도로서의 등가형태 그 자체인 돈의 기능이다. 하지만, 이 등가형태로서의 돈에는 사회관계의 특성, 즉 그 계급적 성격이 숨어 있으며, 이것이 돈의 '신비성'이라고 마르크스는 언급한다(마르크스, 2016: 74). 자본주의적 생산양식의 가장 중요한 특성인 '상품 형태'의 이 신비성은 노동의 사회적 성격을 노동생산물 자체의 물적 성격으로 보이게 한다는 사실에 있다(마르크스, 2016: 93). 인간의 눈에는 물건들 사이의 관계라는 환상적인 형태로 나타나지만 그것은 사실상 인간들 사이의 특정한 사회적 관계에 지나지 않는다. 이러한 과정을 통해, 돈은 구체적인 노동을 추상적인 현상으로 만드는데, 생산에 들어간 노동이 그 물건의 '객관적' 속성, 즉 가치로 나타나는 것이 역사적으로 특수한 발전단계, 바로 자본주의사회의 중요한 특징이라고 기술한다(마르크스, 2016: 78f).

마르크스는 이와 같은 환상의 비슷한 예로 '종교세계'를 거론하는데, 그에 따르면 종교는 "인간두뇌의 산물들이 스스로 생명을 가진 자립적 인물로 등장해 그들 상호 간 그리고 인간과의 사이에서 일정한 관계"를 맺는 것이다(마르크스, 2016: 94). 이러한 종교세계는 현실세계의 반영에 지나지 않는데, 현대의 상품생산 사회에 가장 적합한 형태의 종교는 추상적 인간에게 예배하는 기독교, 특히 그것의 부르주아적 발전 형태인 프로테스탄트교나 이신론이라고 마르크스는 생각한다(마르크스, 2016: 102). 또한 정치경제학이 부르주아 이전의 사회적 생산유기체의 형태들을 취급하는 태도와 기독교 성직자들이 기독교 이전의 종교를 취급하는 태도가 비슷하다고 비교하기도 한다(마르크스, 2016: 106).[6)]

마르크스는 한편으로, 짐멜과 같이 돈이 유통수단으로서 기능할 때에는 단순한 상징에 의해 대체될 수 있다고 생각한다(마르크스, 2016: 118). 그러나 상품과 화폐를 대조적 위치에 놓은 짐멜과 달리,

---

6) 종교와 돈의 관계는 다른 맥락에서 『자본론』의 '서문'에도 잠깐 나타나는데, 마르크스는 그곳에서 "영국 국교는 자기의 신앙조항 39개 중 38개를 침해하는 것은 용서할지언정 자기 수입 1/39을 침해하는 것은 결코 용서하지 않을 것이다. 오늘날에는 무신론 그 자체는 기존 소유관계에 대한 비판에 비하면 작은 죄다"라고 기술하며, 이러한 시대의 대세는 종교가 감출 수 없는 것이라고 주장한다(마르크스, 2016: 7).

마르크스는 화폐도 일종의 상품이라는 의미에서 모든 상품이 일종의 상징이라고 주장한다(마르크스, 2016: 118). 마르크스에 의하면, 상품은 화폐에 의해서 동등한 것이 되는 것이 아니라, 반대로 모든 상품이 가치로서 대상화된 인간노동이기 때문에 공통된 가치척도, 즉 화폐로 전화될 수 있는 것으로, 노동은 가치의 '내재적 척도'이고, 화폐는 이 척도의 '현상형태'라고 기술한다(마르크스, 2016: 122).[7]

돈에 의한 교환관계는 국가 권위에 의해 가능하다는 점에서도 마르크스와 짐멜의 입장은 동일하다. 그러나 마르크스는 주화 자체의 가치(물질적 존재)와 명목 가치(기능적 존재)를 구분하고, 지폐는 금의 양과 일치해야 한다는, 어느 정도는 본위화폐적 입장을 유지한다(마르크스, 2016: 167). 돈이 상품을 사기 위해서가 아니라, 자기목적적인 축재의 수단으로 사용될 수 있다고 생각한 점에서도 짐멜과 유사한데(마르크스, 2016: 169), 마르크스는 "금은 놀라운 물건이다. 그것을 가진 사람은 자기가 원하는 모든 물건을 지배할 수 있다. 금은 영혼을 천국으로 가게 할 수도 있다"는 콜럼버스(Christopher Columbus)의 편지를 인용하면서, 돈이 상품유통의 확대에 따라 언제라도 이용할 수 있는, 절대적인 권력의 수단으로서 그 힘이 증가하는 현상에 주목하며(마르크스, 2016: 170), 근대사회는 돈을 마치 기독교의 '성배'처럼 환영하고 있다고 언급한다(마르크스, 2016: 172).

하지만, 돈이 이러한 상품을 매개하거나, 유통수단으로서 기능하는 데 그치지 않고, '자본'으로서 '화폐 자체의 증대', 즉 '잉여가치'를 목적으로 사용된다는 점을 분석한 것은 마르크스의 독특한 기여이

7) 유사한 개념인 가격은 가치의 화폐형태라고 설명할 수 있다.

다(마르크스, 2016: 197). 현대사회에서의 순환과정은 상품의 소비로서 종결되지 않기 때문에, '잉여가치'를 위한 '자본으로서의 돈'의 순환과정은 무한반복이 가능하며, 추상적 부를 점점 더 많이 획득하는 것이 자본의 유일한 추진 동기가 된다(마르크스, 2016: 199). 이러한 '자본으로서의 돈'의 성격은 짐멜이 언급한 단순한 '돈의 목적론적 전위'와는 다르다. 짐멜이 언급한 '인색'이 돈을 유통과정으로부터 끌어냄으로써 부를 증대시키려는 노력이라면, 자본가의 활동은 돈을 '끊임없이' 유통과정에 투입함으로써 부를 증대한다. 마르크스에 의하면, 이 과정에서 가치는 스스로 발전하여, 스스로 운동하는 하나의 실체로서 나타나게 된다(마르크스, 2016: 202).

위에서 언급한 바와 같이, 마르크스의 돈에 대한 입장을 짐멜과 비교하면, 많은 유사점에도 불구하고, 다음과 같은 점에서 중요한 차이를 지닌다고 할 수 있다:

1) 짐멜이 단순하게 돈을 '주관적·경제적 가치의 객관화'로 표현한 데 비해, 마르크스는 주관적 가치는 '사용가치'로, '객관화된 가치'는 '가치' 혹은 '교환가치'로 구분하고, 후자를 그 속에 포함된 노동의 양에 의해서 정해지는 것으로 설명하였다.
2) 상품과 돈을 대립적 위치에 놓은 짐멜과 달리, 마르크스는 돈도 일종의 상품이라고, 즉 상품의 또 다른 형태로서 존재하는 것으로서 분석한다. 그리고 이와 같이 돈 속에 숨어 있는 '상품형태'의 신비성은 노동의 사회적 성격을 노동생산물 자체의 물적 성격으로 보이게 한다는 사실에 있다고 주장한다.
3) 돈이 지닌 다양한 잠재적 가능성·전능성을 강조한 점에서 짐멜과 마르크스는 비슷하지만, 이러한 돈의 성격이 등장하게 된

역사적 상황, 그 사회적 관계를 구체적으로 분석한 것이 마르크스의 중요한 기여이다. 특히, 상품의 유통수단으로서의 돈의 역할에 그치지 않고, 자본으로 전환된 돈의 증식과정을 별도의 과정으로 이해한 것은 마르크스의 탁월한 점, 혹은 역으로 짐멜의 한계라고 할 수 있다.

Ⅳ. 『돈의 철학』에 나타난 돈과 종교

짐멜의 종교에 관한 저술은 『종교론(Die Religion)』(1912)이 대표적이며, 그 외에 상당수 종교에 관한 논문이 『종교사회학 논문집(Gesammelte Schriften zur Religionssoziologie)』(1989)이라는 이름으로 출간되어 있다. 『돈의 철학』은 종교에 관한 저술은 아니지만, '돈'과 비교하는 과정에서 짐멜은 '종교'에 대한 자신의 견해를 그 나름대로 밝히고 있다. 특히, '내용'과 '형식'이라는 사회현상에 대한 짐멜의 기본적인 범주적 관찰 아래서, '돈'과 '종교'의 '형식'적 측면의 유사성을 밝히는 부분은 상당히 흥미롭다. 본고에서는 주관적 내용과 객관적 형식의 관점에서 바라본 돈과 종교, 돈과 종교의 유사성과 그로 인한 위험, 돈과 종교에 있어서의 인간의 가치문제, 돈과 종교의 그 밖의 유사성의 순서로 짐멜의 『돈의 철학』에 나타난 돈과 종교의 문제를 생각해 보고자 한다.

1. 주관적 내용과 객관적 형식의 관점에서 바라본 돈과 종교

짐멜은 먼저 '종교적 상징'을 "정신의 인식활동과 평가활동의 형

이상학적 통일성이 언어로서 표현"된 것이라고 기술한다(80). 짐멜은 일반적인 신의 개념이 모든 '경험적인 것과의 대립'을 통해서만 가능하다고 주장하는데(82), 이러한 그의 입장은 '주체'와 '객체', '가치'와 '현실'이라는 대립구조 아래서의 현실 인식의 한 예이며, 이는 '주관적 가치'의 상징적 표상으로서의 '돈'의 경우에도 상응한다. 짐멜에 의하면, "우리에게 종교적인 감정을 불러일으킬 수 있는 어떤 구체적 상징의 의미, 일정한 생활상태를 변혁시키거나, 유지시키거나, 발전시키거나 혹은 지체시킬 것을 주장하는 도덕적인 요구, […] 이 모든 것들은 전적으로 자아 내부에서 경험되고 실현되는 요구들이며 결코 대상들 자체 속에서 대응물이나 객관적인 출발점을 갖고 있지 않다"(87). 마찬가지로 "가치는 욕구의 상관개념이다. 마치 존재의 세계가 나의 표상이듯이, 가치의 세계는 나의 욕구이다"(88). 이와 같이 상징으로 표현된 종교적 가치이든, 돈으로 표현된 경제적 가치이든 이들이 주관적 '가치'를 객관적 '형식'으로 표현한 것이라는 데에서는 동일하다.[8)]

종교에 있어 교리와 도덕의 관계에 대하여도, 많은 사람들이 "종교적 교리로부터 도덕적인 명령을 이끌어 내는 것"으로 생각하지만, 사실은 "도덕적인 명령이 우리들 속에 이미 존재하기 때문에 종교적인 교리를 신봉하는 것"이라고 짐멜은 주장한다(120). 이는 '주관적 가치'가 '객관적 형식'으로 드러난 것이 '종교'라는 앞의 주장에 대한

8) 이와 같은 입장은 짐멜의 1898년 발표된 "종교의 사회학을 향하여(Zur Soziologie der Religion)"라는 논문에서도 잘 나타난다. 짐멜은, 고유의 실체와 관심의 표상에 근거한 영역인 종교는 점차로 특정한 파생물에 투영되며, 사회적 관계의 여러 형식들이 하나의 종교적 표상세계로 압축 혹은 정신화되어, 구체적 감정내용들은 초월적 관념의 관계로 이양되고, 주관적인 믿음의 과정으로부터 그 대상(Objekt)이 나타나게 된다고 기술한다 (Simmel, 1989: 40ff).

반복적 기술로 볼 수 있다. 결국 돈이 '실체화한 가치'이며, '사물들 자체를 배제한 사물들의 가치'인 것처럼(156), 종교의 모든 신성한 대상은 인간과 신의 관계가 하나의 실체 속에서 구체적으로 표현된 것일 뿐이다(166). 그러나 짐멜은, 종교적 가치가 어느 정도 사제와 교회와 같은 것 안에 구체화되어 있는 반면, 경제적 가치는 구체적인 가치 있는 대상으로부터 거의 완전히 초연하게 존재한다고 그 차이를 언급하기도 한다(203).

하지만, 이러한 '주관적 가치'와 '객관적 형식'의 관계는 다양한 차원에서 형성될 수 있다. 종교적 욕구를 제도적인 예배와 공식에 의해서 만족시키는 사람이 있는 반면에, 신에 대한 보다 개인적인 접근을 통해 만족시키는 사람도 존재한다. 이러한 차이는 결국 종교적 생활양식의 차이를 야기한다. 마찬가지로 매매, 협정 및 계약 등을 단순히 그 내용을 공포함으로써 덜 공식적으로 행하는가, 혹은 격식을 차린 상업의 외부적 상징에 의해서 합법화되고 구속력을 갖는가에 따라 경제적 생활양식도 근본적으로 달라질 수 있다(191).

그럼에도 불구하고, '주관적 가치'가 '객관적 형식'으로 일단 표현되고 나면, '객관적 형식'은 그 자체의 고유한 관계와 법칙을 따르는 경향이 있다. 종교에서 말하는 '신의 원리'는 '세상의 요소'를 창조한 후에는 그 요소들에 힘을 부여하고, 힘들 자체의 상호작용을 허락하면서 물러가게 되며, 이와 같이 '세계의 과정의 독립성'은 신의 권력이 세계에 대한 자신의 목적을 성취시키는 가장 적합한 수단으로서 선택된다(100). 동일한 경향이 내용적 '가치'와 형식적 '돈'의 관계에서도 적용되는데, 대상들은 교환과정을 통하여 이제 자아의 주관적 가치에 매번 관련시키지 않고서도 서로서로 측정될 수 있게 되며,

그에 따라서 경제적 대상들에는 그것의 고유한 속성인 것처럼 가치량이 부여되고, 돈은 이 가치평가의 결과를 대표하는 의미를 지니게 된다(100f). 사람들이 종교적인 혹은 사회적인 감정을 느낄 때, 이러한 감정의 대상이란 결국 '총체적 현실로부터의 추상'인 것처럼(103), 경제체계는 진실로 교환의 상호성, 희생과 수익의 균형과 같은 추상적 기초 위에 자신의 독자적인 세계를 구축하게 된다(104).

이러한 과정에서 종교를 비롯한 언어, 윤리, 법 등 집단 내부에서 출현하여 집단을 지배하는 다른 기본적 생활형식들과 마찬가지로, 돈에 의한 교환과정 및 그에 따른 경제제도도 상호작용을 통해 인간들 사이의 구조로서 발생한다(128). 일단 개인들의 상호작용으로부터 객관적인 제도가 발전하게 되면, 그 전에는 달성할 수 없었던 목적을 실현케 하는 효과적인 도구를 제공한다. 이러한 상황은 교회의 도구인 종교적 의례에 있어서도 마찬가지이며, 이 도구로서의 의례는 종교적 공동체의 전형적인 감정을 객관화하는 데 기여한다. 이러한 객관화는 종교적 감정의 궁극적 목표에 대해서는 하나의 우회로로 생각되지만, 개인이 혼자서는, 즉 직접적인 방법으로는 성취할 수 없는 목적을 위한 도구로서의 역할을 한다(268). 돈도 이와 같은 성질을 갖춘 가장 순수한 형태의 도구이다. 종교적인 의례가 그 특정한 목적에 너무 밀접히 연결되고 심지어는 동일시되어서, 그 스스로를 궁극적인 가치로 간주하고, 종종 그 도구적 성질을 망각하게 하지만, 돈의 경우에 있어서는 그 도구로서의 성격은 모호해지지 않는다(269f).

이렇게 해서 종교적 상징이 종교적 내용을 대표하듯이, 개인들의 교환활동은 구체적이고 확정된 형태의 돈에 의해서 대표된다. 여기서 짐멜은 종교의 개인적 차원뿐 아니라, 사회적 차원에 대해서도 언급하는데, 수호신이나 법궤와 같은 종교적 상징은 개인적인 종교적 내용뿐 아니라, 그 집단의 응집력을 표현한다(226). 그리고 성직자와 사원이 공동체의 종교와 분리되면 의미를 상실하듯이, 교환관계를 벗어나면 화폐도 거의 의미를 갖지 못한다. 결국 종교와 돈의 사용은 공통적으로 (사회적인) 신뢰체계를 바탕으로 하는데, 이 둘 모두 이론적으로는 설명할 수 없는 것이다. 누군가가 신을 믿는다고 말할 때, 이것은 여러 가지 이유들에 의존할 수는 있지만, 그것들에 의해 설명되지는 않는다.[9] 경제적 신용도 이러한 이론으로 설명할 수 없는 신념의 요소를 포함하고 있으며, 물질적 재화들과의 교환에 있어서의 타당성을 공동체가 보장해 줄 것이라는 신념 역시 종교적인 신념의 요소를 포함하고 있는 것으로 짐멜은 보고 있다.[10] 그는 화폐경제체제를 이미 물질적 화폐 속에 존재하던 신용의 요소들의 발전, 독립 및 독자성의 증가로 해석한다(230).

하지만, 짐멜은 사회를 보편적인 것이지, 추상적인 것은 아니라고 생각한다(259). 종교적 감정 또한 특정의 신앙 내용과 대립하는 보편적인 것이며, 화폐의 가치도 화폐의 재료와는 별개의 독립적인 것

---

9) 쉽게 믿을 수 있는 신인동형설과 감각적인 증명들과는 반대로, 신과 개별적인 인간 사이의 거리가 확대될수록 이 거리를 극복하기 위해서는 최대의 '신앙심'이 필요하다. 이와 마찬가지로, 경제적 신용거래에서도 직접적인 가치교환을 대신하여 하나의 거리가 설정되면, 이 거리는 신뢰에 의하여서만 극복될 수 있다고 짐멜은 주장한다(599).

10) 이러한 경제적 신념이 과거에는 종교에 의해 뒷받침되기도 하였고, 화폐가 종교적 통일의 중요한 상징이 되기도 하였다. 그리스 문화에서 모든 화폐는 신성한 것이었으며, 이를 통해 종교적 통일을 드러내었다(240). 무게, 크기 및 시간을 지칭하는 일반적으로 타당한 다른 개념들과 마찬가지로, 화폐는 사제들로부터 나왔고, 동시에 이 사제들은 여러 지역들의 통일을 대표하였다. 최초의 사회적 결사체들은 철저하게 종교적인 토대에 기초하였으며, 신전들은 초당파적인 중앙집권적 중요성을 갖는 한편, 화폐는 공동의 신의 상징을 통해서 이러한 사실들을 표현하였다. 신전 속에 결정화된 종교적인 사회통일은 유통되고 있던 화폐를 통해서 활력을 갖게 되고, 화폐는 화폐를 구성하는 금속의 가치를 넘어서서 중요한 토대와 기능을 획득하기도 하였다.

으로, 보편적이지만 추상적이지는 않은 가치 평가가 사회 및 경제적 발전의 일반적 추세와 같이 한다. 이러한 일반적 과정 속에서, 초자연적인 것들은 종교적 감정의 기능 속으로 통합됨으로써 종교가 되고, 금속도 이러한 형식을 취함으로써 돈이 된다(260).

2. 돈과 종교의 유사성, 그리고 그로 인한 위험

문화가 보다 높은 단계로 발전하기 위해서, 이전의 부분적 요소들은 새로운 정신적이고 포괄적인 종합 속으로 통일되기 위해 원래의 상호 결합과 통일성을 분해시켜야 한다. 돈은 자신의 기능의 이중성을 드러내며, 또한 통일함으로써 자신이 가장 위대하고 심오한 삶의 힘들의 형식임을 다시 한번 증명한다. 돈은 일련의 존재물들의 '내부에서의' 하나의 동등한 구성원 혹은 으뜸가는 구성원으로, 다른 한편으로는 모든 개별적인 요소를 지원하고 침투하는 하나의 통합적 힘으로서, 존재물들을 '초월하여' 존재한다. 마찬가지로 종교도, 한편으로는 삶의 하나의 힘으로서 다른 관심들과 공존하거나 갈등을 일으키면서 전체 인생을 구성하는 요소들의 하나이지만, 다른 한편으로는 전체적 통일성의 구현체로서 존재한다. 다시 말하면, 종교는 한편으로 생활 유기체의 한 구성요소이지만, 또한 "자신의 높은 수준과 내면성의 자기만족을 통해 생활유기체를 표현함으로써 생활유기체와 대립하여 존재한다"(605f).

심리적인 관점에서 볼 때에도, 돈은 절대적인 수단이요, 다양한 목적계열의 통일점이라는 점에서 신에 대한 관념과 연결된다. 짐멜에 의하면, 신 관념의 본질은 세계 내의 모든 다양성과 모순이 그 안에서 통일된다는 것이요, '대립되는 것의 일치'에 있다. 이러한 신 관념의 반향으로서 평화와 안정을 비롯한 무한히 풍부한 감정들이 솟아 나온다고 할 때, 돈이 유발하는 감정도 이것과 심리적인 유사성이 있다고 짐멜은 생각한다(303). 사실상 돈은 신과 같이 개별적인 것을 초월하는 고양된 지위를 소유하며, 그 전능한 지위에 대해 신뢰가 부여된다. 이 신뢰는 지고의 원칙(신)에 대한 신뢰와 유사한 것이다. 짐멜에 의하면, 유태인들이 화폐제도에 대해 특별한 적응성과 관심을 갖는 것은 그들의 '일신교적 훈련'과 연관되며(304), 돈이 경제생활 나아가 생활일반에 확산시키는 격렬한 감정과 종국적인 평안은 종교적 분위기의 효과와 매우 유사하다. 돈의 획득을 위한 투쟁에 있어서의 모든 흥분과 긴장은 그것을 소유한 이후에 갖게 되는 평안의 전제조건이며, 종교가 제시하는 영혼의 평안함, 존재의 통일점에 서 있다는 감정은 신에 대한 추구의 대가로서 그 지고한 의식적 가치를 획득하게 되기 때문이다.[11)]

금전문제와 관련해서 성직자들이 종종 적대감을 보이는 것은 이와 같은 유사성, 고도의 경제적 통일과 고도의 우주적 통일(신)이 심리상 유사하다고 하는 점으로 소급할 수 있으며, 또한 화폐적 관심과 종교적 관심이 대립할 위험성을 인식한 때문이었다. 교회법이 이자를 배척한 것은 이와 같은 화폐 일반에 대한 일반적 거부를 반영하는 것이라고 볼 수 있다. 역사적으로 초기의 유태인들은 제물을 항상 현물로 바쳐야 했다. 신전에서 멀리 떨어져 사는 사람들은, 돈을 가지고 와서 적당한 장소에서 다시 현물과 교환해야만 했다. 그리스의 델로스에서도 황소가 오랫동안 화폐가치의 표준적인 단위로

11) 일반적으로 돈은 돈과 연결된 희망과 공포, 욕망과 근심을 통해서 만들어 내는 강력한 효과들을 갖는데, 이는 기독교에서 천국과 지옥이 그러한 감정들을 발산시키는 것과 같은 힘을 갖는다고 짐멜은 생각한다(220).

서 사용되었다. 중세에는 종교적인 목적을 추구하는 장인조합들은 특정한 범죄에 대한 벌금을 (종교적인 의식에 사용할 양초를 만들기 위한) 밀랍으로 규정했던 반면에, 세속적인 조합들은 돈으로 내게 하였다. 이러한 관습들은 돈이 종교성과 양립할 수 없는 것이라는 생각에 근거한다. 중세에는 아직, 이자의 원리 그 자체는 극단적인 죄라고 여겨지지는 않았으며, 따라서 상품으로 지불하는 이자는 인정되었다. 죄악시된 것은 이자의 근원인 돈 자체로서, 돈 자체는 결실을 맺지 못하는 비생산적인 것이며, 따라서 돈의 사용에 대하여 상품의 사용과 똑같이 대가를 요구한다는 것은 죄악으로 간주되었다(461). 돈은 목적계열의 최종점이었고, 생활의 특수한 것에 대한 추상적인 것의 우위성을 부여함으로써 종교를 통한 그러한 만족 추구의 필요성을 감소시킨다고 생각되었는데, 이러한 의미에서 돈은 '세계의 세속적인 신'이라고 선언되기도 하였다(305).[12)]

이러한 돈과 종교의 유사성으로 인한 위험 때문에, 악마와 돈에 대한 유일한 안전판은 그것을 멀리하는 것이요, 아예 그 관계를 배제하는 것뿐이라고 생각했다. 이러한 태도가 일반적으로 표출된 대표적인 예는 초기 불교공동체였다. 그들에게 화폐는 통일적인 가치를 표상하는 것이어서, 그것을 거부하는 것이 곧 다양한 양상의 세

---

12) 짐멜은 "현대문화에서의 돈"이라는 논문에서도 다음과 같이 '돈'이 '신'으로 간주되는 과정에 대하여 기술한다: "심리학자는 돈이 바로 우리 시대의 신이라고 사람들이 빈번히 탄식하는 모습을 주목하지 않을 수 없다. 그는 물론 거기에서 돈에 대한 표상과 신에 대한 표상 사이에 존재하는 의미 있는 관련성들을 밝혀낼 수 있다. [···] 존재의 모든 낯섦과 화해 불가능성은 신에서 통일성과 화해를 발견한다는 이 이념으로부터 평화, 안전 그리고 모든 것을 포괄할 정도로 풍부한 감정이 유래하는데, 이 감정은 신에 대한 표상 및 우리가 신을 소유한다는 표상과 결부된 것이다. 의심할 여지 없이, 돈이 자극하는 감정들은 이것과 심리학적인 유사성을 지닌다. [···] 돈의 소유가 허락해 주는 안전과 평온의 감정, 그리고 돈에서 가치들이 교차한다는 확신은 순수하게 심리학적으로 보면-이른바 형식적으로 보면- 돈이 우리 시대의 신이라는 탄식에 대해 심층적인 근거를 제시해 주는 방정식이다"(게오르그 짐멜, 2005: 28).

상을 거부할 수 있는 길이었다(325). 또 하나의 예는 중세의 프란체스코파 수도회이다. 그들은 가난을 독립적인 가치 혹은 심원한 내적 요구의 상관개념으로 만들었고, 세계의 궁극적 목적의 완전한 표상이었던 수단, 곧 돈의 포기가 그들 삶의 태도의 최종적인 가치가 되었다(326).[13)]

그러나 한편, 예술가나 교사, 학자 그리고 종교인들의 활동은 어떤 객관적인 이상에 따라 측정되기는 하지만, 경제적인 성공의 측면 또한 그들의 활동에 상당 부분 중요하게 작용한다. 이러한 경제적 성공은 특히 저급한 성향을 가진 사람의 경우 매우 강조되며, 그 경우 본래의 객관적인 이상은 단순한 수단으로 전락할 수 있다. 이러한 경우에 돈은 상이한 질적 가치를 엄밀한 양적 규정에 의해서 동일한 기준으로 측정할 수 있게 해 주기 때문에, '실현되지 못한 핵심적이고 이상적인 목표에 대한 비교적 만족스러운 대체물'로서 기능하기에 매우 적합한 수단이 된다(395).

한편으로 돈은 종교적 결사체들이 각 결사체의 독자성과 자유를 포기하지 않으면서 보다 큰 결사체의 활동에 참여할 수 있게 하는 바탕이 되었다(434). 가난한 복음단체를 후원하려 할 때, '화폐' 기부금의 특성(구체적인 것을 지니지 않는 무특성적 특성)에 의해서 기부자들의 교리상의 차이가 제거되지 않는다면, 그에 의해 구성되는 대규모 공동체는 존재할 수도 없고, 활동도 할 수 없을 것이다. 즉, 루터교, 칼뱅파 및 가톨릭 등 서로 다른 종파들이 통일된 형식의 공

13) 유사한 맥락에서 흥미로운 것은 기독교 초기의 공산주의적 생활공동체와 현대의 공산주의에 대한 짐멜의 비교이다. 짐멜에 의하면, 초기 그리스도교에서 산발적으로 나타나는 공산주의는 현대의 공산주의와는 근본적으로 상반되는 것으로, 전자가 현세적인 재화에 대한 무관심으로부터 나오는 것인 반면에, 후자는 그것을 대단히 귀중한 것으로 평가하는 데서 출발하였다고 생각한다(324).

동체에 참여하기는 쉽지 않을 것이다. 화폐경제가 완성된 이후에야 이러한 목적결사체-종교적 결사체도 포함하여-가 순수한 형식으로 발전하는 것이 가능하였으며, 오늘날 어떠한 금전적인 이해관계를 전혀 포함하지 않는 결사체는, 비록 그것이 종교단체라 하더라도 아마 존재하지 않을 것이다(436).

좀 더 일반적인 의미에서 볼 때, 집단의 확대는 한편으로는 그 개별구성원의 개인주의화 및 독립화와 함께 이루어졌다. 종교적 공동체의 역사도 이러한 유형을 따르게 되는데, 개성의 발전에 있어서 돈이 갖는 중요성은, 돈이 사회집단의 확대와 관련하여 갖고 있는 중요성과 매우 긴밀하게 연결되어 있다(437). 돈이 발전하는 과정에 있어서의 토지의 중요성의 감소는 교회와 같이 협동과 통일을 목표로 하는 단체들이 집단주의적 생활형식으로부터 개인주의적 생활형식으로 변화하는 데 영향을 끼쳤으며, 화폐경제의 발전에 따른 토지의 분할과 동산화는 이러한 변화의 원인이면서 동시에 수단으로서 작용하였다(444). 가족연속성이라는 원칙 또한, 종교적인 지원을 받으면서 토지소유가 차지하고 있었던 중심적인 위치와 밀접한 관계를 맺고 있었기 때문에, 소유양식과 생활형식의 변화는 가족제도 전반에 중요한 영향을 미쳤다고 짐멜은 생각한다(445).

3. 돈과 종교, 인간의 가치

기독교로부터 출발한 서구 사회 인간 가치의 발전은, 인간은 '절대적인' 가치를 지닌다는 개념에 기초한다. 이것은 살인배상금이나 노예제와 같이 인간을 공리적·객관적으로 평가하는 방식을 근본적으로 부인한다. 이러한 평가방식은 절대적인 전체 인간을 순수히 양적으로 규정된, 상대적 가치인 화폐와 동등한 것으로 취급한다. 하지만, 현실적으로 교회는 이러한 상대적 평가를 완전히 거부하지는 못했고, 역사적으로 볼 때, 노예제에 대항하여 철저하게 투쟁하지도 않았고, 살인배상금을 통한 살인죄의 속죄도 지지하였다(453). 고대 아시아에 있어서는 모든 계급의 소녀들이 지참금이나 신전에 바칠 제물을 벌기 위해서 매춘행위를 하였다. 그것은 결코 부끄러운 일도, 종교적 감정에 위배되는 일도 아니었다. 뇌물과 관련해서도, 짐멜이 인용한 중세 한 플로렌스 주교의 언급은, 성직매매와 관련하여 도덕성을 자랑하는 순수한 양심과 수뢰 행위에 대한 냉혹한 저주가 어떻게 공존할 수 있는가를 잘 보여 준다. 그는 성직 매매자들을 몰아내기 위해서는 수많은 돈을 지불하여서라도 교황청을 매수하고 싶다고 말하였다(486). 그러나 역설적으로 점증하는 무차별성과 객관성 때문에 돈은 개인적 가치의 등가물로서는 점점 부적합한 것이 되고, 돈 때문에 자신의 몸이나 양심을 파는 행위는 수치스러운 것으로 여겨지게 되었다.

인간의 가장 내면적인 관계가 문제가 되는 곳에서는 벌금이 부적절한 수단이라는 사실은 강조할 필요가 있다. 7세기 이후로 고해성사는 돈으로 대체되고, 순회주교의 범죄자에 대한 종교적인 처벌도 화폐지불로 대체되었지만, 이러한 화폐지불은 시간이 흐름에 따라 매우 부적절하고 불충분한 처벌로 느껴졌다. 이 사실은 화폐의 중요성이 증대되었다는 것을 부정하는 것이 아니라, 역으로 그 중요성을 그대로 증명하여 준다고 짐멜은 생각한다. 인간의 독특성과 개별성을 강조하면서 인간의 영혼을 높이 평가하는 경향은, 거의 모든 대상들과 교환될 수 있다는 화폐의 발전경향과 갈등을 일으키며, 이에 따라 고해성사를 벌금으로 대체하는 것을 금지하게 만들었다. 하지만 이러한 과정 속에서도 화폐는, 더욱더 다양한 대상들의 등가물이 되어, 모든 특수한 가치들에 대한 '냉혹한 무관심'과 '완전한 추상성'의 특징을 획득하였다(459).

이와 같이 기독교가 영혼의 절대적 가치에 결부시킨 궁극적 목표의 개념, 그리고 이러한 생각과 돈의 관계는 매우 독특한 발전과정을 겪었다. 목표에 대한 열렬한 욕구와, 그럼에도 불구하고 그 욕구가 만족스럽게 충족되지 못하는 상황은 근대인이 궁극적 목표를 상실한 결과라고 짐멜은 말한다. 그러나 궁극적 목표의 개념이 인간영혼의 평가를 위해 기여한 부분은 사라지지 않았으며, 이는 기독교 유산의 긍정적 공헌의 하나라고 짐멜은 언급한다(455).

4. 돈과 종교의 그 밖의 유사성

돈은 그 본질과 근원적 의미에 있어서는 이해관계들의 대립을 초월하여 무차별성으로 존재하지만, 동시에 공정한 심판자의 입장을 벗어나서 어느 쪽 입장을 지지함으로써 개별적 이해관계들의 대립에 관여할 수도 있다. 이것은 종교에도 똑같이 적용된다. 인간은 자신의 욕구와 그 욕구의 충족, 그의 당위와 실천, 그의 이상적 세계관과 현실의 분열을 극복/통일시키기 위해서 종교를 필요로 한다. 그러나 일단 이렇게 성립된 종교는, 갈등하는 현실세계 속에서 자신이 스스로 통일시킨 바 있는 존재의 이중구조에 다시 참여하고, 그중 어느 한 편을 지지하게 된다. 한편으로 종교는 우리의 삶 전체와 대립하는, 인간의 모든 상대성을 초월한 총체적 존재이지만, 다른 한편으로는 삶을 구성하는 하나의 요소로서 삶 '속에' 존재한다. 결국 종교는 하나의 완전한 유기체인 동시에 유기체의 일부분이며, 존재

의 일부분이면서도 동시에 보다 고차원적인 내면화된 단계의 존재 자체이기도 하다(618f).[14]

또한 종교는 돈과 마찬가지로 어느 정도의 의식의 역을 소유한다. 동일한 현상이라 하더라도 작은 양의 경우에는 일상적인 것으로 바라보지만, 보다 양이 증대되어 강력하고 자극적인 차원에 이르게 되면 종교적인 성찰의 대상이 될 수 있다. 예수나 석가는 이러한 역치를 뚫고 나타난 인물이라고 볼 수 있다(337f). 마찬가지로 돈의 가치에 대해 반응하는 의식의 역이 존재하는데, 특정량 이하의 자극은 경제적인 것으로 의식되지 않으며, 또한 사물의 화폐가치가 그 단순한 증대로 인하여 그 질적인 성격, 욕구를 역전시킬 수 있음은 앞에서 기술한 바와 같다.

한편, 경제적 교환은 그렇지 않았다면 유용하게 사용되었을 '재화의 희생'을 의미한다. 마찬가지로 종교적인 가치 또한 다른 가치의 희생을 통해서만 획득될 수 있다(108). '죄의 정복'이, 처음부터 정의로운 사람은 누릴 수 없는 '천상의 즐거움'을 영혼에 부여하는 것처럼, '돈'과 '종교' 모두에서 "희생을 요구하는 방해적인 반작용은 종종 목표의 적극적인 전제조건"으로 작용한다(109).

V. 나가는 말

본고는 짐멜의『돈의 철학』을 중심으로 현대사회에 있어서의 돈

14) 한 영역 내부에서 수립된 규칙들이 그 영역의 외부에 존재하는 집단들에는 완전히 다르게 적용되기도 한다. 이를테면, 종교는 그 신자들에게 평화의 복음을 설교하지만, 이단자들과 그 밖의 세력들에 대해서는 호전적이며 잔인할 수 있다(543).

과 종교의 관계를 살펴보고, 이에 대한 시사점을 제시하는 것을 목적으로 하였다. 이것을 위하여 먼저 짐멜이 설명하는 돈의 본질적 요소를 그의 『돈의 철학』을 중심으로 살펴보고(2장), 또한 다른 고전적 분석가인 마르크스와 비교하였고(3장), 다시 짐멜의 『돈의 철학』에 나타난 종교에 대한 언급을 통해 돈과의 관련성을 생각해 보았다(4장). 이 글을 마침에 있어, 필자는 이상의 논의가 현재의 돈과 종교의 관계에 대한 시사하는 바를 대립적 질문 형식으로 제시해 보고자 한다.

가장 먼저 언급되어야 할 중요한 질문은 "통일된 가치 척도냐? 가치의 다양성이냐?" 하는 문제이다. 짐멜은 돈이 다양한 가치의 질적 차원을 양적으로 전환, 환원, 표준화시키는 기능을 수행한다고 지적한 바 있다. 하지만 이러한 돈에 의한 가치 판단의 획일화는 인간의 고유한 가치를 비롯하여 다양한 예술적·윤리적·종교적 가치를 파괴하는 결과를 야기하기도 한다. 이는 마르크스가 돈을 혼동과 왜곡의 원인으로 본 것과 연결되며, 하버마스(Jürgen Habermas)가 '체계에 의한 생활세계의 식민화'라고 언급한 현상이기도 하다.[15] 대개의 인문학적 접근은 이러한 돈에 의한 '통일된 가치 판단'을 부정적으로 바라보지만, 이것이 갖는 긍정적인 측면은 없는 것일까? 또는 시장이 지배하는 현대 자본주의사회에서 불가피한 측면은 아닐까? 어쩌면 이는 '거룩함'이라는 종교적 속성이 갖는 양가성[16]과 마찬가지로 '돈'이 갖는 양가적 속성은 아닐까?

이와 관련하여 제기할 수 있는 두 번째 질문은 풍요사회로의 접근

15) 종교에 대한 이러한 '생활세계의 식민화'에 대하여는 최현종(2013) 참조.

16) 이에 대하여는 더글라스(1997) 참조.

에 따른 '돈의 효용성' 문제이다. 아직 갈 길은 멀지만, (경제적인) 풍요 사회가 이루어진다고 할 때, 과연 돈은 지금과 같이 중요한 역할, 가치 판단의 척도로서 여전히 기능할 수 있을 것인가? 짐멜은 돈의 경제적 '의식역'에 대해 언급하고, 또한 부유한 자와 가난한 자가 지니는 돈에 대한 다른 의식을 얘기한다. 현대에 있어 잉글하트(Ronald Inglehart)는 사회가 풍요로워짐에 따른 이러한 가치관의 변화를 '탈물질주의'라는 개념하에 다양하게 기술한 바 있다(Inglehart, 1977; 1989; 1997).[17] 경제적 필요가 아직 충족되지 못한 사회에서 돈이 차지하는 역할은, 어느 정도 그 필요가 보편적으로 채워지는 사회에서는 달라지지 않을까? 이는 잉글하트의 이론이 기초한 매슬로(Abraham Maslow)의 '욕구위계설'에서도 어느 정도 확인되는 바이다(매슬로, 2009). 돈이 절대적으로 필요하지 않은 이상사회는 오지 않겠지만, 그 필요성이 감소하는 사회는 올 수 있지 않을까? 그리고 그러한 사회에서는 돈이 가치판단의 통일적 도구로서 수행하는 역할도 감소하지 않을까?

풍요사회의 미래적 시점이 아닌 현재적 시점에서 바라볼 때, 제기할 수 있는 또 하나의 질문은 현재의 돈의 역할에 대한 종교의 제어기능의 문제이다. 짐멜이 기술한 바와 같이, 역사적으로 종교는 '돈'의 일방적 작용을 반대하는 역할을 천명하였음에도 불구하고, 지속적인 성공을 거두지는 못했다. 바타유(Georges Bataille)는 돈으로 대표되는 현대의 도구적 사물의 파괴, 중요한 관심의 대상을 '생산'에서 '비생산적 소비'로 돌리는 것이 종교의 중요한 기능이라고 주장

17) 탈물질주의가 한국 사회의 종교지형 변화에 미친 영향에 대하여는 최현종(2011), 1, 3, 5장 참조.

하지만(바타유, 2015), 이러한 주장이 이념형적 목표는 될 수 있을지언정, 현실적인 종교의 양태로 자리 잡기는 쉽지 않다. 오히려 현대의 많은 종교는 '세속적' 부와 건강을 증진하는 것을 위한 하나의 수단으로 전락하기도 하였다. 이러한 종교의 기능 문제는 앞서 제기한 '통일 척도 vs. 다양한 가치' 문제와도 연결된다. 짐멜이 언급한 대로, 돈에 대한 지나친 부정은 그 역할이 중요함에 대한 반증이기도 하다. 오히려, 본문에서 언급된 종교와 돈의 유사성은 제어가 아닌, 현대의 '신'으로서의 '돈'의 역할을 지지해 주는 것인지도 모른다.

참고문헌

더글라스, 메리. 1997. 『순수와 위험』. 유제분/이훈상 역. 서울: 현대미학사.

마르크스, 카를. 2007. 『정치경제학 비판 요강 1』. 김호균 역. 서울: 그린비.

______. 2008. 『경제학-철학 초고/자본론/공산당선언/철학의 빈곤』. 김문현 역. 서울: 동서문화사.

______. 2012. 『정치경제학 비판을 위하여』. 김호균 역. 서울: 중원문화.

______. 2016. 『자본론: 정치경제학 비판 I』(상). 2015년 개역판. 김수행 역. 서울: 비봉출판사.

매슬로, 에이브러햄. 2009. 『동기와 성격』. 오혜경 역. 서울: 21세기 북스.

바타유, 조르주. 2015. 『종교이론: 인간과 종교, 제사, 축제, 전쟁에 대한 성찰』. 조한경 역. 서울: 문예출판사.

짐멜, 게오르그 1983. 『돈의 철학』. 안준섭/장영배/조희연 역. 서울: 한길사.

______. 2005. 『짐멜의 모더니티 읽기』. 김덕영/윤미애 역. 서울: 새물결.

______. 2007. 『게오르그 짐멜의 문화이론』. 김덕영/배정희 역. 서울: 도서출판 길.

최현종. 2011. 『한국 종교인구변동에 관한 연구』. 부천: 서울신학대학교출판부.

______. 2013. 「생활세계의 식민화와 종교시장 체계」. 『한국기독교신학논총』 85: 215-233.

Inglehart, Ronald. 1977. *The Silent Revolution: Changing Values and Political Styles among Western Publics.* Princeton: Princeton University Press, 1977.

______. 1989. *Kultureller Umbruch: Wertwandel in der westlichen Welt.* F.a.M.: Campus.

______. 1997. *Modernization and Postmodernization: Cultural, Economic and Political Change in 43 Societies.* Princeton: Princeton University Press.

Simmel, Georg. 1989. *Gesammelte Schriften zur Religionssoziologie.* Berlin: Duncker & Humblot.

______. 1995(1912). *Die Religion.* F.a.M.: Suhrkamp.

09

한국 교회 재정구조 분석: 한국 교회는 시장 체계를 뛰어넘을 수 있을까?*

Ⅰ. 들어가는 말

현대사회에서 돈의 역할은 매우 중요하다. 돈에 초연해야 할 것처럼 생각되는 종교 기관에서도 이러한 사정은 마찬가지이다.[1] 필자는 이미 이전의 논문에서 생활세계의 영역에 위치해야 할 종교가 어떻게 체계에 의해 식민화되고 왜곡되는가를 제시한 바 있다(최현종, 2013: 215-233). 종교가 체계, 그중에서도 시장 체계 내의 한 요소로 존재할 때, 그 매체인 돈의 흐름과 중요하게 관련을 맺을 수밖에 없지만, 그럼에도 불구하고, 종교기관의 돈의 흐름, 재정구조에 대한 구체적 분석은 많지 않은 형편이다. 개신교로 한정할 경우, 이러한 사정은 더욱 분명하여서, 노치준(1995: 145-203, 205-273)과 황호찬/최현돌(1998: 93-109)의 연구 외에는 주목할 만한 연구는 거의 없다.[2] 본 연구는

---

* 본 장은 『신학과 사회』 31-3(2017)에 처음 발표되었고, 이후 『종교인은 돈을 어떻게 생각하는가』 (동연, 2018)에도 수록되었다.

1) 심지어 미국에서는 *More Money, More Ministry* (Grand Rapids, William B. Eerdmans Publishing Company: 2000) eds. by Larry Eskridge and Mark A. Noll라는 책까지 나오기도 하였다.

2) 이 연구들에 대한 일종의 결론으로 노치준은 「희년, 한국 교회의 재정과 사회 봉사」 (1998: 177-200)를, 황호찬은 「발전적 청지기 모델에서 본 한국교회 구조조정의 문제점과 개선안: 재무구조를 중심으로」(1998: 76-88)를 펴내기도 했다. 이 외에 한국교회 재정에

이러한 선행연구들을 이어 현재의 시점에서 개신교의 수입 및 지출구조가 어떠한 형편인지 살펴보고, 그 주요 항목별로 관련 변인과의 관계 속에서 어떻게 차이를 나타내고 있는지 확인하며, 이러한 한국 교회의 재정구조가 갖는 문제들을 개략적으로 생각해 볼 것이다. 하지만, 연구 방향을 재정'담론'보다는 재정'현황' 분석에 중점을 두었기에 문제점 및 그에 대한 논의는 부족할 수밖에 없음을 미리 밝혀 둔다.

II. 연구 방법

각 교회의 연말 보고서에 나타난 예결산 내용을 토대로 하였다.[3][4] 분석 대상 교회의 수는 180개이며,[5] 그 지역별, 교단별, 교회 규모별 구성은 <표 1>과 같다. 교회의 규모는 출석인원을 기준으로 하였으나, 조사 과정에서 재적인원이 계상된 경우도 일부 있었다. 지역은 분석과정에서 다시 대도시와 농촌 및 중소도시로 구분하였는데, 대도시는 광역시 및 인구 100만 이상의 도시를 기준으로 하였다.[6] 분석된 교회의 대도시:농촌 및 중소도시의 분포는 109(60.6%):

관한 연구로는 김웅배(2001), 김창수(1989), 차승만(1989) 등 학위논문들이 있으나, 김창수의 논문을 제외하고는 특별히 중요한 자료를 제공해 주지는 못하고 있다.

3) 서울신대와 감신대의 종교사회학 과목 수강생들이 이를 위해 수고해 주었다. 이는 교단별 분포에서 감리교와 성결교가 상대적으로 높은 비율을 차지한 요인이기도 하다.

4) 이는 노치준의 연구방법과 동일하다. 이에 반해 황호찬/최현돌은 교회 직분자들에게 설문하는 방법을 사용하였다.

5) 수집된 보고서는 200개를 넘었으나, 분석에 필요한 정보를 담고 있지 못한 교회들은 일부 제외되었다. 노치준의 연구에서 분석된 교회는 각각 154개(1982), 246개(1992)이며, 황호찬/최현돌은 1994년과 1996년에 걸친 2회 조사(조사 교회 다름)를 합쳐서 224개 교회를 표본으로 하였다. 본 연구를 포함한 세 연구는 모두 무작위 표본은 아니어서 그 분석 결과의 일정한 한계를 지닌다고 할 수 있다.

6) 2015년 인구총조사 기준 인구 100만 명 이상 도시는 7개 특별/광역시 이외에 수원과 창

66(36.7%)이었고, 미확인 교회가 5개(2.8%) 있었다.

<표 1> 분석교회 개요

교단	빈도	퍼센트	지역	빈도	퍼센트	규모	빈도	퍼센트
장로교	36	20.0	서울	52	28.9	소형 (-100명)	59	32.8
감리교	57	31.7	경기/인천	77	42.8	중소형 (101-300명)	42	23.3
성결교	61	33.9	충청	13	7.2			
침례교	4	2.2	호남	12	6.7	중대형 (301-999명)	44	24.4
순복음	3	1.7	영남	15	8.3			
독립	6	3.3	강원	6	3.3	대형 (1001-)	25	13.9
미확인	13	7.2	미확인	5	2.8	미확인	10	5.6
계	180	100.0	계	180	100.0	계	180	100.0

한편, 재정분석에 있어 교회별 회계 분류 방법이 상이해서 분석을 일관되게 하는 데 어려움이 많았다. 본 연구가 일반적으로 채택한 수입 및 지출 항목의 분류는 <표 2>와 같다.

<표 2> 재정 분석 항목 분류표

구분	항 목	세 부 항 목
수 입	십일조	십일조
	감사헌금	일반감사, 생일감사, 심방감사, 부흥회감사, 절기감사
	특별건축	건축, 비품, 차량, 특별목적, 임직
	기타헌금	주일, 구역, 교육기관, 구제, 장학, 선교, 일천번제, 꽃꽂이, 헌신예배, 기타
	기타수입	헌금 외 수입(차입금, 만기적금, 이자, 건물 및 대지 매각, 수양관/기도원/유치원/카페 수입 등), 외부 선교후원금

원이 포함된다. 여기에 고양(99만), 용인(97만), 성남(95만)의 3개 도시를 더하여 12개 도시를 대도시에 포함하였다.

구분	항 목	세 부 항 목
지 출	인건비	급여, 상여금, 각종 수당, 퇴직금 및 퇴직적립금, 자녀교육비 (교역자 연수)*, 의료보험지원 등
	유지운영비	건물유지 및 수리비(사택, 수양관 등 부속 건물 포함), 차량 구입 및 유지비, 비품비, 사무비, 각종 공과금, 식당 운영비, 건축 관련 이자 및 원금 상환/적립금
	전도행사비	예배비, 전도비, 심방비, 교구관리비, 각종 행사비, 친교비, 부흥회 및 헌신예배 사례비
	선교비	국내/해외 선교비, 선교운영비, 선교 단체 후원
	장학구제비	장학금, 구제비, 경조비, 복지단체 후원
	교육비	유아부, 어린이부, 청소년부, 청년부, 성인 및 새신자 교육, (교역자 연수)*
	음악비	지휘자 및 반주자 사례비, 성가대 및 찬양단 유지비
	상회관련비	총회 및 지방회비, 교단관련 연합회비 및 후원금
	기타	예비비, 접대비, 잡비

<표 2>의 일반적인 분류에도 불구하고, 실제 분석에 있어서는 여러 가지 변칙적 요인들이 존재하였고, 이에 대하여는 다음과 같이 처리하였다: 먼저, 부속 기관(수양관, 대안학교, 카페 등) 재정이 교회 재정에 포함된 경우에는 일반적으로 포함하여 분석하였으나, 교회 재정 규모에 비해 매우 큰 한 사례(유치원)는 제외하고 분석하였다. 개척교회의 경우에는, 외부 지원금이 기타 수입에 포함되어 항목의 비율이 상대적으로 증가하는 결과를 야기하기도 했다. 지출에 있어 운영유지비는 현재 비용뿐 아니라 대출금 상환(과거 지출 부분) 혹은 기금조성(미래 지출 준비 부분)을 포함하여 분석하였다. 교역자 연수비는 금액이 클 경우에는 교육비가 아닌 인건비로 포함하였다. 기타 지출은 항목 계상에 따라 상당 부분 차이가 났고, 포괄적으로 항목을 설정한 교회의 경우 그 금액이 상대적으로 늘어나기도

하였다.

Ⅲ. 수입 구조 분석

<표 3>은 본 연구의 수입 부분 분석결과를 노치준 및 황호찬/최현돌의 분석과 비교하여 정리한 것이고, <표 4>는 교단, 교회규모, 지역의 세 변수를 투입하여 회귀분석 한 결과를 제시한 것이다. 회귀분석에 있어 교단은 장로교, 교회규모는 대형교회, 지역은 대도시를 기준으로 하였다. 본 장에서는 먼저 한국 교회의 수입 구조를 여기에 제시된 내용을 따라 살펴보고자 한다.

<표 3> 교회 재정 분석 수입 부분 비교

구 분		노치준(1982)	노치준(1992)	황호찬/최현돌 (1994/1996)	최현종(2015)
1인당 헌금	헌금액(천원)	135	509	618/855	1649
	헌금/소득(%)	9.4	8.2	7.6/8.1	5.4
수입 (%)	십일조	40.9	53.1	53.3	52.1
	감사	-	23.0	18.0	20.2
	기타	-	19.5	17.1	17.6
	특별건축	-	4.4	11.5	10.1
분석교회 수		154	246	224	180

* 헌금/소득은 1인당 헌금액을 해당 연도 1인당 GNI로 나누어 산출.
* 노치준의 분석에 있어 절기는 감사에 포함.
* 황호찬/최현돌의 분석에서의 절기는 감사에, 주일/선교는 기타에 포함.

<표 4> 수입 부분 재정 회귀분석 모델

구분	1인당 헌금	십일조비율	감사비율	특별비율	기타비율
(상수)	1383.125***	62.672***	11.784***	5.821	19.723***
교단					
감리교	-.074	-.261*	.294**	.134	-.044
성결교	.017	-.190	.231*	.078	-.021
기타	-.099	-.115	.115	.050	.004
교회규모					
소형교회	.356**	-.461***	.434***	.157	.089
중소형교회	.286*	-.108	.246**	.013	-.065
중대형교회	.258*	-.044	.134	.048	-.106
지역					
농촌/중소도시	-.296***	.086	.034	-.020	-.119
$R^2_{adj.}$	.058	.169	.150	-.019	-.009

* < p=.05, ** < p=.01, *** < p=.001.
* 교단은 장로교, 교회규모는 대형교회, 지역은 대도시 기준.

1. 1인당 헌금

<표 5> 1인당 헌금 구간 비교

구분(천 원)	빈도	유효 퍼센트
500 이하	9	5.7
501-999	17	10.8
1000-1499	45	28.7
1500-1999	48	30.6
2000-2499	22	14.0
2500-2999	7	4.5
3000-3999	6	3.8
4000-	3	1.9
합 계	157	100.0

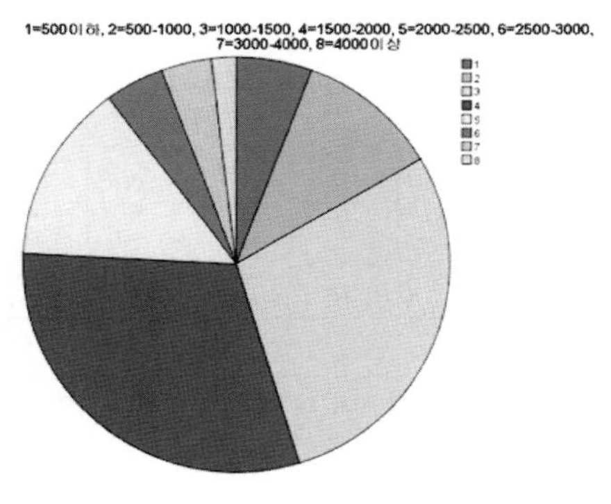

<그림 1> 1인당 헌금액 비교

<표 3>에 따르면 한국 개신교회의 성도 1인당 헌금액은 13.5만 원(1982), 50.9만 원(1992), 61.8만 원(1994)/85.5만 원(1996), 164.9만 원(2015)으로 계속해서 늘어나는 추세를 보이고 있다.[7] 하지만, 이를 해당 연도의 1인당 GNI로 나누어 헌금/소득의 비율로 비교할 경우에는 오히려 9.4%(1982), 8.2%(1992), 7.6%(1994)/8.1%(1996), 5.4%(2015)로 계속해서 줄어들고 있다. 구간별로 보면 1인당 헌금액이 100-250만 원에 해당하는 교회가 전체의 73.3%로 가장 많은 부분을 차지하였다.

<표 4>의 회귀분석 모델에 의하면 1인당 헌금액은 교단별로는 유의미한 차이가 나타나지 않았으며, 지역별로는 대도시 평균이 178.2만 원으로 농촌 및 중소도시의 143.4만 원보다 높게 나타났다. 교회 규모별로는 대형교회 130.8만 원, 소형 169.6만 원, 중소형 177.4만 원, 중대형 166.0만 원으로 1인당 헌금에서는 대형교회가 가장 적은 것으로 나타났다. 한국기독교목회자협의회(이하, 한목협)의 조사에 의하면, 대형교회의 1인당 헌금액이 가장 높게 나타나 본 조사와 상반되나(한목협, 2013: 102), 노치준의 1992년 조사(노치준, 1995: 219), 황호찬/최현돌의 조사(황호찬/최현돌, 1998: 101) 모두 본 연구와 마찬가지로 대형교회의 헌금이 가장 적은 것으로 제시하고 있다. 본 연구에서 분석한 교회들의 1인당 헌금액수를 구간별로 비교하면, <표 5> 및 <그림 1>과 같다.

---

7) 한목협의 2012년 설문조사에 의하면 월평균 헌금액은 22.2만 원이었다(한국기독교목회자협의회, 2013: 101). 이를 연간으로 계산할 경우에는 266.4만 원으로 본 조사보다 상당히 높게 나타난다. 물론 이는 7대 광역시를 중심으로 한 대도시 지역의 조사라는 차이는 있지만, 대도시로 한정했을 경우에도 본 조사의 178.2만 원에 비해 높게 나타난다.

2. 십일조

<표 6> 십일조 비율 구간 비교

구 분	빈도	유효 퍼센트
20% 미만	5	3.1
20-40%	23	14.1
40-60%	83	50.9
60-80%	50	30.7
80% 이상	2	1.2
합계	163	100.0

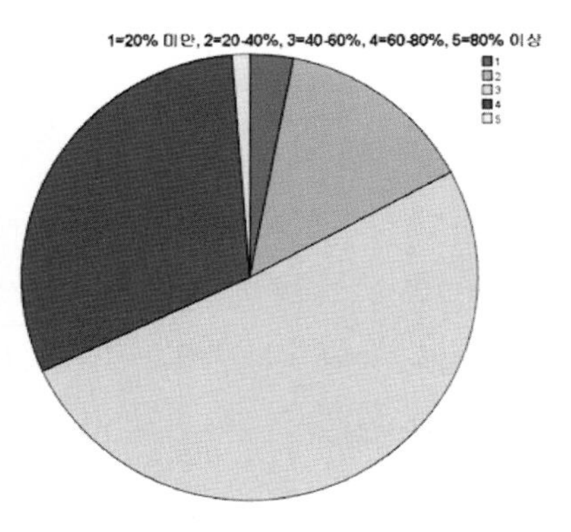

<그림 2> 십일조 비율

수입에서 가장 많은 부분을 차지한 것은 역시 십일조로서, 본 연구에서 분석한 결과에 의하면 전체 헌금액의 52.1%를 점하였다. 이는, 노치준의 1982년 자료 분석을 제외한다면, 대개 50%를 약간 상회하는 이전의 연구결과들에 상응한다. 즉, 한국 교회 헌금 수입의 절반 이상이 십일조에 의존한다고 말할 수 있는 것이다. 교회별로 비교하면, 40-60%를 차지하는 교회가 50.9%로 가장 많았고, 그다음이 60-80%로 30.7%에 달했다. 이를 합치면, 40-80% 구간이 전체의 81.6%를 차지했다. 80%를 넘는 교회도 2교회(1.2%)가 있었다.

<표 4>의 회귀분석 모델에 의하면, 십일조 비율은 교단별, 교회규모별로 차이를 보였다. 교단별로는 장로교가 58.4%로 가장 높았으며, 감리교는 48.1%로 낮게 나타났다. 성결교는 52.8%, 기타 교단은 47.1%의 비율을 나타냈지만, 통계적으로 유의미한 차이는 아니었다.[8] 교회규모별로는 소형교회가 44.5%로, 대형교회의 58.9%, 중

소형교회의 54.3%, 중대형교회의 56.9%에 비해 상당히 낮게 나타났다. 소형교회의 십일조 비율이 낮은 것은 노치준의 연구에서도 동일하게 제시되었다(노치준, 1995: 223). 다만, 노치준은 이 결과를 농어촌 교회가 많이 포함되었기 때문이라고 해석하였으나, 본 연구의 회귀모델에는 지역변수가 포함되어 있기에, 지역변수와는 별개로 교회규모가 영향을 미친 것이라고 볼 수 있다.

3. 감사헌금

<표 7> 감사헌금 비율 구간 비교

구 분	빈도	유효 퍼센트
10% 미만	16	9.8
10-20%	74	45.4
20-30%	54	33.1
30-40%	16	9.8
40% 이상	3	1.8
합계	163	100.0

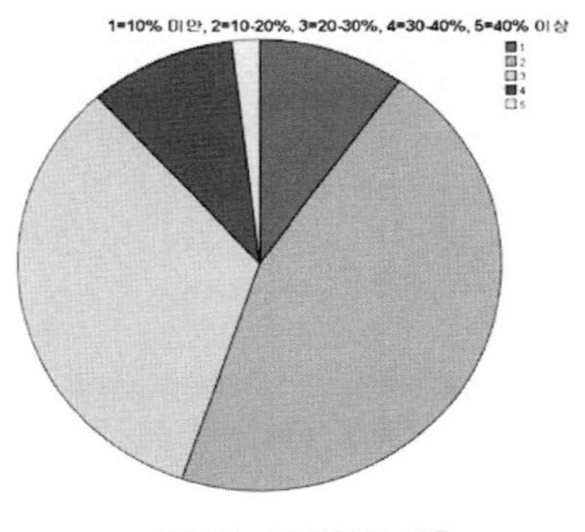

<그림 3> 감사헌금 비율

감사헌금의 비중은 전체의 20.2%로 분석된 범주 중에 십일조에 이어 2번째로 많은 액수를 차지했다. 교회별로 비교하면, 10-20%를 차지하는 교회가 45.4%로 가장 많았고, 그다음이 20-30%로 33.1%에 달했다. 이를 합치면, 10-30% 구간이 전체의 78.5%를 차지했다.

---

8) 기타 교단이 평균에서의 상당한 차이에도 불구하고, 통계적으로 유의미한 차이를 보이지 않는 것은 표본 수가 적고(13개 교회), 또한 교회 간의 차이(표준편차)가 존재함에 기인하는 것으로 보인다. 이는 이후의 다른 통계분석에도 동일하게 작용하는 것으로 보인다.

40%를 넘는 교회도 3교회(1.8%)가 있었다.

<표 4>의 회귀분석 모델에 의하면, 감사헌금 비율도 십일조와 마찬가지로 교단별, 교회규모별로 차이를 보였다. 교단별로는 장로교가 15.8%인 데 비해, 감리교는 22.7%, 성결교 20.4%로 유의미하게 높게 나타났다. 기타 교단 역시 20.3%로 높았지만, 통계적으로 유의미하지는 않았다. 교회 규모별로는 소형교회가 23.6%로 가장 높았고, 중소형교회 21.0%, 중대형교회 17.8%, 대형교회 14.6%의 순이었다. 이러한 감사헌금 비율의 차이는 전체 헌금 중 십일조의 비율과 연결하여 생각할 수 있는 것으로 보인다. 즉, 십일조가 상대적으로 높은 비율을 차지한 장로교회와 대형교회는 감사헌금의 비율이 가장 낮게, 십일조가 상대적으로 낮은 비율을 차지한 감리교회와 소형교회는 감사헌금의 비율이 높게 나타난 것으로 생각할 수 있다.

4. 기타헌금

기타헌금의 비중은 전체의 17.6%를 차지했다. 기타헌금에서 가장 많은 부분을 차지한 것은 주일헌금, 구역헌금, 선교헌금 등이었으며, 일반적으로는 주일헌금이 가장 많았지만, 교회에 따라서는 구역헌금이 더 많은 교회(대개 소형교회)도 있었다. 또한, 전반적으로 규모가 큰 교회일수록 선교헌금의 비중이 높아져 주일헌금보다 많은 경우도 있었다. 기타헌금을 교회별로 비교하면, 10-20%를 차지하는 교회가 54.0%로 가장 많았고, 그다음이 20-30%로 22.1%에 달했다. 이를 합치면, 10-30% 구간이 전체의 76.1%를 차지했다. 하지만, 10% 미만 교회도 16.6%로 매우 높은 비중을 차지했고, 반면, 40%

를 넘는 교회도 3교회(1.8%)가 있었다. <표 4>의 회귀분석 모델에서 기타헌금의 비율은 교단별, 교회크기별, 지역별로 유의미한 차이를 보이지 않았다.

<표 8> 기타헌금 비율 구간 비교

구 분	빈도	유효 퍼센트
10% 미만	27	16.6
10-20%	88	54.0
20-30%	36	22.1
30-40%	9	5.5
40% 이상	3	1.8
합계	163	100.0

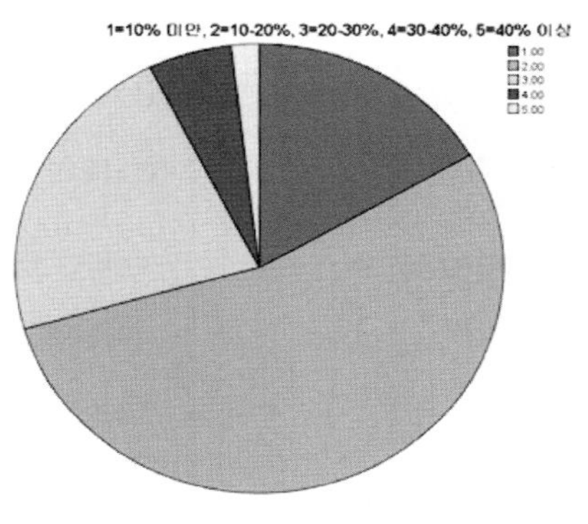

<그림 4> 기타헌금 비율

5. 특별건축헌금

<표 9> 특별건축헌금 비율 구간 비교

구 분	빈도	유효 퍼센트
10% 미만	105	64.4
10-20%	31	19.0
20-30%	15	9.2
30-40%	7	4.3
40% 이상	5	3.1
합계	163	100.0

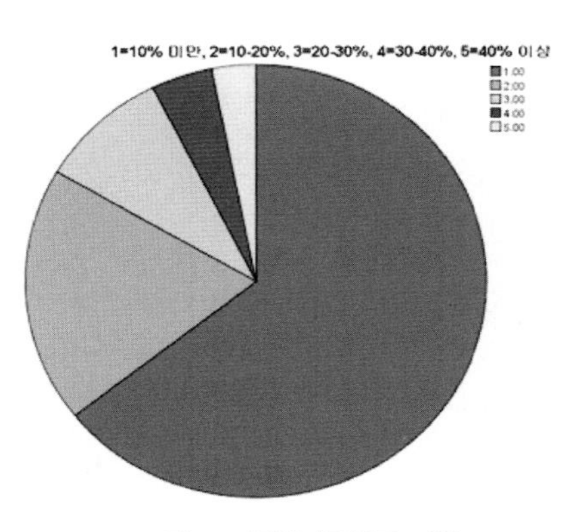

<그림 5> 특별건축헌금 비율

특별건축헌금의 비중은 전체의 10.1%를 차지했다. 교회별로 비교하면, 10% 미만이 전체의 64.4%에 이르렀고, 20%를 넘는 교회는 16.6%에 불과했다. 하지만, 40%를 넘는 교회도 5교회(3.1%)가 있었다. <표 4>의 회귀분석 모델에서 특별건축헌금의 비율은 교단별, 교회크기별, 지역별로 유의미한 차이를 보이지 않았다.

6. 수입 부분 분석 종합

한국 교회의 1인당 헌금액은 지속적으로 늘어나고 있지만, 이를 소득 대비 비율로 환산하면 오히려 줄어드는 추세를 보이고 있다. 1인당 헌금액은 농촌 및 중소도시에 비해 대도시가 35만 원가량 더 많았고, 교회규모별로는 대형교회가 다른 규모의 교회에 비해 35-46만 원가량 적었다. 또한 헌금의 종류는 매우 다양하지만,[9] 수입구조에 있어 십일조의 비중은 여전히 절대적이었다. 전체 헌금 중 십일조의 비중은 절반을 넘었고, 나머지는 감사헌금, 기타헌금, 특별건축헌금의 순이었다. 십일조의 비중은 장로교와 대형교회가, 감사헌금의 비중은 교단에 있어서는 감리교와 성결교, 교회규모에 있어서는 소형교회와 중소형교회가 더 높은 상반된 경향을 나타냈다.

---

9) 분석대상인 서울 소재 한 중소형 교회의 예를 들면 헌금의 종류는 십일조, 주일헌금, 교회학교헌금, 속회헌금, 감사헌금, 장년수련회헌금, 부활절, 맥추절, 추수감사절, 성탄절, 부흥성회, 대심방, 신년감사, 직분, 하늘다리, 마중물, 비품, 애찬, 사랑실천, 수양관특별헌금 등 총 20가지에 이르렀다.

Ⅳ. 지출 구조 분석

<표 10>은 본 연구의 지출 부분 분석결과를 노치준 및 황호찬/최현돌의 분석과 비교하여 정리한 것이고, <표 11>은 교단, 교회규모, 지역의 세 변수를 투입하여 회귀분석 한 결과를 제시한 것이다. 회귀분석에 있어 변수별 기준은 수입 부분과 동일하게, 교단은 장로교, 교회규모는 대형교회, 지역은 대도시를 기준으로 하였다. 이제 이에 근거하여 한국 교회의 지출 구조를 살펴보고자 한다.

<표 10> 교회 재정 분석 지출 부분 비교

구 분	노치준(1982)	노치준(1992)	황호찬/최현돌 (1994/1996)	최현종(2015)
인건비	38.4	27.3	24.4	29.8
유지운영비	45.4	49.3	47.4	37.9
전도/행사비	5.3	4.0	3.4	4.4
선교비	4.8	5.3	10.5	8.6
장학/구제비	2.3	3.9	6.5	4.8
교육비	7.9	7.4	6.0	5.2
음악비	-	-	-	2.9
상회관련비	2.2	2.8	-	3.4
분석교회 수	154	246	224	180

* 노치준의 분석에서 예배는 전도행사로, 관리/운영/건축/기타는 유지운영비로 계상.
* 황호찬/최현돌의 분석에서 예배는 전도행사로, 일반 및 재산 관리와 특별지출은 모두 유지운영비로 계상.

<표 11> 지출 부분 재정 회귀분석 모델

구분	인건비	운영 유지비	전도/ 행사비	선교비	장학/ 구제비	교육비	음악비	상회비
(상수)	24.481***	32.805***	3.945***	12.768***	7.335***	8.398***	2.692***	2.214***
교단								
감리교	.002	.111	.013	-.005	-.345***	-.108	.160	.393***
성결교	-.018	.089	.089	-.086	-.358***	-.149	.109	.279**
기타	-.092	.112	.050	.070	-.084	-.177*	-.091	-.015
교회크기								
소형교회	.179	.126	.079	-.215	.168	-.456***	-.102	-.023
중소형교회	.200	.027	-.032	-.231*	.106	-.310**	-.062	-.007
중대형교회	.142	.064	-.016	-.234*	.036	-.140	.135	.046
지 역								
중소도시	.148	.008	-.006	-.114	-.207**	.059	-.155	.093
$R^2_{adj.}$	.021	-.023	-.041	.035	.105	.109	.060	.073

* < p=.05, ** < p=.01, *** < p=.001.
* 교단은 장로교, 교회규모는 대형교회, 지역은 대도시 기준.

1. 인건비

<표 12> 인건비 비율 구간 비교

구 분	빈도	유효 퍼센트
10% 미만	13	7.4
10-20 %	20	11.4
20-30 %	60	34.3
30-40 %	45	25.7
40-50 %	24	13.7
50% 이상	13	7.4
합계	175	100.0

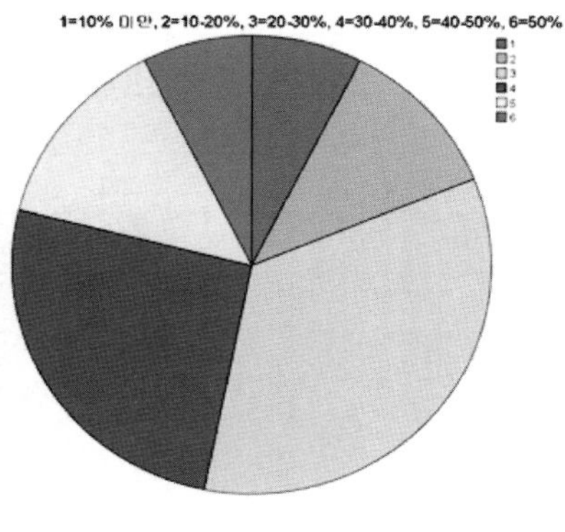

<그림 6> 인건비 비율

전체 지출 중 인건비의 비중은 29.8%로 분석된 범주 중에 유지운영비에 이어 2번째로 많은 액수를 차지했다. 교회별로 비교하면, 20-30%를 차지하는 교회가 34.3%로 가장 많았고, 그다음이 30-40%로 25.7%에 달했다. 이를 합치면, 20-40% 구간이 전체의 60.0%를 차지했다. 10%에 미치지 못하는 교회와 50%를 넘는 교회도 각각 13교회(7.4%)나 있었다. <표 11>의 회귀분석 모델에서 인건비의 비율은 교단별, 교회크기별, 지역별로 유의미한 차이를 보이지 않았다.

인건비의 지출 대상은 교회마다 상이하지만, 서울 지역의 한 중소형교회를 예로 들면 그 대상이 모두 19명이나 되었다. 구체적으로는, 풀타임 사역자가 담임목사, 부목사, 심방전도사, 관리집사, 사무간사 등 5명이었고, 이들에 대하여는 각종 수당과 퇴직적립금도 있었다. 파트타임 사역자는 모두 13명으로, 교회학교 부서 사역자 3명, 성가대 지휘자 3명, 반주자 7명 등이었다. 그 외 원로목사에 대하여 인건비가 지출되고 있었다. 한목협 조사에 의하면, 목회자 월 사례비는 260만 원 정도이며, 대도시에 한정할 경우에는 287만 원으로 전체 평균에 비해서는 약간 높았지만, 대도시 일반인 평균인 337만 원에 비해서는 낮은 수준으로 나타났다(한목협, 2013: 408). 더욱이 정기적으로 사례비를 받지 못하는 사람도 10% 정도에 달하였다(한목협, 2013: 410).

2. 유지운영비

<표 13> 유지운영비 비율 구간 비교

구 분	빈도	유효 퍼센트
10% 미만	4	2.2
10-20%	20	11.2
20-30%	36	20.2
30-40%	48	27.0
40-50%	30	16.9
50-60%	23	12.9
60-70%	11	6.2
70% 이상	6	3.4
합계	178	100.0

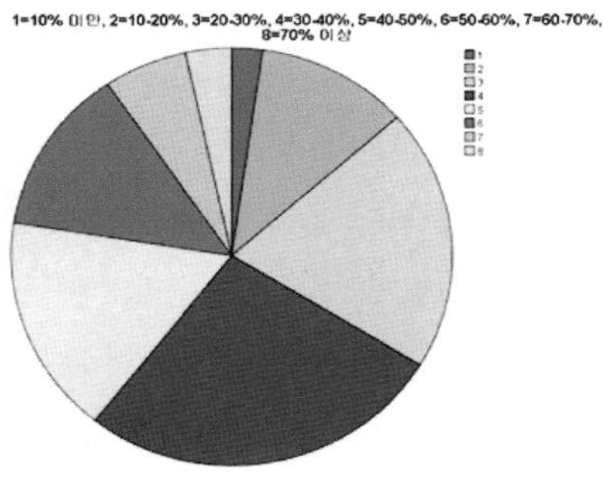

<그림 7> 유지운영비 비율

전체 지출 중 유지운영비의 비중은 37.9%로 분석된 범주 중에 가장 많은 액수를 차지했다. 교회별로 비교하면, 30-40%를 차지하는 교회가 27.0%로 가장 많았고, 그다음이 20-30%로 20.2%에 달했다. 이를 합치면, 20-40% 구간이 전체의 47.2%를 차지했다. 하지만 그 분포가 다른 지출 범주에 비해 매우 넓었고, 10%에 미치지 못하는 교회(2.2%)도 있는 반면에, 70%를 넘는 교회(3.4%)도 있었다. 교회마다 계정항목이 달라 정확하게 수치화하기는 어렵지만, 운영유지비에서 가장 많은 부분을 차지하는 부분은 압도적으로 건물(교회 및 부속 건물)과 관련된 부분이었으며, 그다음이 차량관련비용, 사무비 순으로 나타났다. <표 11>의 회귀분석 모델에서 유지운영비의 비율은 교단별, 교회크기별, 지역별로 유의미한 차이를 보이지 않았다.

3. 전도/행사비

<표 14> 전도/행사비 비율 구간 비교

구 분	빈도	유효 퍼센트
1% 미만	11	7.1
1-3%	43	27.7
3-5%	46	29.7
5-10%	49	31.6
10% 이상	6	.9
합계	155	100.0

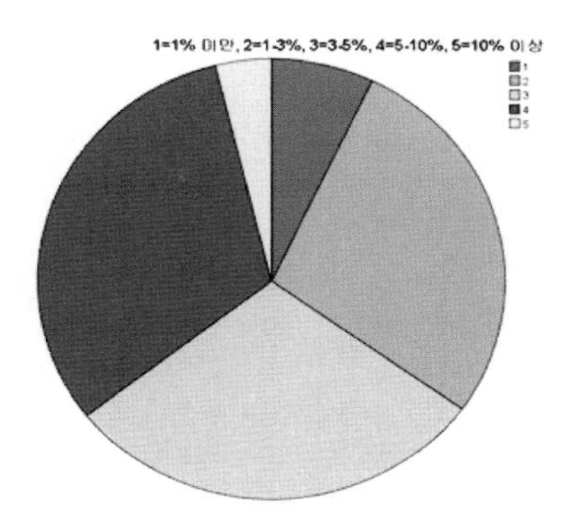

<그림 8> 전도/행사비 비중

전체 지출 중 전도/행사비의 비중은 4.4%를 차지했다. 교회별로 비교하면, 1-5%를 차지하는 교회가 57.4%에 달했고, 5-10%의 교회도 31.6%에 이르렀다. <표 11>의 회귀분석 모델에서 전도/행사비의 비율은 교단별, 교회크기별, 지역별로 유의미한 차이를 보이지 않았다.

4. 선교비

<표 15> 선교비 비율 구간 비교

구 분	빈도	유효 퍼센트
1% 미만	16	9.2
1-5%	55	31.8
5-10%	48	27.7
10-20%	39	22.5
20% 이상	15	8.7
합계	173	100.0

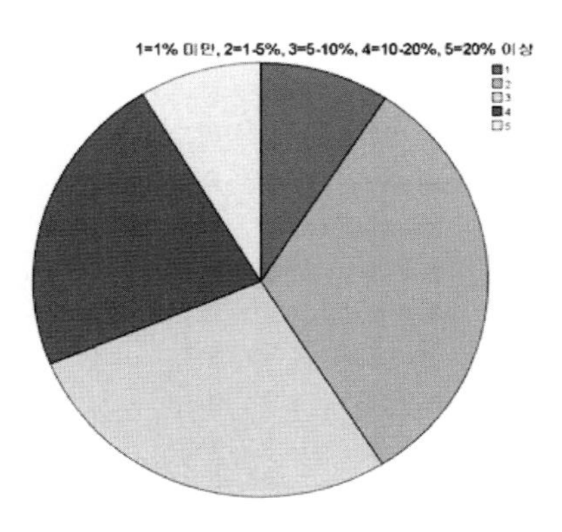

<그림 9> 선교비 비중

전체 지출 중 선교비가 차지하는 비중은 8.6%였다. <표 15>에 의하면 이는 노치준의 분석보다는 조금 높지만, 황호찬/최현돌의 분석보다는 조금 낮은 수치이다. 교회별로 비교하면, 1-5%를 차지하는 교회가 31.8%로 가장 많았고, 5-10%의 교회도 27.7%에 이르렀다. 10-20%도 22.5%로 상당히 많은 비율을 차지했다. <표 11>의 회귀분석 모델에 의하면 선교비의 비율은 대형 교회가 12.7%로 가장 높았으며, 소형(7.6%), 중소형(7.7%), 중대형(7.3%) 교회 사이의 차이는 크지 않았다. 교단별, 지역별로는 유의미한 차이를 보이지 않았다.

5. 장학구제비

<표 16> 장학/구제비 비율 구간 비교

구 분	빈도	유효 퍼센트
1% 미만	20	11.8
1-5%	94	55.3
5-10%	41	24.1
10-20%	12	7.1
20% 이상	3	1.8
합계	170	100.0

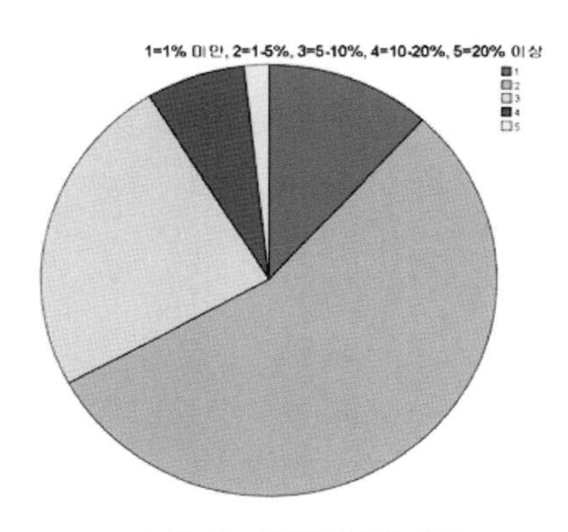

<그림 10> 장학/구제비 비중

전체 지출 중 장학/구제비가 차지하는 비중은 전체의 4.8%로, 전도/행사비(4.4%)나, 교육비(5.25)와 비슷했다. 교회별로 비교하면, 1-5%를 차지하는 교회가 55.3%로 가장 많았고, 5-10%의 교회도

24.1%에 이르렀다. 이를 합치면 1-10%의 교회가 전체의 79.4%를 차지했다. 10%가 넘는 교회도 전체의 8.9%에 이르렀다. <표 11>의 회귀분석 모델에 의하면 장학/구제비의 비율은 교단별, 지역별로 유의미한 차이를 보였다. 교단별로는 장로교가 7.9%로 감리교의 4.0%, 성결교의 3.7%에 비해 상당히 높게 나타났다(기타 교단은 6.2%). 지역별로는 대도시 교회가 5.6%로 농촌 및 중소도시의 3.4%에 비해 높게 나타났다. 교회규모별로는 유의미한 차이를 보이지 않았다.

6. 교육비

<표 17> 교육비 비율 구간 비교

구 분	빈도	유효 퍼센트
1% 미만	18	10.3
1-5 %	74	42.3
5-10 %	72	41.1
10-20 %	10	5.7
20% 이상	1	.6
합계	175	100.0

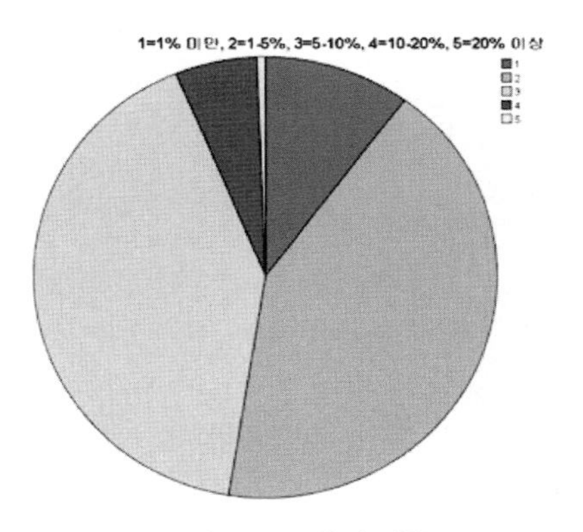

<그림 11> 교육비 비율

전체 지출 중 교육비가 차지하는 비중은 5.2%였다. 교회별로 비교하면, 1-5%를 차지하는 교회가 42.3%로 가장 많았고, 5-10%의 교회도 비슷하게 41.1%에 이르렀다. 이를 합치면 1-10%의 교회가 전체의 83.4%를 차지했다. 10%가 넘는 교회도 10교회, 전체의

5.7%에 이르렀다(20% 이상 1교회). 1% 미만의 교회는 교회 재정 문제보다는 교회 규모가 작아서 교육부서 자체가 구성되지 못한 원인도 있는 것으로 보인다. 이는 회귀분석에서 소형교회의 교육비 비중이 가장 낮은 것과도 연결된다. <표 11>의 회귀분석 모델에 의하면 교육비의 비율은 교단별, 교회규모별로 유의미한 차이를 보였다. 교단별로는 장로교가 6.5%로 감리교의 5.0%, 성결교의 5.1%에 비해 높게 나타났지만, 통계적으로 유의미한 차이는 아니었다. 다만 기타 교단은 3.3%로 유의미한 차이를 보였다. 교회규모별로는 대형교회가 7.3%로 소형교회의 3.8%, 중소형교회의 4.6%에 비해 높게 나타났다. 중대형 교회는 6.3%로 이들의 중간에 위치했다. 교육비는 지역별로는 유의미한 차이를 보이지 않았다.

7. 음악비

음악비는 이전의 연구들에서는 별도의 항목으로 분석되지 않았다. 하지만, 교회 서비스의 고급화(?)와 맞물려 교회 전체 예산에서 음악비의 비중도 무시할 수 없는 상황이 되어 가고 있다. 교회 전체 지출 중 음악비의 비중은 2.9%를 차지했다. 교회별로 비교하면, 1-5%를 차지하는 교회가 49.6%로 가장 많았고, 1% 미만의 교회도 32.6%에 이르렀다. 하지만, 음악비가 10% 이상의 비중을 차지한 교회도 있었다(2.2%). 음악비를 교육비와 비교하였을 때, 전반적으로는 교육비 비중이 높았지만, 음악비가 오히려 많은 교회도 44개(32.6%)나 되었다. <표 11>의 회귀분석 모델에서 음악비의 비율은 교단별, 교회크기별, 지역별로 유의미한 차이를 보이지 않았다.

<표 18> 음악비 비율 구간 비교

구 분	빈도	유효 퍼센트
1% 미만	44	32.6
1-5%	67	49.6
5-10%	21	15.6
10% 이상	3	2.2
합계	135	100.0

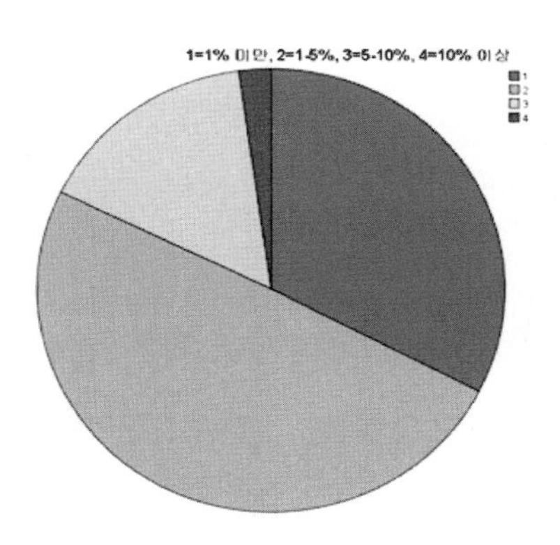

<그림 12> 음악비 비율

8. 상회관련비

<표 19> 상회관련비 비율 구간 비교

구 분	빈도	유효 퍼센트
1% 미만	14	9.3
1-5%	108	71.5
5-10%	28	18.5
10% 이상	1	.7
합계	151	100.0

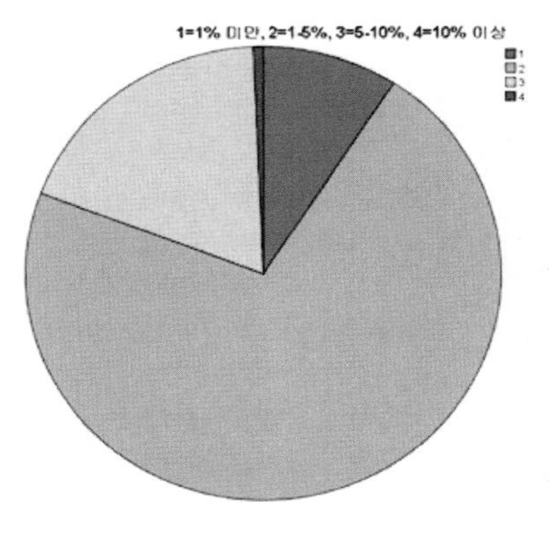

<그림 13> 상회관련비 비율

전체 지출 중 상회관련비가 차지하는 비중은 3.4%였다. 교회별로 비교하면, 1-5%를 차지하는 교회가 71.5%로 압도적으로 많았지만, 5%를 넘어서는 교회도 19.2%에 이르렀다(10% 이상 1교회 포함). <표 11>의 회귀분석 모델에 의하면 상회관련비가 차지하는 비중은

장로교가 2.5%로 감리교의 4.1%, 성결교의 3.6%에 비해 유의미하게 낮았다(기타 교단은 1.8%). 상회관련비의 비중은 교회규모별, 지역별로는 유의미한 차이를 보이지 않았다.

9. 지출 부분 분석 종합

한국 교회의 지출구조는 여전히 인건비, 유지운영비 중심으로 구성된 성격을 벗어나지 못하고 있다. 인건비와 유지운영비를 합치면 그 비율은 67.7%에 달한다.[10] 이러한 지출 구조는 현재의 한국 사회에서 대부분의 교회가, 소비자들이 원하는 보다 나은(?) 종교적 서비스를 제공하고, 이를 통해 다시 개교회의 외형(성도 수 및 재정)을 확대하는 것에 그 중점을 둔 결과라고 해석할 수 있을 것이다. (꼭 부정적으로 볼 필요는 없지만) 필자의 이전 연구에서도 지적된 바와 같이, 이러한 결과는 현재의 한국 교회가 시장 *체계* 내에 존재하고 있음을 잘 보여 주는 증거이기도 하다(최현종, 2013: 221-227). 즉, 한국 교회는 시장 체계를 뛰어넘는 요소이기보다는, 시장 내의 한 요소로 존재하며, 따라서 시장 체계의 매체인 돈의 지배 논리를 벗어날 수 없다는 것이다. 노치준 또한, 교회 안 간접 경비(본 연구의 운영유지비)의 비대화, 특히, 초대형 교회에서의 이의 심화에 대하여 지적하고, 이를 목적전치의 현상으로 규정한 바 있다(노치준, 1995: 201).

---

10) 이는 고유목적비용과 지원비용의 비율이 1:3 정도 된다는 황호찬/최현돌의 연구 결과와 어느 정도는 상응한다(1998: 105). 황호찬/최현돌은 한편으로 교회재정 사용을 내부:외부로 나누어 분석하였는데, 그에 따르면 전체 재정 사용 중 86.8% 정도가 교회 내부의 목적에 사용된다. 특히, 이들은 재무/재산 지출(교회 규모 확장 비용)이 과다(29.6%)하다고 지적한 바 있다.

지출항목 중 회귀분석 모델에서 통계적으로 유의미한 차이를 보인 항목은 선교비, 장학구제비, 교육비, 상회관련비 등이었다. 선교비는 대형교회가, 장학구제비는 장로교 및 대도시교회가, 교육비는 대형교회(및 장로교회)가 상대적으로 많이 지출하는 것으로 나타났고, 상회관련비는 장로교회의 지출이 상대적으로 적었다. 이들 각 항목의 적정 비율은 절대적인 기준이 없고, 개 교회의 비전과 목적에 따라 달라질 수 있다. 다만, 노치준은 교육비의 낮은 비율을 교회교육이 일반 교육이나 사회발전을 따라가지 못하는 중요한 원인으로 제시하기도 한다(노치준, 1995: 202).

한편 이러한 지출 구조는 한목협의 조사에서 제시된 일반 성도들의 헌금의 우선 사용처에 대한 인식에 어느 정도는 상응한다. 한목협의 조사에 의하면 교회의 운영유지가 헌금의 우선 사용처라는 응답이 54.8%로 가장 높게 나타났다. 하지만, 사회봉사 및 구제(18.8%), 국내 선교 및 전도(11.9%), 교회 교육(9.6%), 해외 선교(5.0%)라는 응답도 적지 않았으며, 현재의 지출구조는 이러한 응답들이 차지하는 비율에 부응하지 못하는 결과로도 해석할 수 있다(한목협, 2013: 106-108).

V. 나가는 말

들어가는 말에서 지적한 바와 마찬가지로, 본 연구는 재정담론보다는 재정현황 분석에 초점을 맞추었다. 그러나 분석을 정리함에 있어 약간의 담론적 제시는 필요할 것으로 보인다. 이제 3가지 정도 한국 교회의 재정 상황에 대해 제언을 제시하면서, 본 논문의 부제로서 제기된 질문, 즉 "한국 교회는 시장 체계를 뛰어넘을 수 있을까?"라는 질문에 대한 답을 시도해 보고자 한다.

첫째, 수입 구조와 관련하여 1차적으로 지적될 수 있는 문제는 한국 교회의 헌금이 지나치게 십일조에 의존하고 있다는 편중 문제이다. 더욱이 십일조의 성서적 근거가 분명하지 않다는 비판은 이러한 지적을 더 심각하게 만든다. 물론 구약에는 십일조에 대한 분명한 명령이 있다. 하지만, 대부분의 구약 율법을 지키지 않는 상황에서 십일조만 강조하는 것은 그 근거가 미약하며, 한국 교회 재정의 상당 부분을 차지하는 십일조를 정당화시키기 위한 하나의 편의적 전략일 뿐이라는 것이다. 이러한 맥락에서 한국 교회의 헌금 구조를 다양화해야 한다는 논의도 제시되지만, 안 그래도 너무 많다고 지적되는 한국 교회의 헌금 항목을 더욱 다양화한다는 것도 문제가 있는 실정이다. 이러한 상황에서 결국 중요한 것은, 필자의 의견으로는, 헌금의 항목(혹은 항목의 수)이 아니라 그것이 얼마나 의미 있게 사용되느냐 하는 것이다. 1인당 국민소득의 5.4%라는 한국 교회의 1인당 헌금 비율은 결코 적지 않고, 특히 다른 종교기관과 비교할 때 그 비율은 상당히 높은 것으로 나타난다.[11] 결국 중요한 것은 그 명목이 아니라, 사용처이다. 이렇게 많은 금액이 의미 있게 사용된다면, 그 항목이나, 항목의 수에 상관없이 드려진 헌금은 제 역할을 하는 것으로 볼 수 있을 것이다.

둘째, 결국 문제는 한국 교회의 지출 구조가 적절한가로 모아진

11) 한목협의 조사에 따르면, 한국 교회의 1인당 헌금액은 불교의 4.7배, 가톨릭의 2.8배에 이른다(2013: 103).

다. 앞서 언급한 바처럼, 대부분의 연구자들은 교회 내부적 지출의 편중 현상을 지적하고, 선교비, 구제비, 교육비 등의 증액을 요청한다. 그러나 문제는 그렇게 단순하지 않다. 실제로 선교비는 어떻게 지출되는가? 결국 선교비도 대부분이 교회 외부, 즉 지원 받는 선교기관(혹은 교회) 내부의 인건비, 혹은 유지운영비로 사용된다. 그렇다면, 교회 내부에 사용되는 인건비나 유지운영비는 안 되고, 지원 받는 선교기관(혹은 교회)에서 사용되는 인건비나 유지운영비는 괜찮은가? 또한 구제비나 교육비도 세부 항목을 살펴보면, 교회 내 경조비, 소비 지향적 물량 공세를 위한 경비로 사용되는 부분도 상당히 많다. 결국 지출 항목 자체가 그 경비의 사용을 정당화할 수는 없다는 것이다. 이러한 맥락에서 중요한 것은 결국 개 교회가 지향하는 방향성, 목회 철학의 문제라고 할 수 있다. 교회가 지향하는 방향성이 건전하고, 교회의 지출을 철저하게 그 방향성에 맞춘다면 인건비나, 운영유지비가 많다고 해서 결코 문제 될 것은 아니라고 생각한다(오히려 한국 교회 성직자의 사례비가 교인 평균 소득에 못 미친다면 이를 인상하고, 좋은 목회 환경을 조성하는 것도 의미가 있지 않은가?). 또한 선교비나 구제비[12] 같은 소위 건전한(?) 항목에 잘못된 지출은 없는지도 점검해 볼 필요가 있다(즉, 건전한 항목의 보다 건전한 지출을 위한 연구가 필요하다).

보다 근본적인 문제는 개 교회의 방향성이 과연 단순한 종교시장 체계 내에서 생존(혹은 성공)하는 것, 종교 소비자들(성도)에게 적절한 종교적 서비스를 제공하는 것을 넘어서-물론 이 또한 매우 중요

12) 낮은 구제비의 비율에 대해 노치준은 "종교 집단의 가장 강력한 원동력인 윤리적 힘을 상실하고 있는 증거"라고 강변하기도 한다(1995: 203).

하지만- 종교 본래의 초월적 지평을 유지하고, 이를 실천하고자 노력하고 있는가 하는 것이다. 이 문제가 앞서 제기한 질문, "한국 교회는 시장 체계를 뛰어넘을 수 있을까?"와 관련된다.

독일의 사회학자 루만(Niklas Luhmann)은 사회체계, 조직체계, 상호작용 체계의 세 체계를 구분하며, 사회가 복잡해질수록 이 세 체계는 서로 모순 혹은 대립될 수 있다고 지적한다(Luhmann, 1982: 277). 교회라는 조직은 변이의 가능성을 제한하는 통제 원칙에 근거하는(Luhmann, 1972: 257), 고유한 동력에 의해 유지되는 자기생산적(autopoietisch) 체계이다(Luhmann, 2002: 230). 조직으로서의 교회 정치와 재정 운용은 신학이 아닌, 효율성과 합리성의 요구에 따르고(Luhmann, 1972: 265), 그 결과 조직으로서의 교회는 단순히 경건한 종교적 의사소통의 장소가 아니라, 조직 자체의 시스템 문제를 해결하는 것이 중요해진다(Luhmann, 1982: 312). 재정 문제도 이러한 맥락에서 생각해 볼 수 있고, 재정 문제에 관한 한, 단순히 종교 체계가 아닌 경제 체계, 법 체계 등의 다른 체계의 문제로 다루어질 수 있다(Luhmann, 1982: 315). 하지만, 여기서 돈의 논리와 신앙의 논리 사이의 모순 혹은 대립이 나타나고, 이 문제는 쉽게 해결할 수 없는 난제로서 드러난다. 조직으로서의 교회가 조직 자체의 유지에만 집중하게 될 때, 다른 문제, 즉 사회적으로 종교와 관련된 문제, 종교에 대해 사회적으로 기대하는 의미를 보지 못하게 되고(Luhmann, 2002: 240), 이는 사회체계로서의 종교에 위기를 야기한다. 즉, 조직으로서의 요구, 혹은 하버마스를 따라 말하면, 체계의 논리는 생활세계적인 종교의 요구와 충돌할 수 있다. 결국, 교회 조직의 요구와 구성원의 종교적 요구를 모두 충족시킬 수 있는 과정의 병행이 현실적 종교에서 요청되고 있는지도 모른다(Luhmann, 1972: 264). 재정 사용에 나타나는 이러한 모순적, 혹은 보완적 욕구는, 재정 지출에서 조직을 보다 잘 운용하기 위한 경비와 종교 자체가 갖는 본래의 목적을 위한 경비의 사용 사이에 갈등을 야기하기도 한다.

앞서 언급한 대로, 결국 지출 항목 자체가 그 경비의 사용을 정당화할 수는 없다. 중요한 것은 결국 개 교회가 지향하는 방향성, 목회 철학의 문제이며, 이것은 조직으로서의 교회가 그 본래의 목적인 초월적 지평을 잃지 않고 유지하는 문제와 관련된다. 조직으로서의 교회와 종교의 본래 목적인 초월적 지평 사이에 긴장 관계를 유지하며, '시장 체계' 안에 있지만, '시장 체계'를 넘어서려는 끊임없는 분투가 한국 교회에 요청된다고 할 수 있다.

셋째, 세부적인 사항으로서 지출 항목 중 상회관련비의 사용과 관련된 문제이다. 신자유주의 경제의 중요한 문제 중 하나는 불평등이다. 일반적으로 그것을 해결하는 방법 중의 하나는 세금 체계에 누진 세율을 적용하고, 이렇게 거두어진 세금을 재분배의 목적에 맞추어 사용하는 것이다. 현재 한국 교회도 심각한 불평등 문제에 직면해 있다. 본 연구에서 분석한 자료에 따르면, 총 수입이 1억 이하인 교회가 25.0%(43개)에 이르는 반면, 10억 이상인 교회도 27.3%(47개)에 달했다.[13] 이러한 교회의 불균형 문제에 대해 상회비는 약간의 해결책이 될 수 있다. 즉, 상회비를 교회 규모별로 누진적으로 납부하고, 이를 교회의 불평등 해소-예를 들어, 교역자의 최소 생활비 보장이나, 연금 보장 용도-를 위해 사용할 수 있을 것이다. 현재에도 어느 정도는 상회비의 납부에 차등을 두고, 또한 재분배적 목적을

13) 수입이 가장 많은 교회의 재정 규모는 가장 적은 교회의 1,214배에 이르렀다.

위해 사용하고는 있지만, 교회규모에 따른 (누진적) 차등적 납부를 보다 확대하고, 상회비의 재분배적 사용도 대폭 늘려야 한다는 것이 본 제안의 핵심이다. 본 연구에서 분석한 바에 따르면, 상회관련비의 액수는 교회 규모에 따른 유의미한 차이를 보이지 않았기에, 이에 대한 개선의 노력이 필요하다고 생각한다.

"한국 교회는 시장 체계를 뛰어넘을 수 있을까?"의 질문에 대한 결론적인 답은 그렇게 쉽지는 않다. 오히려 현재의 한국 사회의 각종 시스템에서 시장 체계의 논리를 가장 잘 따르는 것이 한국 교회라고 말할 수 있을지도 있다(최현종, 2013: 215-233 참조). 하지만, 시장의 논리가 단기적으로는 교회 조직의 유지 및 확대를 보장해 줄지 모르지만, 이는 루만의 언급처럼, 초월적 지평과 관련된 사회체계로서의 종교의 기능과 충돌함으로써 장기적으로는 부정적인 영향을 미칠 수 있다. 따라서, "한국 교회는 시장 체계를 뛰어넘을 수 있을까?"라는 질문은 단순한 당위적 질문이 아니라, 한국 교회의 미래와 관련된 현실적 질문이 되어야 할 것이다.

참고문헌

김웅배. 2001. 「한국교회의 재정관리에 관한 연구」. 동아대학교 석사학위논문.

김창수. 1989. 「한국교회의 재정활용에 관한 실증적 연구」. 단국대학교 석사학위논문.

노치준. 1995. 「한국 교회 재정 구조 (1): 1982년 자료 분석」/「한국 교회 재정 구조 (2): 1992년 자료 분석」. 『한국의 교회조직』. 서울: 민영사.

______. 1998. 「희년, 한국 교회의 재정과 사회봉사」. 『한국 개신교사회학』. 서울: 도서출판 한울.

차승만. 1989. 「한국교회의 재정관리에 관한 연구」. 단국대학교 석사학위논문.

최현종. 2013. 「생활세계의 식민화와 종교시장 체계」. 『한국기독교신학논총』 85.

한국기독교목회자협의회. 2013. 『한국기독교 분석리포트』. 서울: 도서출판 URD.

황호찬/최현돌. 1998. 「한국교회의 재정관리 현황 및 개선을 위한 연구」. 『기독교사상』 42-7.

황호찬. 1998. 「발전적 청지기 모델에서 본 한국교회 구조조정의 문제점과 개선안: 재무구조를 중심으로」. 『교회와 신학』 33.

Eskridge, Larry and Mark A. Noll(eds.). 2000. *More Money, More Ministry.* Grand Rapids: William B. Eerdmans Publishing Company.

Luhmann, Niklas. 1972. "Die Organisierbarkeit von Religionen und Kirchen." In: Jakobus Wössner(Hg.). *Religion im Umbruch: Soziologische Beiträge zur Situation von Religion und Kirche in der gegenwärtigen Gesellschaft.* Stuttgart: Ferdinand Enke Verlag.

___. 1982. *Funktion der Religion.* F.a.M.: Suhrkamp.

___. 2002. *Die Religion der Gesellschaft.* F.a.M.: Suhrkamp.

10

돈과 종교: 돈에 대한 종교인의 태도 및 담론 고찰*

Ⅰ. 들어가는 말

시장화, 자유화, 구조조정, 노동유연화, 세계화 등으로 특징지을 수 있는 신자유주의 경제상황은 그 본래의 영역을 넘어 학교, 가족, 친밀성 등의 영역에까지 심대한 영향을 미치고 있다. 그와 함께 경제 체계의 주요한 매개체인 돈도 우리의 일상생활 세계를 재편하면서, 예측 불가능한 앞날의 불안감을 막아 줄 강력한 방편으로서 작용하고 있다. 학교와 가정과 같은 영역들이 '돈'의 기준에 의해 평가되고 있고, '돈'으로부터 거리 두기를 해 온 종교마저 돈의 논리에 침윤되어 가고 있다(최현종, 2017: 96-114).

본 연구는 이러한 '돈'의 지배력에 주목하면서, 1) 한국의 종교들이 돈에 대한 어떠한 태도를 보이고 있는지를 설문 조사 결과를 통하여 비교해 보고, 관련하여 2) 현대적 상황에서 종교들이 어떠한 돈 담론을 생산하고 있는지를 살펴보고자 한다. 나아가 3) 종교적 관점에서 이러한 돈에 침윤된 종교적·사회적 상황들을 극복하기 위한 방안들을 생각해 보고자 한다. 이러한 논의는 '돈과 종교'에 대

---

* 본 장은 『종교와 문화』 36(2019)에 게재된 바 있다.

한 일련의 연구들(권진관 외 2016; 최현종 외 2018)의 연장선상에 있으며, 이를 정리하고, 대안을 제시하고자 하는 시도이기도 하다.

II. 돈에 대한 종교별 태도 비교

권진관은 현재 한국 사회에서 각 종교 신앙인들의 돈에 대한 자세는 '돈화', '금전화'라는 일정한 관점으로 수렴되며, 이러한 경향이 가장 강하게 나타나고 있는 종교는 개신교라고 주장한 바 있다(권진관, 2018: 228). 이러한 주장은 과연 실제적인 근거를 갖고 있을까? 본 연구는 설문 조사 결과를 토대로 하여 이를 검증하고자 한다. 설문 조사는 수도권에 거주하는 주요 종교, 즉 개신교(117명), 가톨릭(258명), 불교(290명), 원불교(180명)의 신자들을 대상으로 2017년 5-6월 사이에 이루어졌다(총 845명, 원불교는 익산 지역 신자들을 일부 포함하였다). 독립변인으로는 개인의 종교, 신앙심의 정도를 주요하게 다루었고, 경우에 따라서는 신앙의 연한과 예배 참석의 빈도도 함께 고려하였다. 아울러 응답자의 연령, 성별, 학력, 월수입, 자산 정도 등을 통제변인으로 다루었다. 종속변인으로는 돈에 대한 각 종교의 태도를 비교하기 위하여 아래의 내용들을 조사하였다.

1) 종교기관 내에서의 '돈'에 대한 언급 횟수
2) '돈'에 대한 가르침의 필요성에 대한 인식
3) 신앙생활과 물질적 축복의 관계
4) '돈'과 관련된 기도의 횟수

5) 헌금과 축복의 관계

6) '돈'이 종교 활동에 미치는 영향

6-1) '돈'에 따른 종교 생활의 불편함 정도

6-2) 헌금과 교회 직분의 관계

통계분석 프로그램으로는 SPSS ver.21을 사용하였다.

1) 종교기관 내에서의 '돈'에 대한 언급 횟수

<표 20> 종교별 돈에 대한 언급 횟수 비교

(비율: %)

구분	거의 매주	월 1-2회	연 1-2회	큰돈이 필요할 때	전혀 없음
개신교	18.4	39.5	17.5	17.5	7.0
가톨릭	5.5	26.2	25.8	32.4	10.2
불 교	8.9	14.3	18.5	28.2	30.1
원불교	5.1	22.2	25.6	29.5	17.6
계	8.3	23.4	22.2	28.3	17.8

종교기관 내에서 '돈'에 대한 언급 횟수에 대한 응답 결과는 <표 20>과 같다. 이에 의하면 개신교에서 돈에 대한 언급 횟수가 '거의 매주' 18.4%, '월 1-2회' 39.5%로 타종교에 비해 상대적으로 많게 나타난다. 반면에 다른 종교들은 '큰돈이 필요할 때'라는 응답이 천주교 32.4%, 불교 28.2%, 원불교 29.5%로 각각의 경우에서 가장 높게 나타난다. '돈'에 대한 언급 횟수로 보았을 때, 개신교가 가장 돈에 대해 강조하는 종교라는 주장은 어느 정도 타당한 것으로 보인다.

<표 21> '돈'에 대한 종교별 태도

구분	가르침의 필요성	신앙과 축복	돈에 대한 기도	헌금과 축복	돈과 종교활동	가난의 영향	헌금과 직분
상수	3.178***	1.854***	1.803***	.793***	2.703***	2.174***	2.424***
종교							
가톨릭	-.238*	-.108	-.919***	-.289*	-.292*	.023	-.845***
불교	-.341**	-.178	-.678***	.054	-.216	.044	-.449***
원불교	-.036	.356**	-.992***	.093	-1.338***	-.324*	-.698***
나이	-.004	.009***	.006*	.008**	.005*	.006*	.007**
성별	-.013	.044	.058	.277***	-.084	.056	-.038
학력	.128***	-.088**	.041	.039	.072*	.108**	.166***
월수입	-.029	.031	-.027	.005	-.037	-.048	-.060
신앙심	.095*	.340***	.188***	.304***	.057	-.022	-.015
$R^2_{adj.}$	.052	.185	.092	.129	.166	.027	.083

* < p=.05, ** < p=.01, *** < p=.001.
* 종교: 개신교, 성별: 남성 기준.

2) '돈'에 대한 가르침의 필요성에 대한 인식

<표 21>에 의하면 가톨릭과 불교에 비해 개신교 신자들이 돈에 대한 종교적 가르침이 더 필요하다고 생각하는 것으로 나타난다. 학력과 신앙심도 이러한 인식에 영향을 미치는 것으로 나타나지만, 이는 개신교 신자들이 전반적으로 학력 수준이 높고 신앙심이 깊다고 응답하는 경향과 무관하지 않은 것으로 보인다(최현종, 2011: 21, 119).

3) 신앙과 축복의 관계

원불교 신자들이 개신교 신자에 비해 신앙생활을 성실히 하면 물질적 축복도 따른다고 생각하는 경향을 나타내었다. 이는 정신개벽과 물질개벽을 연결하는 원불교의 교리에 따른 것으로 보인다(김명희, 2016: 161-167). 반면, 가톨릭과 불교는 신앙과 축복의 관계를 개신교 신자보다는 부정하는 경향이 나타났지만, 통계적으로 유의미한 차이는 아니었다. 나이가 많을수록, 학력이 낮을수록, 신앙심이 깊을수록 신앙과 축복이 연결된다고 믿는 경향이 강하였다. 신앙연한(p=.001)과 예배참석(p=.020)도 신앙과 축복의 관계성에 영향을 미쳤는데, 신앙연한이 오래될수록, 종교행사에 자주 참석할수록 관계성이 있다고 생각하였다.

4) 돈에 대한 기도

개신교가 여타 종교에 비해 돈에 대한 기도를 가장 많이 하는 것으로 나타났다. 가톨릭, 불교, 원불교 모두에 비해 p<001의 수준에서 유의미한 차이를 보였다. 다른 변인들과 관계하여서는 나이가 들수록, 신앙심이 깊을수록 돈에 대해 더 많이 기도하는 경향을 보였다. 이는 한편으로는 돈이라는 주제와 별개로, 기도 자체의 횟수가 더 많기 때문이기도 한 것으로 보인다.

5) 헌금과 축복의 관계

헌금과 축복의 관계에 대해서는 불교, 원불교와 개신교 사이에 유의미한 차이는 나타나지 않았다. 오히려 평균적으로는 원불교>불교>개신교 순으로 헌금을 잘 해야 축복을 받을 수 있다고 생각하는 경향이 있었다. 가톨릭은 개신교에 비해 유의미한 수준에서 이러한 경향을 덜 나타내었다. 다른 변인들과 관련하여서는 나이가 들수록, 남성보다는 여성이, 신앙심이 깊을수록 헌금과 축복이 관계있는 것으로 생각하였다. 종교행사 참석을 많이 하는 사람들도 이러한 관계를 더 신봉하는 경향을 보였다(p=.000).

6) 돈이 종교활동에 미치는 영향

가톨릭, 원불교에 비해 개신교인들이 더욱 돈이 교회활동에 영향을 미친다고 생각하였다. 통계적으로 유의미한 수준은 아니지만 불교에 비해서도 이러한 경향은 나타났다. 그 밖의 변인과 관련하여서는 나이가 많을수록, 학력이 높을수록 돈이 종교활동에 영향을 미친다고 생각하는 경향이 강하게 나타났다. 신앙연한(p=.009)과 종교행사참석 빈도(p=.000)도 유의미한 영향을 미치고 있었지만, 영향이 선형적으로 나타나지 않고, U자형에 가까운 분포를 보였다. 즉, 신앙연한과 종교행사 참석빈도가 중간인 사람들이 연한이 짧거나, 매우 긴 사람들에 비해, 그리고 참석빈도가 낮거나 아주 높은 사람들에 비해 돈이 종교활동에 미치는 영향을 낮게 평가하는 경향을 나타내었다.

6-1) 가난이 교회생활에 미치는 불편

'가난할수록 종교생활이 힘들고 불편하다고 생각하는가?'라는 질문에 대해서는 가톨릭, 불교, 개신교 사이에는 유의미한 차이가 나타나지 않았다. 다만, 원불교는 여타 종교에 비해 가난이 종교생활을 힘들고 불편하게 만든다고 생각하는 경향이 나타났다. 다른 변인들과 관련하여서는 나이가 들수록, 학력이 높을수록 이런 경향이 두드러졌다.

6-2) 헌금과 직분

개신교가 여타 종교에 비해 헌금이 종교적 직분을 받는 데 영향을 미친다고 생각하는 경향을 강하게 나타냈다. 그 밖에, 나이가 많을수록, 학력이 높을수록 이러한 경향을 보였다. 종교행사의 참석빈도는 집단 간에 유의미한 영향을 미치는 것으로 나타났으나(p=.008), 영향은 비선형적이었다.

설문 조사 결과를 종합해 보면, 권진관의 언급처럼, 전체적으로 개신교가 여타 종교에 비해 돈에 가장 민감한 경향을 지닌다고 결론지을 수 있다. 종교기관 내에서의 '돈'에 대한 언급 횟수, '돈'에 대한 가르침의 필요성에 대한 인식, '돈'과 관련된 기도의 횟수, '돈'이 종교활동에 미치는 영향, 헌금과 교회 직분의 관계 등에서 개신교는 여타 종교에 비해 종교 생활과 '돈'의 관계성을 강하게 드러내었다. 베버(Max Weber)의 언급처럼 개신교는 일반적으로 세상 내의 금욕을 주장하며, 이는 자본주의 정신과 상대적인 친화성을 유지하는 근거가 되어 왔다(최현종, 2015: 141-147 참조). 그리고 이러한 경향은 상대적으로 돈에 대해 민감하고, 중요시하는 경향을 낳은 것으로 볼 수도 있다. 개신교는 현대사회, 특히 한국 사회 속에서 이와 같은 돈과 관련된 담론을 계속해서 새롭게 형성해 왔으며, 그 대표적인 것이 청부/성부론이다. 그러나 정도의 차이는 있지만, 다른 종교들 또한 자본주의사회의 상황에 맞추어 그에 적응하기 위한 방법으로 돈에 대한 담론들을 생산해 온 것이 사실이다. 3장에서는 개신교의 청부/성부론을 비롯하여 현재의 한국 종교들이 어떻게 돈 담론을 생성하고 있는지 살펴볼 것이다.

III. '돈'에 대한 종교의 담론들

'돈과 종교' 연구팀은 일련의 연구를 통해, 종교가 돈이 지배하는 사회를 정당화하고 지탱하는 주요한 장치라고 주장하면서, '돈'의 논리에 침윤된 종교 현상들을 분석하고, 종교가 '돈'을 자신의 고유한 신성성의 언어와 의례로 번역/번안하는 현상 및 각 종교인들이 이를 수용하는 과정을 연구해 왔다(권진관 외 2016; 최현종 외 2018 참조). 대부분의 종교들에서 이와 같은 현상은 예외 없이 드러난다. 가톨릭의 경우, 김혜경이 지적한 바와 같이, 베네딕토 16세의 '진리 안의 사랑', 프란치스코 교황의 '복음의 기쁨', 염수정 추기경의 2014년 사목교서 등 돈의 우상화에 대한 교도권의 지속적인 경고가 나타나고는 있지만, 실제 신자들은 중산층화, 엘리트화되면서 소비자본주의 시대 흐름에 편승하는 사목과 신앙이 지배하고 있다(김혜경, 2016: 315-339). 가톨릭 신자들에 대한 설문 조사 결과에서도 신자들은 진보적이고 긍정적인 사회교리 실천 의지를 보이고는 있지만, 실제 교회의 인식은 이에 미치지 못하고 있는 것으로 나타난다(김혜경, 2018: 150). 김명희 또한 원불교 신자들에 대한 설문 조사 결과를 정리하면서, "원불교 초기 물질개벽에서 보여 준 '수단으로서 돈'의 지형도가 '목적으로서 돈'의 지형도로 대체"되고 있는 것 같다고 결론짓고 있다(김명희, 2018: 203). 원불교의 가르침이 소비자본주의의 치유책이 될 수 있다는 교도들의 바람과는 달리, 교당 현장에서는 소비자본주의를 조장하는 목적으로서 '돈'의 지형도가 만들어지고 있음을 지적하고 있다.

하지만 2장에서 드러난 설문조사 결과처럼, 개신교는 이러한 현상에서 가장 두드러진 모습을 보이고 있다. 신익상은 “한국의 주류 개신교는 구조적 가난을 은폐하는 문화시스템”이라고 강하게 주장하면서(신익상, 2016: 51), 개신교가 자본주의의 세속적 보상을 탈속적 선물의 이름으로 정당화하며, 돈에 대한 개인주의적 접근을 지지함으로써 친자본주의적 이념을 형성하는 데 일조하였다고 기술한다(신익상, 2018: 49ff.). 그는 한국 개신교의 근본주의 신앙이 개인주의 신앙, 직업 소명의식, 신자유주의 경제관과 유의미한 상관을 보이며(신익상, 2018: 60), 가난에 대해 사회구조적이기보다 개인주의적 해결을 추구하는 경향(신익상, 2018: 66f)을 이에 대한 증거로써 제시한다.

이숙진은 과거 ‘삼박자 구원’, ‘예수 믿고 잘 살자’의 구호로 대변되던 ‘번영신학’이 ‘청부(淸富)/성부(聖富) 담론’을 통하여 어떻게 새로운 버전의 ‘부의 복음’으로 변환되고 있는지를 추적한다. 중산층 교회에서 설교 형태로 선포되던 이러한 담론의 확산은 김동호 목사의 『깨끗한 부자』(2011) 출판이 1차적 계기가 되었는데, 이는 일종의 ‘중산층의 부의 윤리학’으로, 그러한 부에 대한 합리화・정당화의 기제를 제공해 주었다(이숙진, 2016: 105). 이숙진에 의하면 청부론의 주장은 다음과 같이 4가지로 요약될 수 있다(이숙진, 2016: 87-93).

1. 돈은 축복이 아니라 은사다. 하나님은 물질을 바로 쓸 줄 아는 사람에게 물질의 은사를 주시며, 이는 십일조에 충실한 사람을 의미한다.
2. 하나님의 방식과 법대로 돈을 벌어야 한다. ‘정직이 경쟁력’이

라고 강조하며, 부정축재에 대해서는 비판한다.

3. 올바른 소비와 연동된 '정직한 몫' 나누기를 강조한다. '하나님의 몫', '이웃의 몫'의 나눔이 정확하다면 나머지 몫에 대한 개인의 권리는 보장되어야 한다.
4. 저축을 장려하고, 유산을 남기지 않는 대신 교회에 바치는 삶을 장려한다.

이숙진은 청부론에 대한 다양한 비판(이숙진, 2016: 89f)과 함께 그 출현 배경을 분석하고 있다. 그에 의하면 청부론은 산업화 시대의 교회성장의 동력으로 작용했던 번영신앙과의 구별 짓기를 통하여, 교회개혁운동의 일환으로 자신을 세워 갔으며(이숙진, 2016: 92), 한국 교회의 도덕적 위기에서 벗어나고자 했던 중산층 교인의 호응과 함께 욕망과 도덕성의 둘 모두를 추구하는 담론이라고 할 수 있다. 그럼에도 불구하고, 이는 결국 '성장주의', '성공주의', '승리주의'의 후기 자본주의적 버전이라고 할 수 있으며(이숙진, 2016: 108), 하나님 나라 건설이란 상징을 철저하게 '돈'으로 치환하고 있다(이숙진, 2016: 110).

청부론보다 약간 뒤에 나타난 성부론, 즉 '거룩한 부'에 대한 주장은 주로 예수전도단 소속 '왕의 재정학교'에서 생산되었다. 이는 집회뿐 아니라 온라인상으로도 폭발적인 인기를 모은 바 있다. 성부론은 '성빈(聖貧)', '속빈(俗貧)', '성부(聖富)', '속부(俗富)'의 4가지 유형의 사람을 구분하고 있는데, 그중에서 초점은 성부에 맞추어진다. 성부론에 따르면, 하나님은 부자이며, 그 부를 우리에게 주기 원하신다. 그리고 누구든 성경적 재정원리에 충실하면 성부가 될 수 있다. 이숙진은 그 주요 테제를 아래와 같이 정리하여 제시한다(이숙진, 2016: 94-100).

1. '부흥'은 개인적 차원의 물질적 풍요와 교회의 성장을 동시에 의미한다. 이는 성경에 따른 재정적 삶의 결과이며, 하나님 나라의 확장을 위해 반드시 필요하다. 성부론에서는 이를 입증하기 위해 성서에 나오는 재물 관련 기사의 횟수까지 구체적으로 언급한다(믿음과 구원의 횟수보다 10배 정도 많으며, 이는 그만큼 중요하다는 증거이다). 그들은 신앙적 실천에 돈이 필요함을 명시적으로 언급하며, 교회성장의 동력으로 돈을 내세운다.
2. 재물에 충성해야 한다. 이는 눅 16:10-13에 근거한 것으로, '작은 것', '남의 것', '불의한 재물'에 충성함이 필요하다. 재물에 충성하는 삶은 재물을 노예로 다루고, 관리하고, 재물을 다루면서도 장막 생활을 하는 삶을 의미한다.
3. 주인을 맘몬에서 하나님으로 바꿔야 재물을 노예로 다룰 수 있다. 이를 위해 재물을 하늘 은행에 맡기는 것(헌금)이 필요하다. '되돌려 받고 싶은 만큼 심기'가 권유되며, 믿음보다 십일조가 강조된다.
4. 성부는 성빈, 검소한 삶을 살아야 한다. 나머지는 모두 하늘 은행에 씨로 심고 흘려보내야 한다. 그렇지 않으면 결국 재물은 모두 사라지게 될 것이다. 이는 개인의 자유로운 처분을 인정했던 청부론과는 구별되는 점이다.
5. 속부의 재물은 반드시 의인에게 옮겨 간다.

이숙진은 성부론을 '금융위기가 일으킨 불안정서와 깊이 공명'하는 것으로 지적하면서(이숙진, 2016: 101), 이를 금융투자에 따른 일종의 '신앙적 리스크 관리 방법'이라고 명명한다. 여기서, 돈은 예측 불가능한 앞날의 불안감을 막아 주는 무기로서 작용한다(최현종, 2016 참조). 이들의 경전(성서) 해석이 과연 적절한가 하는 의문도 제기될 수 있지만, 그보다 더욱 중요한 것은 이러한 해석들이 후기 자본주의 시대를 살아가는 이들에게 존재하는 욕망과 어떻게 연결되고 부합하고 있는가 하는 것이다. '십일조를 제일 많이 내는 사람이 되게 해 달라'는 이들의 기도 속에는 '제일 돈 잘 버는 부자가 되게 해 달라'는 욕망이 내재되어 있다(이숙진, 2016: 103f). 그 욕망이 과연 '종교적'인가에 대해 질문하기 전에, 신앙이 그 욕망의 수단으로 전락하고 있는 것에 더욱 주목해야 한다. 이숙진은 결론적으로, 한국 개신교인에게 있어 돈과 신앙은 매우 친화적인 관계이며, 교회는 돈에 대한 욕망을 신성성의 언어로 번안하고, 교인들은 '영적 세탁'을 거친 교회의 가르침을 수용하면서 돈의 지배력을 유지, 강화하고 있다고 기술하고 있다(이숙진, 2018: 274).

돈에 대한 재평가는 다른 종교, 특히 불교계에서도 나타나고 있다. 초기 불교에 있어 재가자는 일정한 원칙에 따른 돈을 벌고 쓰는 것이 가능했고, 돈의 증식과 이자 수입도 인정한 데 반해, 출가자는 최대한 무소유의 원칙을 견지했다. 하지만, 불교가 발전함에 따라 출가자의 무소유 원칙은 초기 불교의 교단 분열의 원인으로 작용하였다(류제동, 2016: 130). 현대 불교에 있어, 지광 스님 같은 분은 '불교의 기본 가르침은 번영과 발전이다'라고까지 주장하고 있다(류제동, 2016: 134). 그는 법화경에 나오는 비유들을 통하여 이에 대한 근거를 제시하고 있는데, '재물을 가까이하지 말라'는 오용이나 악용에 대한 경계이지, 재물 자체에 대한 부정은 아니라고 주장한다(류제동, 2016: 135). 그는 미국의 실업가 카네기를 언급하면서까지 부자에 대한 부정적 시각을 배척하고, "부자가 될 가능성이 있음에도 불구하고 노력해서 실현하지 않는다면, 삶의 의욕을 상실한 것"이라고 말하고 있다(류제동, 2016: 135). '서로 살리고 번영의 길로 이끌어 가는 화합의 세계'를 강조하고, '법답게' 돈을 버는 것을 중요시하는 그의 입장은 개신교의 청부론/성부론과 별로 다르지 않다.

물론 지나치게 돈을 죄악시하는 입장도 현대의 세계와는 맞지 않는다. 문제는 어느 쪽이 더 강력한 힘을 갖고 있는가 하는 것이다. 즉, '종교가 돈을 통제하고 있는가?' 혹은 '돈이 종교를 통제하고 있는가?' 하는 문제이다. 전통적으로 종교들이 돈을 죄악시, 혹은 문제시한 것은 전자의 위험이 강하기 때문이라고 할 수 있다. 신약성서에서도 재물 때문에 예수를 따르지 못한 부자 청년의 사례와, 이와 연결하여 예수가 "낙타가 바늘귀로 들어가는 것이 부자가 하나님의 나라에 들어가는 것보다 쉬우니라"라고 말한 것이나(마 19:23-26), "하나님과 재물을 겸하여 섬기지 못하느니라"는 선언은(마 6:24) 이러한 위험을 가장 잘 보여 주는 사례들이라고 할 수 있다. 물론, 성경에서도 구약의 많은 구절들은 물질적 축복이 종교적 결과라고 기록하고 있으며, 이는 한국 교회의 부의 정당화, 헌금의 필요성들을 거론하는 데 중요한 근거로서 제시되고 있는 실정이다. 십일조와 축복을 연결 짓는 말라기 3장 10절은 그 대표적인 구절 중 하나라고 할 수 있다.

이러한 이중적인 입장과 그에 따른 위험의 경고는 다른 종교에서도 나타난다. 김태완에 따르면, 유교는 농경을 생산의 기본 양식으로 하였기에 상업을 억제하고 돈을 축적하지 않는 것을 미덕으로 여겼다(김태완, 2016: 191, 201). 그럼에도 불구하고, 누구나 돈을 추구하지만, 돈을 추구하는 일을 천박한 일로 여기는 돈에 대한 사회적 관념의 이중성이 유교 문화권 밑바탕에 깔려 있다(김태완, 2016: 199). 맹자 같은 경우에는 이상적인 정치를 위해서는 경제적 토대를 쌓는 것이 중요하며, 시장의 순기능을 인정해야 한다고 주장하면서, 거래질서를 어지럽히는 이익의 독점을 문제시하였다(김태완, 2016: 206ff). 이를 위해서는 지도층 개인의 이익을 넘어 공리를 추구하는 것과 같은 보편적 경제정의의 촉구가 필요하다고 언급한다(김태완, 2016: 212). 주례(周禮) 또한 돈은 샘과 같은 것이기 때문에 개인이나 집단에 고여서는 안 된다고 지적한다(김태완, 2016: 194). 이러한 지적 속에는 돈에 대한 양가적 태도와 함께 그 위험을 통제하기 위해 그 나름의 방안을 제시하는 시도들이 보인다.

김동규는 무속의 기본 정신을, [바타유(Georges Bataille)의 개념을 인용하면서] 재물의 소비가 아닌 소진을 추구하는 데 있다고 주장하는데, 이 또한 돈에 대한 반발, 혹은 돈의 위험성을 인지하고 있기 때문이라고 할 수 있다. 가장 가치 있는 돈이 비생산적인 곳에 소모됨으로써 돈이 가진 자본증식적인 성격을 상실토록 하는 것은 '경제적인 논리'가 아닌 '종교적 의미'의 승리를 암시하는 것으로 해석할 수 있다(김동규, 2016: 218, 238). 필자 또한 이전의 논문에서, 단일화된 척도로서의 돈의 힘을 지적하며, 종교가 그에 대한 제어의 기능을 할 수 있을까 의문을 표시한 바 있다(최현종, 2016: 51f). 짐멜의 언급처럼 종교는 역사적으로 '돈'의 일방적 작용을 반대하는 역할을 천명하였지만, 지속적인 성공을 거두지는 못했다. 김동규가 언급한 대로, 바타유는 돈으로 대표되는 현대의 도구적 사물의 파괴, 중요한 관심의 대상을 '생산'에서 '비생산적 소비'로 돌리는 것이 종교의 중요한 기능이라고 주장하지만(바타유, 2015), 이러한 주장이 이념형적 목표는 될 수 있을지언정, 현실적인 종교의 양태로 자리잡기는 쉽지 않은 것으로 보인다. 오히려 종교가 '세속적' 부와 건강의 증진을 위한 하나의 수단으로 전락하는 것이 현대사회에서 더 자주 부딪히는 경우임을 앞에 인용한 여러 연구자들의 언급에서도 확인할 수 있다.

그럼에도 불구하고, 여러 설문 조사 결과들에서 돈의 체계에 대해 고민하는 종교적 인간의 모습을 발견할 수 있었으며(이숙진, 2018: 275), 이는 종교가 돈에 대해 억제 혹은 통제 기제로 작용할 수 있음을 여전히 시사해 준다. 김명희 또한, 원불교의 교리를 인용하며, '자리행(自利行)'의 돈의 지형도에서 '이타행(利他行)'의 돈의 지형도로의 전환을 위해 힘써야 하며, 그와 같은 가능성은 충분히 발견된다고 언급한다(김명희, 2018: 202f). 그에 의하면, 원불교는 실제로 창교 시부터 물질의 중요성을 인지했던 종교였다. "물질이 개벽되니 정신을 개벽하자"는 표어는 이를 잘 나타내 주며, 물질을 진리의 세계를 이루는 방편으로 다루면서, 이를 위해 저축조합과 방언공사 등의 구체적인 방안을 제시하고 실천해 왔다(김명희, 2016: 121). 물질개벽은 현세에 실낙원을 건설하는 중요한 수단임에도 불구하고, 현재의 많은 문제들이 나타나는 것은 물질이 개벽되었음에도 불구하고 정신이 개벽되지 못하였기 때문이다. 정신개벽이 따르지 않는 물질개벽은 인간소외, 인권유린 등을 초래하며, 물질의 바른 사용이 이루어지지 않는 것은 이를 위한 바른 정신이 뒷받침되지 않기 때문이다. 이러한 원불교의 입장은 새로운 사회 건설을 위해서는 새로운 물질적 토대와 더불어 새로운 인간(el hombre nuevo)을 만드는 것이 필요하다는 체 게바라(Che Guevara) 혹은 파농(Frantz Fanon)의 주장과도 통한다(네그리/하트, 2014: 148, 459; 파농, 2010: 50, 321). 쿠마르 센(Amartya Kumar Sen)의 발전이 성공적이려면 경제적인 면만이 아니라 인간의 잠재능력과 자유를 실질적으로 증가시켜야 한다는 주장이나(하승우, 2013: 70), 미즈(Maria Mies)가 사회의 꼭대기 층을 차지한 소수를 동경하거나 그들을 따라가려는 헛된 망상을 버리고 철저히 아래로부터의 관점을 가져야 하며, '따라잡기 개발'이나 '따라잡기 소비주의'와 같은 환상을 버려야 한다고 주장한 것도 동일한 맥락이라고 볼 수 있다(하승우, 2013: 85f). 이러한 인간/정신의 문제를 해결하기 위해 원불교는 근검절약을 통한 자발적 가난과, 직업과 노동을 통한 돈의 긍정적 기능을 강조하며, 나아가 은(恩)사상과 사요(四要)교리에 근거한 '이타적 가치 창출'을 추구한다(김명희, 2016: 133). 사요교리란 인권평등을 위한 자력양성(自力養成), 지식 평등을 위한 지자본위(智者本位), 교육평등을 위한 타자녀교육(他子女敎育), 생활평등을 위한 공도자숭배(公道者崇拜)의 4가지 핵심 교리를 가리키며, 이 중 특히 '자력'은 경제적 자립을 의미하고 있다.

돈을 지나치게 적대시할 필요는 없다. 그 위험과 함께 이로운 부분을 수용하고, 이를 잘 통제하면 된다. 금강경에도 물질과 관련된 물보시는 매우 가치 있는 것이지만, 4구게 한 절이라도 설하는 것이 더 중요함을 지적하여, 물질의 중요성을 부인하지 않으면서도, 결국 중요한 것은 정신적・종교적 가치임을 명시하고 있다(권진관, 2016: 230). 니히턴(Ethan Nichtern)도 불교적 입장에서 돈은 단순히 필요악이 아니며, 돈을 계획적으로 다루고, 교류하면, 이를 통제할 수 있다고 주장한다(류제동, 2016: 146-149). 니히턴은 '돈은 교류'라고 언급하는데, 그에 의하면 우리의 문제는 고립적인 방식으로 돈을 사용하도록 교육받고 있는 데 기인한다. 니히턴은 돈에 대한 계획을 잘 짜고, 그다음으로 마음의 평안을 찾으라고 권고하는데, 마음이 불안하다면 아무리 돈이 많아도 안정감을 느낄 수 없기 때문이다. 이는 앞서 언급한 원불교의 교리와도 상통한다. 한편으로 돈을 그냥 타인에게 다 맡겨 버리는 것도 우리의 책임을 방기하는 것이다. 우리는 돈으로 이 세상에서 매우 의미 있는 일들에 힘을 부여할 수 있다. 법륜 스님은 돈을 버는 것의 상대성을 얘기하면서, 비교에 의해 부자와 빈자가 결정되는 현실이 문제라고 지적한다. 진정 중요한 것은 '함께 행복해지는 길'이며, 돈을 기준으로 하는 성공은 진정한 성공이라고 할 수 없다. 세상에서 추구하는 성공과 관련 없이 자기가 만족하면 좋은 인생임을 알아야 한다고 법륜 스님은 말하고 있다(류제동, 2016: 140). 이러한 상황들과 관련하여 류제동은 현대적 입장에서 불교의 무소유 교리를 실제 우리의 경제생활에 맞게 규범적인 윤리 지침으로 구체화하고, 이에 근거한 새로운 소비윤리를 제시할 필요가 있음을 지적하고 있다(류제동, 2018: 172).

현재의 상황에서 이러한 돈의 지배로부터 벗어날 수 있는 방법은 무엇일까? 권진관은 새로운 자연친화적이며 공동체적인 연대의 주체 형성을 위한 체제가 필요함을 역설하며(권진관, 2018: 230) 유사한 맥락에서 이숙진도 대안적 신앙공동체에 대한 연구가 필요함을 주장한다(이숙진, 2018: 275). 북친(Murray Bookchin)의 '사회 생태주의(social ecology)'나, 헨더슨(Hazel Henderson)의 '녹색경제(green economy)'의 주장 등도 이와 유사한 맥락에서 대안경제적 제안으로 생각해 볼 수 있다(하승우, 2013: 80-82 참조). 공통적인 부분은 '생명경제' 혹은 '공유경제'라는 개념을 통해 '돈'의 지배로부터 벗어날 수 있는 사회로 인도하는 지도를 제안하는 점이라 할 것이다. 네그리(Antonio Negri)와 하트(Michael Hart)는 현재의 신자유주의 경제학이 일종의 '화폐 본질주의'에 기초하고 있다고 비판하면서, 화폐는 자연적인 측정 단위가 아닌 사회의 공통적인 조직화에 근거한 것이라고 주장한다(네그리/하트, 2008: 196f). 그리고 이러한 공통적인 근거를 사적인 소유로 재전유하는 현대의 자본주의 시스템에 대하여 비판하면서, 경제학은 삶 정치적 학문, 윤리학이 되어야 한다고 주장한다(네그리/하트, 2008: 198). 하지만, 이와 같은 공동체의 모색, 나아가 대안경제의 제안이 (게토와 같은) 제한된 국지적 자율성을 겨냥하는 기획에 그쳐서는 전반적인 체제 상황에 맞설 수 없다(네그리/하트, 2001: 276 참조). 네그리와 하트는 고전적이고 근대적인 사적 소유 개념의 근거가 탈근대적 생산양식 속에서 어느 정도 해체되고 있는 시점에서, 공통적인 것이 대중의 구현, 생산 그리고 해방의 새로운 양식이 될 수 있다고 주장하지만(네그리/하트, 2001: 396), 이와 같은 주장들이 하나의 당위적 요청을 넘어서, 실현, 혹은 확산 가능한 진정한 대안으로 등장할 수 있을지는 의문이다. 물론 이것이 우리의 지향점을 설정해 줄 수는 있고, 또한 대안은 '주어지는 것'이 아닌, '만들어 가는 것'이라고 할지라도 말이다.

Ⅳ. 나가는 말

필자는 본 연구를 통하여 한국의 종교들이 돈에 대한 어떠한 태도를 보이고 있는지를 비교해 보고, 또한 현대적 상황에서 종교들이 어떠한 돈 담론들을 생산하고 있는지를 살펴보았다. 설문 조사 결과를 종합해 보면, 여타 종교에 비해 개신교가 돈에 가장 민감한 경향을 지닌 것으로 나타났다. 종교기관 내에서의 '돈'에 대한 언급 횟수, '돈'에 대한 가르침의 필요성에 대한 인식, '돈'과 관련된 기도의 횟수, '돈'이 종교 활동에 미치는 영향, 헌금과 교회 직분의 관계 등에서 개신교는 여타 종교에 비해 종교 생활과 '돈'의 관계성을 강하게 드러내었다. 이러한 맥락에서 개신교는 현대의 한국 사회 속에서도 돈과 관련된 담론을 계속해서 새롭게 형성해 왔으며, 본 연구에서는 그 대표적인 것으로 '청부/성부론'을 살펴보았다. 그러나 여타 종교 또한 정도의 차이는 있지만, 자본주의사회의 상황에 맞추어 그에 적응하기 위한 방법으로 돈에 대한 담론들을 생산해 왔고, 본 연구에서는 그 약간을 소개하였다.

에치오니(Amitai Etzioni)에 의하면, 각 사회는 규범적인 구조, 교환관계, 강제관계 중 어느 것에 기초하고 있는가에 따라 구분될 수 있으며, 이 중 자본주의사회는 교환의 조직원리가 지배적인 사회라고 할 수 있다(Etzioni, 1961: 23-40). 이러한 상황에서 종교의 규범적 구조는 돈을 매체로 한 교환 원리에 종속될 수밖에 없다. 이는 하버마스(Jürgen Habermas)의 생활세계의 체계에 대한 식민화의 주장에서도 드러난다. 부라고 하는 것이 보편적인 교환을 통해 창출된 개인적인 욕구, 능력, 기쁨, 생산적 힘 등의 보편성이라면(네그리/하트, 2008: 189), 결국 이러한 모든 것을 보장해 주는 것이 '돈'이라고 할 수 있다. 거기에 돈이 제공하는 '소유'의 감각은 현대사회의 불안정성 속에서 중요한 안전감을 제공한다. 이러한 상황에서 종교는 돈을 '통제'하기보다는, 돈을 얻기 위한 하나의 수단으로 전락하고 있으며, 이는 본문에서 언급한 종교인들의 돈에 대한 태도, 돈에 대한 종교의 주요 담론 등에서도 드러나는 사실이다.

하지만, '돈'을 친화적으로 기술하는 담론과 함께, '돈이 종교를 통제'하는 위험에 대한 경고도 종교 내에 늘 존재해 왔다. 또한, 이러한 돈의 지배를 벗어나기 위한 종교적 입장에서의 대안 모색도 제시되고 있다. 필자는 개 교회의 재정구조를 분석하면서 "그 방향성이 종교시장 체계 내에서의 생존, 종교 소비자들에게 적절한 종교 서비스를 제공하는 것을 넘어서 종교 본래의 초월적 지평을 유지할 수 있을까?"라는 질문을 제기하고, 이를 루만(Niklas Luhmann)의 용어로 조직체계와 사회체계의 갈등이라고 요약한 바 있다(최현종, 2017: 243f). 그에 따르면, 시장의 논리가 단기적으로는 교회 조직의 유지 및 확대를 보장해 줄지 모르지만, 사회체계로서의 종교의 기능과 충돌함으로써 장기적으로는 부정적 영향을 미칠 수 있으며, 따라서 이 문제는 당위적 질문이 아니라, 종교의 미래와 관련된 현실적 질문이라고 지적하였다(최현종, 2017: 245f). 이러한 논점은 개신교에만 국한된 것이 아니라 현재 한국 사회의 모든 종교들에 공통적으로 적용될 수 있다. 베버가 언급했던 개신교와 자본주의, 그에 따른 돈과의 친화성은 현재의 탈물질주의 경향 속에서는 오히려 종교에 대한 부정적 담론을 형성하는 원인이 되고 있다.

현대사회에서 '돈'의 역할이 절대적일수록, 역으로 이와 같은 돈의 통제로부터 벗어나기를 소망하는 것이 현대인들의 또 하나의 심성이다. 많은 이들은, 특히 종교가 이러한 통제에 대한 대항 기제로서 작용하기를, 종교는 '돈이 통제하는 사회'의 모습과는 다르기를 바라는 이율배반적인 심정을 가지고 있다. '돈'이라는 '현대의 신'이 아닌 다른 절대자적인 통제의 갈구-이것이 '돈'에 지친 사람들의 마음이다. 하지만, 여기서 '종교'는 '돈'에 초연해야 한다는 당위론적인 제안은 한계를 지닐 수밖에 없다. 종교 또한 신을 믿지만 결국 이 땅에 발을 딛고 살아가는 인간과 함께하는 것이기에 말이다. '돈'에 대한 완전한 통제, '돈'으로부터의 완전한 벗어남이라는 것은 거의 불가능한 요구이지만, 돈을 벗어날 수는 없지만, 돈에 함몰되지도 않는, 그러한 무언가의 견제의 역할은 종교가 해 줄 수 있지 않을까? '돈'의 통제를 받지만, 그럼에도 역으로 '돈'을 통제하려는 시도를 포기하지 않는 묘한 '긴장'의 관계-그것이 '돈'이 지배하는 현재의 사회에서 우리가 종교에 요구할 수 있는 최선이 아닐까?

참고문헌

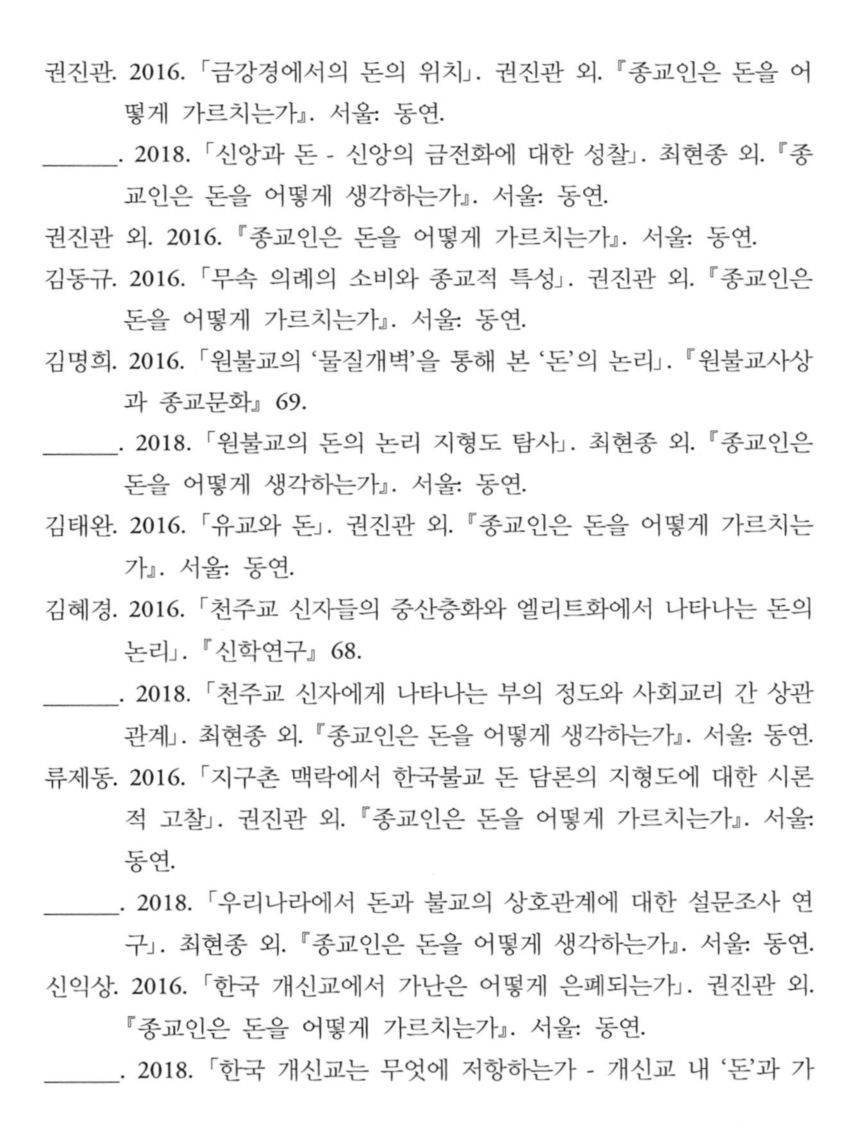

권진관. 2016. 「금강경에서의 돈의 위치」. 권진관 외. 『종교인은 돈을 어떻게 가르치는가』. 서울: 동연.

______. 2018. 「신앙과 돈 - 신앙의 금전화에 대한 성찰」. 최현종 외. 『종교인은 돈을 어떻게 생각하는가』. 서울: 동연.

권진관 외. 2016. 『종교인은 돈을 어떻게 가르치는가』. 서울: 동연.

김동규. 2016. 「무속 의례의 소비와 종교적 특성」. 권진관 외. 『종교인은 돈을 어떻게 가르치는가』. 서울: 동연.

김명희. 2016. 「원불교의 '물질개벽'을 통해 본 '돈'의 논리」. 『원불교사상과 종교문화』 69.

______. 2018. 「원불교의 돈의 논리 지형도 탐사」. 최현종 외. 『종교인은 돈을 어떻게 생각하는가』. 서울: 동연.

김태완. 2016. 「유교와 돈」. 권진관 외. 『종교인은 돈을 어떻게 가르치는가』. 서울: 동연.

김혜경. 2016. 「천주교 신자들의 중산층화와 엘리트화에서 나타나는 돈의 논리」. 『신학연구』 68.

______. 2018. 「천주교 신자에게 나타나는 부의 정도와 사회교리 간 상관관계」. 최현종 외. 『종교인은 돈을 어떻게 생각하는가』. 서울: 동연.

류제동. 2016. 「지구촌 맥락에서 한국불교 돈 담론의 지형도에 대한 시론적 고찰」. 권진관 외. 『종교인은 돈을 어떻게 가르치는가』. 서울: 동연.

______. 2018. 「우리나라에서 돈과 불교의 상호관계에 대한 설문조사 연구」. 최현종 외. 『종교인은 돈을 어떻게 생각하는가』. 서울: 동연.

신익상. 2016. 「한국 개신교에서 가난은 어떻게 은폐되는가」. 권진관 외. 『종교인은 돈을 어떻게 가르치는가』. 서울: 동연.

______. 2018. 「한국 개신교는 무엇에 저항하는가 - 개신교 내 '돈'과 가

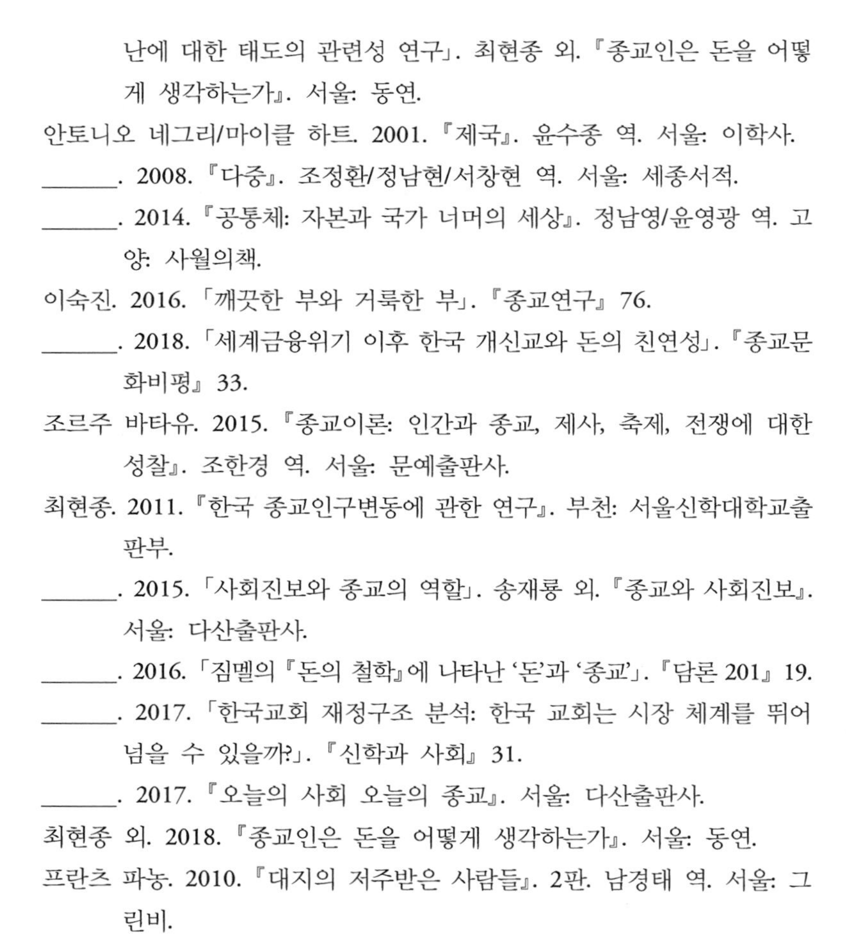

난에 대한 태도의 관련성 연구」. 최현종 외. 『종교인은 돈을 어떻게 생각하는가』. 서울: 동연.

안토니오 네그리/마이클 하트. 2001. 『제국』. 윤수종 역. 서울: 이학사.

______. 2008. 『다중』. 조정환/정남현/서창현 역. 서울: 세종서적.

______. 2014. 『공통체: 자본과 국가 너머의 세상』. 정남영/윤영광 역. 고양: 사월의책.

이숙진. 2016. 「깨끗한 부와 거룩한 부」. 『종교연구』 76.

______. 2018. 「세계금융위기 이후 한국 개신교와 돈의 친연성」. 『종교문화비평』 33.

조르주 바타유. 2015. 『종교이론: 인간과 종교, 제사, 축제, 전쟁에 대한 성찰』. 조한경 역. 서울: 문예출판사.

최현종. 2011. 『한국 종교인구변동에 관한 연구』. 부천: 서울신학대학교출판부.

______. 2015. 「사회진보와 종교의 역할」. 송재룡 외. 『종교와 사회진보』. 서울: 다산출판사.

______. 2016. 「짐멜의 『돈의 철학』에 나타난 '돈'과 '종교'」. 『담론 201』 19.

______. 2017. 「한국교회 재정구조 분석: 한국 교회는 시장 체계를 뛰어넘을 수 있을까?」. 『신학과 사회』 31.

______. 2017. 『오늘의 사회 오늘의 종교』. 서울: 다산출판사.

최현종 외. 2018. 『종교인은 돈을 어떻게 생각하는가』. 서울: 동연.

프란츠 파농. 2010. 『대지의 저주받은 사람들』. 2판. 남경태 역. 서울: 그린비.

하승우. 2013. 「자립의 행복과 한국의 협동공동체」. 이동수 편. 『행복과 21세기 공동체』. 서울: 아카넷.

Etzioni, Amita I. 1961. *A Comparative Analysis of Complex Organization.* New York: Free Press of Glencoe Inc.

부록

01

종교와 법률 제도: 공직자 종교차별 관련법을 중심으로*

Ⅰ. 들어가는 말

헌법상에 보장된 종교와 관련된 가장 기본적 조항은 헌법 제20조에 나타난다. 헌법 제20조 1항은 "모든 국민은 종교의 자유를 가진다"고 명시함으로써 종교의 자유를 보장하고 있다. 종교 자유의 보장은 서양제국과의 조약을 통해 시작되었으며, 1883년의 한독수호통상조약이 이를 규정한 최초의 명문 조항이라고 할 수 있다. 이에 의하면 "그들은 그들의 종교를 자유롭게 향유할 수 있다"[1]고 기록하고 있는데(국회도서관입법조사국, 1964: 377), 단지 여기서의 종교의 자유는 한국인이 아닌 한국에 사는 외국인 대상이라는 점에서 그 한계가 있다고 할 수 있다. 종교의 자유가 한국인에게 확대 적용된 것은 이후 한불조약에서 볼 수 있는데, 한불조약에서는 처음부터 종교가 주요 관심 대상이었고, 교회(教誨)의 목적으로 여행할 수 있도록 하여서 선교사에 대한 박해를 방지함으로써 실질적인 신교의

---

* 본 장은 『성결교회와 신학』 26(2011)에 처음 발표되었고, 이후 『한국정치와 기독교 공공정책』 (두란노 아카데미, 2012)에도 수록되었다.

1) 독일어 표현은 "auch sollen sie das Recht freier Religionsübung geniessen"으로 Delbrück (1885), 358-370에서 확인할 수 있다.

자유를 보장토록 하였다. 이후 임시정부 임시헌장 4조도 신교의 자유를 언급하고 있으며(김철수, 1980: 770), 건국헌법 12조에 현재와 같은 신교의 자유를 규정하여 오늘에 이르고 있다. 다만 건국헌법상에는 종교의 자유가 양심의 자유와 함께 규정되었으나, 1962년의 (제3공화국) 헌법에서부터 분리되어 독자적 기본권으로 규정되고 있다.

하지만 이러한 헌법상의 종교의 자유는 상황에 따라서 다른 헌법 조항과 충돌하는 모습을 보이기도 하였다. 그 대표적인 것이 헌법 제37조 2항: "국민의 모든 자유와 권리는 국가 안전 보장, 질서 유지, 또는 공공복리를 위하여 필요한 경우에 한하여 법률로써 제한할 수 있다"는 조항이다. 특히 내면적 자유에 해당하는 신앙의 자유와 달리, 종교적 행위의 자유는 외부적으로 표현되기 때문에, 사회 공동체의 질서, 타인의 기본권을 침해하는 경우에는 법률로써 규제할 수 있는 것으로 해석된다(문화체육관광부, 2009a: 37).[2] 하지만 이러한 해석은 군사독재 시절 반독재 투쟁에 앞장섰던 종교 지도자들을 탄압하는 데 중요한 구실로써 이용되기도 하였다.

한편 최근에 있어 이러한 헌법상의 종교의 자유 조항은 같은 제20조 2항의 "국교는 인정되지 아니하며, 종교와 정치는 분리된다"는 조항과 제11조 1항의 "누구든지 성별 · **종교** 또는 사회적 신분에 의하여 정치적 · 경제적 · 사회적 · 문화적 생활의 모든 영역에 있어서 차별을 받지 아니한다"는 조항과 충돌하는 경우가 많이 발생하고 있다. 그리하여 이러한 충돌은 최근 '공직자 종교차별'에 관한 일련의 법규 및 제도화로 나타나고 있다. 본 논문은 이러한 '공직자 종교차

2) 이러한 해석은 내면적 신앙의 자유는 절대적이나, 외면적인 종교적 행위의 자유는 절대적인 것은 아니어서 제한이 가능하다고 보는 미국의 판례 원칙의 영향으로 볼 수 있다. 이와 관련하여서는 문화체육관광부(2009a), 72 참조.

별' 금지에 관한 일련의 법규, 규정의 제도화 과정을 살펴보고, 대한민국의 사례를 외국의 사례들과 비교 분석하여, 현재의 '공직자 종교차별' 금지에 관한 법 제도의 문제점을 살펴보고, 필자 나름대로의 해결책을 제시해 보고자 한다.

II. 공직자 종교차별 금지의 제도화

헌법상의 '종교차별' 금지 조항은 건국헌법에서부터 이미 존재하였다(건국헌법 8조). 다만 현재의 헌법상의 '종교'라는 용어가 건국헌법 당시에는 '신앙'으로 다르게 표현되었을 뿐이다. 이와 같이 기존에 있었던 '종교차별 금지'가 별도의 규정으로 명문화된 것은 현 정부의 종교 편향 시비와 연관된다. 특히 2008년 불교계가 ① 대통령이 청와대에서 예배드리는 문제, ② 국토부, 교육부의 교통 정보 시스템에 중요 사찰의 지명이 누락 된 건, ③ 어청수 당시 경찰청장의 민족 복음화 발언 및 총무원장 지관 스님의 트렁크 검문의 건 등에 대해 문제를 제기하면서, 대통령의 사과 및 어청수 청장의 사퇴와 종교차별 금지법의 제정을 요구하면서 이슈화되었다. 이러한 불교계의 요구에 대해 2008년 8월 25일 청와대 수석 비서관 회의에서 이명박 대통령이 "종교편향 논란과 관련하여 법・제도적 개선책을 강구"하라고 지시하였고, 2008년 9월 9일 국무회의에서도 "공무원의 종교차별 행위에 대해 문화체육관광부 장관이 감시・감독"할 것을 얘기하였다.

이러한 대통령의 지시는 주로 국가공무원법에 공무원의 종교차별 금지 조항 및 이에 대한 처벌 규정을 넣는 방향으로 입법화가 시도

되었다. 2008년 8월 14일에는 강창일 의원 등 11인이 '종교차별 금지'와 이의 위반에 대하여 '1년 이하의 징역 또는 300만 원 이하의 벌금에 처한다'는 벌칙 조항을 더하여 법안을 발의하였고, 9월 4일에는 나경원 의원 등 171인이 위의 내용에 차별행위의 기준과 유형을 국회, 대법원, 헌법재판소, 중앙선거관리위원회규칙과 대통령령으로 정한다는 내용을 첨가하여 발의하였다. 이와는 별도로 종교차별 문제를 실제적으로 제기한 불교계에서도 국가공무원법에 대한 자체 개정안을 제시하였는데, 여기서는 공무원의 구체적인 종교차별 행위를 '특정 종교를 권유한다거나, 종교를 이유로 차별적인 업무처리를 하는 것'으로 명시하였고, '특정 종교 단체를 우대하거나 차별하여서는 아니 된다'는 조항도 첨가하였다.[3] 또한, 피해를 입은 자의 구제 방법과 절차에 대한 규정도 상술하였다. 구체적인 불교계의 국가공무원법 개정안은 아래의 <표 1>과 같다.

<표 1> 불교계의 국가공무원법 개정안

제59조의2 (종교차별금지의무) ① 공무원(그에 준하는 자 포함)은 그 직위를 이용하여 소속 공무원이나 민원인·관련자에게 특정 종교를 권유한다거나, 종교를 이유로 차별적인 업무처리를 하여서는 아니 된다. ② 공무원은 그 직무를 수행함에 있어 특정 종교단체를 우대하거나 차별하여서는 아니 된다. **제59조의3** (진정 등) ① 제59조의2에서 금지하는 차별행위로 인하여 피해를 입은 사람 또는 그 사실을 알고 있는 사람이나 단체는 국가인권위원회에 그 내용을 진정할 수 있다. ② 제1항에 따른 조사와 구제에 관한 사항은 「국가인권위원회법」에 따른다. **제84조** (벌칙) 제44조·제45조·제59조의2·제65조 또는 제66조를 위반한 자는 다른 법률에 특별히 규정된 경우 외에는 1년 이하의 징역 또는 300만 원 이하의 벌금에 처한다.

3) 국가공무원법의 상세한 개정안에 대하여는 문화체육관광부(2008), 202-208 참조.

이러한 논의들은 최종적으로 2009년 2월 6일에 공무원의 종교중립의 의무가 국가공무원법 59조의2로 삽입되는 것으로 일단락되었다.[4] 하지만 종교차별의 문제는 공무원의 법적 의무라기보다는 직무 수행상의 도덕적 의무로서의 성격이 강하고, 오히려 법적 수단을 동원할 경우 문제의 해결이 더욱 어려워질 여지가 있다는 판단에서, 이에 대한 강제적 처벌 규정은 최종적 입법 과정에서 누락되었다. 정부 용역에 의한 "종교차별 방지를 위한 법제도적·정책적 개선방안" 연구의 건의에 따르면, 이러한 처벌 규정은 "처벌이라는 제재수단의 활용이 실효적인지에도 의문이 있을 뿐 아니라, 징계로 충분한 경우도 있고, 무엇보다 개인 자신의 확신과 신조에 해당하는 신앙의 문제와 관련하여 공무원 개인의 경우에도 종교적 활동의 자유를 보장해야 하는 부분과 정교분리에 해당하는 부분을 바로 형벌로 다스리기보다 합리적인 설득과 사례(판례)의 집적으로 해결하는 것이 보다 합리적"이고, "처벌 규정을 둠으로써 공무원의 직무집행 시 중립의무의 준수를 핑계로 오히려 종교의 자유를 제약하는 경우가 발생할 수 있다"(문화체육관광부, 2008: 235).

위의 국가공무원법 개정에 앞서 2008년 9월 24일 문화체육관광부훈령 44호로 '공직자종교차별신고센터 설치·운영 규정'이 공표되었고, 이는 2008년 10월 27일 문화체육관광부훈령 47호로 개정되었다. 또한 2008년 9월 18일에는 공무원의 종교차별 금지 조항이 복무규정 제4조 2항에 삽입되었고,[5] 2008년 11월 5일에 개정된 공

4) 「국가공무원법」 제59조의 2 "(종교중립의 의무) ① 공무원은 종교에 따른 차별 없이 직무를 수행하여야 한다. ② 공무원은 소속 상관이 제1항에 위배되는 직무상 명령을 한 경우에는 따르지 아니할 수 있다."

5) 「국가공무원복무규정」 제4조 2항 "공무원은 직무수행을 함에 있어서 종교 등에 따른 차별 없이 공정하게 업무를 처리하여야 한다." 지방자치단체 공무원 복무조례도 이와 동일

무원행동강령에도 '지연 · 혈연 · 학연 · **종교**'에 따른 특혜의 배제가 삽입되었다.[6]

공직자의 종교차별 문제는 공무원뿐 아니라 학교에서의 교사의 행동에도 중요한 영향을 미친다. 문화체육관광부의 '공직자종교차별신고센터'의 공직자의 범위는 국가 및 지방 공무원 외에 일반 사립학교의 교원들도 포함하고 있다. 사립학교법 제52조 및 55조는 사립학교 교원의 자격을 국·공립학교 교원의 자격에 준하여 설명하고 있다. 즉, 실제로는 공직자에 해당하지 않는 사립학교 교사들도 현재로서는 위의 공직자의 종교차별 금지 관련 규정의 저촉을 받고, 이를 어길 시에는 공직자종교차별신고센터에 신고할 수 있게 되어 있는 것이다. 그리고 실제로 신고 사례의 가장 많은 비중을 차지하고 있는 것이 학교에서의 종교차별 사례라고 관계자는 설명하고 있다.[7]

문화체육관광부에서 발간한 「공직자 종교차별 예방업무 편람」에 의하면, 종교차별은 "공직자가 직무를 수행함에 있어 특정 종교를 상대적으로 우대하거나 홀대하는 것"을 말한다(문화체육관광부, 2009b: 4). 그리고 종교차별 관련 행위기준을 공직인사 관련 유형, 정책결정 및 행정집행 관련 유형, 공직자의 종교 편향적 언행, 제도 교육에서의 종교 편향적 교육의 4가지 유형으로 나누고 있다. 이 중 제도 교육에서의 종교 편향적 교육에는 '종교계 학교에서의 특정 종교에 대한 교양수준 이상의 강제교육', '수업시간 내 교사 등에 의한 특정 종교 편향적 발언', '종교계 학교에서 학생들에게 특정 신앙이나

한 내용으로 개정되었다.

6) 「공무원행동강령」 제6조 "공무원은 직무를 수행할 때 지연·혈연·학연·종교 등을 이유로 특정인에게 특혜를 주거나 특정인을 차별하여서는 안 된다."

7) 2011. 9. 26. 문화체육관광부 담당자와의 대화.

종교 활동을 강요하는 행위' 등이 포함된다(문화체육관광부, 2009b: 6). 다만 교양과목으로서의 종교교육은 가능하게 되어 있다.

그리고 이와 같은 공직자 종교차별 문제는 "영역별・상황별로 적용 기준이 달라질 수 있으므로 관련 규정 등에 근거하되 사실 확인을 거쳐 종교계, 법조계, 학계 전문가 등으로 구성된 공직자종교차별자문회의의 자문을 받아 해당 기관에 자문결과를 통보"하는 형식으로 시행하도록 규정하고 있다(문화체육관광부, 2009b: 7). 그리고 자문 결과를 통보받은 해당 기관은 징계위원회를 열어 자체 인사규정에 따라 징계 여부를 결정하고, 조치 결과를 신고인 및 문화체육관광부 측에 통보하도록 되어 있다. 그러나 앞서 언급한 바처럼 자문 결과가 법적인 강제성은 없다.[8)]

Ⅲ. 공직자 종교차별 구체적 판단 사례

문화체육관광부는 위와 같은 제도화와 함께 2009년 12월에 공직자 종교차별 예방교육 교재를 발간하여, 종교차별의 예방에도 힘쓰고 있다. 문화체육관광부가 발간한 교재에 따르면 다음과 같은 사항은 종교차별이라고 볼 수 없다.[9)]

1) 종교인에 대한 과세: 이는 비영리기관에 비과세하는 것과 동일하다. 소득세의 비과세 문제는 별도의 과세정책의 문제로 돌리고 있다.

---

8) 2011. 9. 26. 문화체육관광부 담당자와의 대화.

9) 아래의 사례들에 대하여는 문화체육관광부(2009c), 18-25; (2009a), 81-105 참조.

2) 군종제도: 군종제도를 운영하는 것은 합헌이며, 모든 종교에 대해 군종제도를 운영하지 못하는 것은 종교차별로 보지 않고 있다. 군종장교의 경우 종교교리에 대한 강론은 할 수 있으나, 종교의식을 강제할 수는 없다.
3) 종교적 기념일의 공휴일 제도: 종교적 기념일의 연원은 종교에 있으나, 현재에는 종교적 색채가 완화되어 문화적 배경하에 볼 수 있다. 이러한 공휴일 제도의 폐지는 또 다른 논란의 소지가 있다.
4) 공휴일 시험 제도: 일요일을 종교적 기념일로 볼 수 없다. 이는 다수 국민의 편의를 위한 것으로 공공복리를 위한 부득이한 제한으로 해석한다.[10]
5) 문화유산의 지원: 종교적 상징성이 있는 경우에도 문화적·예술적 성격이 인정되는 경우의 지원은 정교분리 위반은 아니다. 이에는 화폐도안도 포함된다.
6) 종교기관, 시설에서의 문화, 복지 프로그램의 지원: 세속적 목적의 해당 종교의 진흥을 위한 것이 아니라면 위헌은 아니라고 본다.
7) 공공기관의 종교적 장식 및 지원: 종교적 상징물이지만 사회적으로 용인되어 관례가 된 경우(크리스마스트리나 연등 같은 경우)에는 인정된다.
8) 공직자 개인의 신앙: 직장 외의 종교 행사라 하더라도 게시판 등에 단순히 고지하는 것은 가능하며, 직장 동료들에게 개인적으로 전도 책자를 전달하거나 종교를 권유하는 행위도 가능하

---

10) 헌재 2001. 9. 27. 2000 헌마 159 판례 참조.

다. 그러나 상급자가 하급자에 대하여 특정 종교의식에 참여했는지 점검하는 것은 하급자의 종교의 자유를 침해할 수 있는 것으로 해석된다. 한편 특정 업무가 해당 공무원의 종교적 교리에 위반되는 경우에는 가급적 배치 전환을 해 주어야 하며, 특정 종교적 행사에 참여하기 위하여 휴가를 신청하는 경우에도 특별한 사정이 없는 한 휴가 사용을 존중해 주어야 한다.

위의 사항에 특별한 문제는 별로 보이지 않는다. 다만, 일요일을 종교적 기념일로 볼 수 없다는 해석은 문제가 있는 것으로 보인다. 실제로 필자의 주변에도 일요일에 시험이 치러진다는 이유로 교원임용시험을 보지 않은 경우가 있다. 주 5일제가 정착되고, 그 밖에도 법정 공휴일이 있는 상황에서 특정 시험을 일요일에만 실시한다는 것은 종교적 자유를 침해하는 것으로 볼 수 있다. 문화체육관광부에서 발간한 「공직자의 종교편향 방지를 위한 법제도·정책 기초연구」에도 "일요일에 시험을 시행하는 것이 종교의 자유를 침해하는 것이라고까지 보기는 어렵다고 하더라도 평일이나 토요일에 시험을 시행할 수 있음에도 굳이 일요일을 택하는 것은 수험생뿐 아니라 시험 관리와 감독에 종사하는 사람들의 종교의 자유를 제약하는 것인 만큼 최후의 보충적인 경우에 한정되어야 할 것"이라고 명기하고 있다(문화체육관광부, 2008: 33). 실제로 2010년부터는 교원임용고시를 포함한 모든 공무원 채용 시험이 토요일로 변경되어 실시되고 있다.

앞에서도 언급한 바처럼 공직자의 종교차별 금지가 가장 첨예하게 드러나는 곳은 바로 교육의 영역이다. 문화체육관광부의 종교차별 예방교육 교재에도 '종립학교의 종교 전파의 자유'와 '학부모의 종교교육을 시킬 자유'를 언급하며, 교육영역의 특수성을 인정하고 있다. 하지만, 이와 함께 추첨에 의한 강제 배정 방식에 따른 학생의 종교의 자유 보장 문제도 똑같이 지적하고 있다. 다만 종교 내용의 수업 또는 훈화도 교육의 목적, 내용, 이유 등을 종합적으로 판단하여 합리적 수준이라면 가능하고, 학예회 때의 산타클로스 복장이나 크리스마스카드 제작 정도는 인정하고 있으나, 이 또한 학생이 종교적 이유로 거부할 경우에는 해당 학생의 의견을 존중해 주어야 하는 것으로 되어 있다.[11)]

사립학교에 있어서의 종교교육의 문제는, 문화체육관광부 교재에서 언급한 '종립학교'와 '학부모'의 종교적 자유 문제와 함께, 위의 교재가 제시한 것과는 다른 측면에서의 '학생 자신'의 종교적 자유 문제도 포함할 수 있다. 즉 학생에게는 소극적 의미에서 종교 교육을 '거부'할 자유와 함께, 적극적 측면에서 종교 교육을 '누릴' 권리도 있는 것이다. 보통 2가지 이상의 기본권이 충돌할 때 사용되는 법학이론 중의 하나가 이익형량이론(the balancing test theory)이다.[12)] 그렇다면 과연 소극적 의미에서 종교 교육을 '거부'할 소수의 권리가 적극적 측면에서 종교 교육을 '누릴' 다수의 권리보다 우선하는가? 물론 인간의 기본권을 다수결적인 원리로 판단할 수는 없다. 하지만, '거부'의 자유가 '향유'의 자유보다 우선한 것이라고 판단할 근거는 어디에도 없다.[13)]

---

11) 이러한 교육 영역에 있어서의 문제에 대한 보다 자세한 논의는 이은선(2012), 85-117 참조.

12) 특정 행위에 대하여 법률에 따른 규제를 가하는 경우, 그 규제가 가하는 부담과 그 규제를 통하여 얻어지는 이익을 상호 비교, 형량하여 판단하는 원칙을 말한다.

13) 자유민주주의에 있어서 충돌하는 자유의 문제에 대하여는 Audi and Wolterstorff (1997), 109ff 참조.

실제로 문화체육관광부에서 발간한 「공직자의 종교편향 방지를 위한 법제도・정책 기초 연구」에도 종교교육의 자유는 "수동적인 면으로 종교적 교육을 받거나 받지 아니할 자유"와 함께 "능동적인 면으로 종교적 교육을 실시할 자유"를 언급하고 있으며, "종교교육을 받기 위해 학교를 선택"할 권리에 대해 얘기하고 있다(문화체육관광부, 2008: 25). 또한 교육인적자원부가 발행한 「초・중등학교에서의 종교교육 개선방안 연구」에서도 종교교육을 원하는 학부모가 종교교육을 실시하는 학교를 선택할 수 없는 교육제도는 헌법상의 종교의 자유의 원칙에 정면으로 배치된다고 언급되어 있다.[14] 물론 국공립학교에서의 종교교육은 중립적 성격을 띠어야 하겠지만, 이를 사립학교 및 종립학교에까지 적용한다는 것은 문제의 소지가 있는 것으로 보인다. 이러한 현재의 문제는 문화체육관광부 교재에서도 언급한 바와 같이 '추첨에 의한 강제 배정 방식'에 있는 만큼 이를 조정하여, 학교 및 학부모, 그리고 학생 자신이 종교교육을 받을 권리를 보장해 주는 것이 옳다고 생각되며, 이러한 입장에서 배정된 학교에 대한 '종교적 거부권'과 같은 제도의 도입도 의미 있는 것으로 여겨진다(교육인적자원부, 2006: 4).

한편 실제로 종교차별 행위로 신고가 된 사례는 2011. 10. 11. 기준 138건으로 조사되었다. 이 사례들을 유형별로 분류해 보면 학교에서의 종교차별이 15-20% 정도로 가장 많았고, 공무원에 의한 특정 종교 우대 발언 및 행위가 10-15%, 행정 처리과정에서의 종교차별 행위가 10% 정도로 그다음을 차지하였다.[15]

---

14) 교육인적자원부, 「초・중등학교에서의 종교교육 개선방안 연구」, (2006), 4.

15) 구체적인 신고 내역은 비공개로 확인할 수 없었고, 위의 통계는 문화체육관광부 담당자를 통해 확인된 결과이다. 또한 통계는 신고 건수로 실제 종교차별로 판정된 사례는 다

Ⅳ. 외국 사례들

공직자의 종교차별에 관한 문제는 국가가 종교와의 관계를 어떻게 규정하고 있는가와 연관된다. 일반적으로 국가와 종교의 관계는 미국과 프랑스와 같이 국가와 교회/종교를 엄격히 분리하는 엄격분리형, 독일과 같이 국교는 인정하지 않지만, 특정 교회에 공법인이 될 지위를 인정하여 정교조약을 체결하는 정교동격형, 영국과 같은 국교승인형 등으로 나눌 수 있다(문화체육관광부, 2008: 103f). 하지만 각 유형별로도 국가의 상황에 따라 많은 부분 차이를 갖고 있어 구체적인 사례들을 살펴보는 것이 더욱 중요하다.

1. 미국

미국 헌법상의 종교자유와 종교차별의 문제는 수정헌법 제1조에 근거한다. 1791년의 수정헌법 제1조는 "연방의회는 국교를 수립하거나 종교의 자유로운 행사를 금지(Congress shall make no law respecting an establishment of religion or prohibiting the free exercise thereof)"할 수 없다고 규정하고 있다. 보통 이 조항의 첫 부분을 '국교금지 조항(Establishment clause)'이라고, 후반부를 '종교의 자유행사 조항(Free exercise clause)'이라고 부르며, 미국의 종교 정책의 근간을 이루고 있다. 이는 대한민국 헌법의 제20조 1항과 2항에 상응한다고 볼 수 있다. 특히 '국교금지조항'은 단순히 특정 종교의 국교화만 금지하는 것이 아니라, 현대에 있어서는 광범위하게 정부의 종교차별 행위를 금지하는 것으로 해석된다(문화체육관광부, 2008:

를 수 있다.

66).[16] 하지만 실제로 어디까지가 '종교의 자유행사'이고, 어디부터가 '국교금지조항'의 위반인지를 해석하는 데는 상당한 어려움이 있다. 국가의 종교적 관행, 공립학교에서의 종교교육, 종교단체에 대한 지원, 정부재산상의 종교적 장식 등의 문제와 관련된 소송들을 통해 이에 대한 판례들을 만들어 냈으며, 특히 공교육 분야에서의 교회와 정부의 분리 문제는 우리나라와 마찬가지로 미국에서도 가장 주된 이슈로 나타났다.[17]

미국의 국교금지조항은 보통 3가지로 다르게 해석되어 왔다. 그 첫 번째는 '엄격 분리 이론(Strict Separation Theory)'으로, 정부는 가능한 세속적이고, 종교는 사적인 영역에 머물러야 한다는 것이 그 주요 논점이다. 이 입장에 따르면 '국교금지조항'은 종교를 지원하는 모든 공적인 원조나 옹호를 포괄적으로 금지한다. 그러나 이러한 입장은 오히려 종교의 자유를 침해할 위험성이 높아 1980년 이후에는 거의 원용되지 않고 있는 실정이다(문화체육관광부, 2008: 69).[18] 국교금지조항에 대한 두 번째 해석은 '중립 이론(Neutral Theory)'으로, 정부가 세속적인 것에 비해 종교를, 그리고 여러 종교 가운데 특정 종교를 우대할 수 없다는 입장이다. 중립 이론은 엄격 분리 이론에 비해, 정치와 종교의 완벽한 분리가 불가능하다는 것을 현실적으로

---

16) 외국 사례에 관한 서술은 문화체육관광부가 발간한 이 책에 수록된 논문을 많이 참조하였다.

17) 아래의 Lemon V. Kurtzman 사건과 함께 주목할 만한 판례는 1947년의 Everson V. Board of Education 사건이다. 이 사건은 지역 종교(가톨릭)학교에 다니는 학생들의 통학비용에 대해서도 상환금을 지불해 주는 New Jersey주의 정책에 대한 문제제기에서 비롯되었다. Black 대법관이 집필한 다수의견(5:4)은 종교학교를 포함한 자녀의 지역학교 통학에 사용된 교통비를 보정해 줄 것을 규정한 주법은 수정헌법 제1조에 위배되는 것은 아니라고 해석하였다. 이에 대하여는 Feldman(2005), 172ff 참조. 교육제도의 세속화가 미국 사회 전체의 세속화에 미친 영향에 대하여는 Smith(2003) 참조.

18) 종교적 중립과 개인의 자유의 충돌 문제에 관해서는 Audi and Wolterstorff(1997), 79 참조.

인정하는 것이라고 볼 수 있다. 중립 이론에 입각한 기준을 '상징적 승인(symbolic endorsement)'이라고 부르는데, 이는 '합리적 관찰자' 에게 특정 종교의 승인 여부를 판단토록 하여, 그것이 인정된다면 이는 위헌이라는 견해이다. 하지만 이러한 판단은 판단하는 사람의 입장에 따라 달라질 수 있기에, 판단 기준 자체가 불확실하다는 문제가 있다. 세 번째 입장은 사회에서의 종교의 중요성을 인정하고, 이러한 입장에서 정부도 종교를 배려해 줄 것을 주장하는 '배려 이론(Accommodation Theory)'이다. 이 입장에 따르면 정부가 직접 국교를 설립하거나, 종교적 행사에 참여할 것을 강요하는 경우에만 '국교금지조항'에 위배된다고 해석한다. 하지만 어느 정도가 '강요'인지에 대한 해석을 둘러싸고도 논란이 일어날 소지는 남아 있다.[19)]

이러한 '국교금지조항'에 대한 이론적·해석적 문제에 대해 절대적 심사기준은 없다고 할 수 있다. 다만 가장 많이 인용되고, 중요한 기준으로 언급되는 것이 '레몬 대 쿠르츠만(Lemon Ⅴ. Kurtzman) 사건' 에서 비롯된 소위 '레몬(Lemon) 심사 기준'이다. 이 기준에 따르면 1) '*세속적* 입법목적(secular legislative purpose)'을 가지고 있는가, 2) 법률의 '*주요한* 효과(primary effect)'가 특정 종교를 '발전(advance)' 혹은 '제한(inhibit)'하는지, 3) '*과도한* 정부와 종교 간의 연관(excessive entanglement between the government and religion)'은 없는지의 여부가 중요한 요인이 된다. 예를 들어, 학교에서 강제적인 기도 시간을 갖고자 한다면, 이에 대한 교육적이거나 심리학적인 효과와 같은 세

19) R. Audi에 의하면 정교분리에 대한 자유주의(liberalism)의 입장은 관용(tolerance)의 자유론적 원리, 차별 금지(impartiality)의 평등론적 원리, 그리고 중립성의 원리의 3가지 기본 원칙에 근거한다. 또한 이는 평등한 보호, 평등한 자유와 중립성을 그 핵심 요소로 한다. 실제 차별금지와 분리는 서로 다른 것이지만, 미국 사법부는 차별금지를 분리의 입장의 확인으로 해석해 왔다. 이에 대하여는 Audi and Wolterstorff(1997) 참조.

속적 목적이 제시되어야 하며, 이 세속적 목적은 그 자체로 동기로서 충분한 의미를 지녀야 한다(문화체육관광부, 2008: 25, 75, 113).

실제 '레몬 대 쿠르츠만' 사건에 있어서는 비공립학교에서 비종교적 과목들을 가르치는 교사들의 급여에 대한 주정부의 직접적 지원을 '*과도한* 연관'으로 봄으로써 이에 대한 위헌 판결을 내렸다.[20] 또한 일요일에 사업장의 문을 닫게 하는 주법에 관하여는 이 법률 '*주요한* 효과'는 시민들에게 일정한 날에 휴식을 제공하는 '*세속적*' 목적에 있다고 보아 합헌의 판정을 내렸다.[21]

2. 일본

일본은 헌법상으로는 국가와 종교의 엄격한 분리를 주장하고 있지만, 실제로 최고 재판소의 판결은 국가와 종교의 완전한 분리는 불가능하며, 이것이 오히려 불합리한 사태를 야기시킬 수도 있다는 입장을 취하고 있다. 그리고 이의 판단을 위해서는 '종교적 목적 및 효과'를 중요하게 고려하는데, 이는 미국의 레몬 심사 기준과 상당히 유사하다. 즉 '세속적' 목적과 그 '주요한' 효과가 무엇인가 하는 것이 위헌 여부의 중요한 기준이 되고 있다.

일본의 정교분리 문제에 대한 입장을 드러내는 대표적인 판례는 미에현의 한 체육관 기공식에 대한 공금지출에 대한 소송사건이다.

---

20) Lemon Ⅴ. Kurtzman 사건은 1971년 지역 교구학교 등 비공립학교에서 비종교적 과목들을 가르치는 교사들의 급여를 직접적으로 지원하도록 규정한 Rhode Island주와 Pennsylvania주의 법률에 대한 문제제기에서 비롯되었다. 이 사건의 심리 결과 7인 재판관이 위헌입장에 표를 던졌는데, Burger 대법원장이 집필한 다수의견에 의하면 교구학교의 교사들이 세속적인 과목들을 가르침은 교의나 도덕에 부적절하게 연관될 수 있다고 보았고, 또한 이에 대한 주 정부의 지원은 '과도한 연관'을 낳을 수 있다고 판결하였다. 이와 관련하여서는 http://en.wikipedia.org/wiki/Lemon_Ⅴ._Kurtzman 참조.

21) http://supreme.justia.com/us/366/582/case.html 참조.

이 기공식은 일본 신도의 고유의식에 따라 진행되었는데, 이에 대한 정부 지원이 정교분리의 원칙에 위배되는가 하는 것이 소송의 핵심이었다. 제2심 판결이 위헌 판결을 내린 데 반해, 최고재판소는 이러한 기공식은 '종교적 활동'에 해당하지 않는다고 판결하였다. 판결문에 따르면, "국가와 종교의 완전한 분리는 불가능에 가깝고, 사회생활의 각 방면에 불합리한 사태를 발생"시킬 수 있으며, 정교분리 원칙은 "종교와 관련성을 초래하는 행위의 *목적 및 효과*를 고려"하여, "상당한 정도를 넘는 것이라고 인정된 경우"에 한하는데, 위의 기공식의 경우 종교와 관련성을 부정할 수는 없지만, "사회의 일반적 관습에 따라" 의례를 행한 것으로, 그 *목적*은 "세속적인 것으로 인정되고 그 *효과*는 신도를 원조, 조장, 촉진 또는 타 종교를 압박, 간섭을 가하는 것으로 인정할 수 없다"고 판시하고 있다(문화체육관광부, 2008: 110f). 하지만 이러한 판결에 대하여 "습속적 행사도 종교성이 있다고 인정되는 경우에는 종교적 활동"이며, 실제적으로 신도를 우대하여 이를 원조하는 효과를 갖는다는 비판도 존재한다.

일본의 정교분리 문제와 관련, 우리의 민족정서와도 밀접하게 연결된 사항은 정부 관료의 신사참배 문제이다.[22] 이와 관련된 초기의 판례로는 1981년 이와테현 의회의 야스쿠니 신사 공식 참배에 대한 의견서 제출에서의 공금 지출을 둘러싼 소송을 들 수 있다. 1심과 2심 모두에서 소송을 제기한 원고 측이 패소하였지만,[23] 2심의 고등재판소 판결은 '판결이유'에서 정부 관료의 야스쿠니 신사 공식 참배는 위헌행위임을 명시하였다. 판결문에 따르면, 공식 참배가 그

22) 이와 관련하서는 박규태(2008), 36-75를 주로 참조하였다.

23) 이 사건에서의 원고단 단장은 개신교 목사였다.

목적은 전몰자를 추도하는 것이라 할지라도, 야스쿠니 신사에 대한 경배 숭례의 뜻을 표한 '종교적 행위'이고, 그 효과에 있어 특정 종교단체의 관심을 불러일으키고, 종교 활동을 원조하는 것으로 인정되기 때문에, 위의 지출에 의해 발생한 현과 신사와의 관련성은 그 파장 효과에 비추어 '상당한 한도'를 넘어 '종교적 활동'에 해당한다고 명시하였다.

정부 관료의 신사 공식 참배와 관련, 보다 큰 파급을 불러일으켰던 것은 1985년 나카소네 수상의 야스쿠니 신사 공식 참배 사건이었다. 이에 대하여 불교 및 기독교 신자의 유족을 중심으로 3건의 소송이 제기되었다. 이 가운데 후쿠오카 고등재판소는 수상의 공식 참배가 제도적으로 계속되는 행위인가 의문이 있고, 야스쿠니 신사를 원조하는 효과를 갖지 않는다고 기술하며, 단지 위헌이 될 수도 있다는 것을 시사하는 데 그쳤다. 하지만 이에 반하여 오사카 고등재판소는 위헌이라고까지 단정할 수는 없어도, '위헌 의심이 강하다'라고 표명하였다.

3. 독일

독일은 종교세를 통하여 교회를 지원하고 있고, 문화적으로 기독교의 전통이 확고하여 종교차별의 문제는 최근까지 제기되지 않았다. 또한 헌법상 종교의 자유와 정교분리에 관한 조항이 자세하기 때문에 별도의 법률도 필요로 하지 않았다. 하지만 점점 더 증가하는 종교의 다양성은 독일에서도 그 사회적 변화와 함께 종교와 관련하여 허용되는 범위에 대해 새로운 결정을 내리도록 하는 동기가 되고 있다.

종교차별과 관련된 독일 내의 중요한 판례로는 먼저 십자가를 비치할 것을 규정한 바이에른(Bayern)주의 국립학교명령(Volksschulverordnung)에 대한 1995년의 위헌 소송을 들 수 있다. 헌법재판소는 이에 대한 판결에서 기독교의 십자가는 문화적인 상징이 아닌 특정 종교의 상징이며, 의무적인 장소(학교)에서 벗어날 여지도 없이 특정한 신앙의 영향에 놓이는 것은 국민의 기본권을 침해한다고 판결하였다.[24)]

하지만 이러한 판결에 대해 슈트락(Ch. Strack)은 교실에 십자가를 두는 것은 국가적인 행사라기보다는 조직의 문제로, 중립성의 원칙을 따르면서도 관용을 실현할 수 있는 조직형태를 구성하는 것이 필요하다고 지적하고 있다. 또한 그는 십자가를 교실에 비치하는 것을 통해 기독교 신앙을 가진 다수 학생의 적극적 종교의 자유와 비종교적 또는 타종교적 신앙을 가진 소수 학생의 소극적 신앙의 자유가 충돌될 때, 다수 학생의 신앙의 자유가 포기되어야 할 이유는 없다고 주장하고 있다(Strack, 1999).[25)] 이러한 슈트락의 주장은 종교 교육을 회피할 소극적 자유와 함께, 종교 교육을 향유할 적극적 자유를 얘기한 필자의 앞서의 언급과 관련하여 우리나라 사립학교의 종교적 교육에 있어서도 원용될 수 있을 것으로 생각된다.

종교차별과 관련된 독일 내의 또 하나의 중요한 판례는 2003년 최종판결이 내려진 무슬림 예비 여성교사의 히잡 착용과 관련된 소송이다. 이 여성은 1998년 제2차 국가교사시험에 합격하여 교사 자격을 취득하였으나, 수업 중 히잡을 벗는 것을 거부함으로 인해 슈투트가르트(Stuttgart) 고등교육 관청에 의해 채용 신청이 거절되었

24) BverfGE 93, 1 - KruzifⅨ. 관련 정보는 http://www.verfassungsrecht.ch/에서 확인할 수 있다. Weiler(1999), 402f도 참조.

25) 자유 혹은 권리의 충돌에 대하여는 Weiler(1999), 400f도 참조.

다. 이 관청은 히잡을 종교적일 뿐 아니라 정치적인 것으로 판단하였고, 히잡의 착용이 국가의 중립성 명령에 합치될 수 없다고 주장하였다. 이에 대한 위의 여성의 소송은 처음에는 모두 기각되었으나, 최종적으로 연방헌법재판소는 히잡 착용금지가 주의 법 안에서 충분하고 확실한 근거를 찾아볼 수 없으며, 이는 또한 기본법상의 종교적 자유를 침해하는 것으로 판결하였다.[26] 하지만, 이러한 판결은 이 여성이 속한 바덴-뷔르템베르크(Baden-Württemberg)주 의회로 하여금 교사의 종교적인 의복 착용을 위한 법규를 제정하도록 하였고, 이에 근거하여 바덴-뷔르템베르크주 행정법원은 유사한 사건에서 2008년 히잡 착용을 금지하는 판결을 내렸다.[27]

독일의 경우 위의 사례와 같은 종교교육의 문제에 있어 각 주별로 대처하는 방식은 약간씩 다르지만, 전반적인 종교의 다양성, 특히 이슬람 및 비종교인의 증가로 예전과는 다른 대처 방식을 요구받고 있는 실정이라고 할 수 있다.

4. 프랑스

프랑스의 정교분리는 역사적 산물이며, 정교분리의 원칙은 공화국의 원리와 같은 수준에서 규정될 정도로 매우 강한 지위를 갖고 있다. 특히 1905년 제정된 "정치와 종교의 분리를 위한 법"은 엄격한 의미에서의 국가와 종교의 분리를 이룩하는 배경이 되었다.

이러한 법 제정의 배경에는 계몽주의와 프랑스 혁명 시기까지 소

26) BVerfGE 108, 282.

27) 이 판결에 관한 내용은 http://vghmannheim.de/servlet/PB/menu/1218216/index.html?ROOT=1153033에서 확인할 수 있다.

급해 올라갈 수 있는 뿌리 깊은 반교권주의가 바탕이 되고 있다. 법 제정 당시에도 급진 민주주의자들은 가톨릭교회를 공화국의 적으로 보았고, 부르주아적인 자유주의자들은 가톨릭의 반근대적인 태도를 비판하였다. 당시 프랑스는 공화국 정부와 가톨릭교회 '2개의 프랑스'가 있다고 할 정도로 격렬한 투쟁 가운데 있었으며, 이러한 극한 갈등이 '분리법'에 나타난 강력한 '반교권주의' 바탕이 되었다(문화체육관광부, 2008: 140). 이 법의 제정 이후 국가는 종교단체에 대한 일체의 재정지원을 하지 않게 되었고, 또한 국립학교에서는 어떠한 종교 수업도 이루어지지 않게 되었다. 그리하여 1905년 한 해에만 약 2,500개의 가톨릭계 학교가 문을 닫았고, 수도단체의 구성원들은 교사로서 활동할 수 없게 되었고, 모든 종교적 상징물들은 학교와 법원 등 모든 공적인 건물에서 추방되었다. 종교에 대한 국가의 일반적인 금지에서 제외가 되는 것은 군대의 사제직이 유일하였다.[28)]

프랑스의 정교분리 원칙을 일반적으로 '라이시테(Laïcité)'라 부르는데, 이를 세속주의라고 번역하기는 하지만, 여기에는 정확한 번역은 불가능한 프랑스만의 독특한 엄격한 정치와 종교의 분리 사상이 담겨 있다. 이에 따르면 정부는 종교의 자유만을 인정하고, 종교에 대한 어떠한 특별 협조도 할 수 없다. 또, 정부는 종교에 관한 공식 입장을 갖지 아니하며, 종교인들은 그들의 성직자로서의 신분이 아닌, 비종교인과 같이 주변에 가져다주는 영향을 바탕으로 법을 적용한다. 프랑스 정부는 법에 의하면 종교 자체를 인정할 수 없고, 단지 종교 단체만을 인정할 수 있는데, 종교 단체는 1) 목적은 오로지 종

28) 프랑스의 군종 장교는 전통적으로 가톨릭, 개신교, 유대교로 구성되었으며, 2005년부터 이슬람이 추가되었다(문화체육관광부, 2008: 142).

교를 주관하는 것이 될 것, 2) 사회의 흐름을 방해하지 말 것이라는 조건을 충족해야만 한다(http://ko.wikipedia.org/wiki/). 이는 '공적 영역'과 '사적 영역'을 엄격히 나누고, 종교를 '사적 영역'에 제한하는 것으로도 볼 수 있다. 프랑스의 헌법 제1조는 앞서 말한 바처럼, "프랑스는 공화국이며, 비종교적인 국가(La France est une République, une, indivisible, laïque et sociale)"라고 규정하여, 공화국의 원칙과 라이시테의 원칙을 동등한 수준에서 취급하고 있다.

1960년대 이후 엄격한 정교분리법은 일부 개정되거나 삭제되어 보다 온건한 정교분리로 전환되는 흐름을 보이는데, 이와 함께 종교에 있어 문화적인 부분은 전통 문화 혹은 문화재로 인정받게 되었다. 하지만 1980년대 이후 이슬람의 증가는 또 다른 정교분리의 문제를 프랑스 사회에 대두시켰다. 그 대표적인 예가 2004년의 공립학교에서의 종교적 상징, 혹은 복장의 착용을 규제하는 법률의 제정이다. 이 법은 의회에서 압도적 다수의 찬성으로 제정되었지만, 인권단체나 학자들로부터는 많은 비판을 받았다. 이들은 공립학교에서 실질적으로 이슬람교도에 대한 차별이 이루어지고 있고, 위의 법이 신앙의 외적 표현을 포함한 종교적 자유를 실질적으로 침해하고 있기에 위헌이라고 비판하고 있다.

5. 영국

영국은 정식 국교를 갖고 있다는 면에서 우리나라 및 위에 언급한 여타의 국가들과는 다른 상황에 있다. 영국에서는 여왕이 주교와 사제를 임명하는 등 성공회를 관할하고, 왕위도 1688년 이후에는 성공회 신자들에 의해서만 계승되어 왔다. 그리고 영국 상원에는 24명의 성공회 주교가 당연직으로 들어가 있다. 하지만, 국교로서의 성공회의 지위는 실질적이라기보다는 '형식적'이라고 할 수 있다. 실제 영국에는 성공회 이외의 많은 기독교 신자, 혹은 비기독교 신자들이 존재하고, 영국 정부 내에서의 국왕과 상원의 역할은 제한되어 있기 때문이다. 그래서 영국은 국교를 두고 있지만, 종교를 이유로 한 차별은 금지하는 국가이다. 그럼에도 국교를 현실적으로 두고 있기 때문에, 종교차별은 정교분리보다는 종교의 자유의 측면에서 접근이 이루어진다. 또한 국교 자체에 대한 우대에 대해서는 논란이 많지 않다.

영국은 각 분야별로 많은 평등에 관한 법제를 두고 있는데, 종교차별도 이 범주의 하나로 포함되어 있다. 영국은 원래 성문헌법의 전통이 약한 국가이지만, 유럽통합과 함께 실제적인 법안이 많이 만들어졌는데, 그중 1998년의 '인권법(Human Right Act)', 2003년의 '고용 평등 <종교 또는 믿음> 규칙(Employment Equality <Religion or Belief> Regulations)', 2006년의 '평등법(Equality Act)', 2006년의 '인종적 · 종교적 증오에 관한 법(Racial and Religious Haterd Act)' 등이 종교와 관련된 법안들이다.

영국에서도 최근 이슬람과 관련된 종교차별 문제가 있기는 하지만, 프랑스와 같이 엄격한 정교분리의 원칙에 따라 접근하기보다는, 일반적인 차별금지법 문제로 접근하고 있고, 법리보다는 민주주의의 차원에서 접근하는 것이 특징적이라고 할 수 있다.

6. 우리나라와의 관련성

앞에서 언급한 여러 나라의 국가와 종교 간의 관계는 우리나라와는 많은 현실적 차이를 보이고 있다. 우리나라는 영국과 같이 국교를 인정하고 있지도 않고, 그렇다고 프랑스와 같은 엄격한 정교분리를 추구하지도 않는다. 미국과 일본의 정교분리 형태가 우리와 유사하기는 하지만, 이들 국가에서는 지배적인 종교-미국은 기독교, 일본은 신도-가 문화적 기반을 형성하고 있다는 면에서 우리의 다종교-불교, 기독교 그리고 무종교- 상황과는 차이가 있다. 이와 같은 지배적 종교가 문화로 정착된 사회에서는 종교와 문화 혹은 전통 간의 구분에 대한 해석을 둘러싸고 많은 논란이 발생할 수 있다. 물론 우리나라의 상황에서도 과거에 보다 많은 역사적 전통을 지니고 있는 불교의 경우, 종교와 문화 사이의 구분 문제가 중요하게 대두될 수 있다.

이와 같은 상황에서, 미국에서 발전한 정교분리에 관한 소위 레몬 심사 기준-'세속적' 목적이 행위의 '주요한' 효과이며, 정부와 종교 간에 '과도한' 연관이 없어야 하는-은 일본의 판례와 마찬가지로, 우리의 경우에도 적용 가능하다. 실제로 문화체육관광부가 발간한 공직자 종교차별에 대한 예방 책자들에서도 이러한 기준은 공직자 종교차별의 중요한 판단 원칙으로 사용되고 있다. 또한 독일의 '십자가상 판결'과 관련하여, 기독교 신앙을 가진 다수 학생의 적극적 종교의 자유와 비종교적 또는 타종교적 신앙을 가진 소수 학생의 소극적 신앙의 자유가 충돌될 때, 다수 학생의 신앙의 자유가 포기되어야 할 이유는 없다고 주장한 슈트락의 견해는 우리의 종교 교육 현장에서도 충분히 고려되어야 할 사항이라고 생각된다.

V. 나가는 말

지금까지 살펴본 것처럼 종교차별 문제는 현대의 많은 국가에서 중요한 쟁점으로 등장하고 있다. 하지만 이는 개인의 종교 자유 문제와 충돌하기도 하는데, 종교의 자유와 차별의 문제는 그 나름대로 분명한 기준을 제시하기도 하지만-미국의 레몬 심사 기준과 같은-, 실제 그 해석에 있어서는 국가에 따라 다양한 정치적·문화적 고려사항이 작용하고 있다. 이러한 맥락에서 마지막으로, 현재 우리나라의 상황과 관련, 몇 가지 제안을 하면서 본 논문을 마감하고자 한다.

먼저 언급하고자 하는 것은 공직자 종교차별 금지 관련 제도화 과정의 문제이다. 공직자의 종교차별 금지 자체는 전 세계적인 추세이기도 하고, 우리의 헌법상에도 나와 있기 때문에 원론적으로는 문제될 바가 많지는 않다. 하지만 별도의 법 조항 없이도 큰 문제 없이 진행되던 사안이 문제로서 불거진 데에는 현 정부의 실책이 크다고 여겨진다. 그리고 그 실책을 무마하는 과정에서, 국민적 필요에서부터가 아닌, 대통령의 지시사항과 그에 따른 정부와 여당의 충성 경쟁이 현재의 공무원 종교차별 금지 조항으로 이어진 것으로 보인다. 그리고 이러한 상황은 법적인 해석에서도 반복될 수 있다. 물론 다른 나라의 경우도 사법적인 해석이 정치적 고려에서 완전히 독립되어 있다고 볼 수는 없다. 하지만 보다 엄정하고, 국민의 입장에서 바라보는 법 집행, 또한 종교 문제에 대한 시각이 아쉽게 여겨진다.

두 번째로 얘기하고자 하는 것은 실제적인 개선 사항들이다. 가장 문제시될 수 있었던 일요일에 시행되는 시험 일 문제는 2010년을 기점으로 개정되었기에, 이에 대하여 더 이상 언급할 필요는 없으리라 생각된다.[29] 남아 있는 중요한 문제는 종교계 사립학교에서의 종교 교육 문제이다. 이에 대하여는 이미 얘기한 바처럼, 원하지 않는 '종교 교육'을 거부할 권리와 함께, '종교 교육'을 향유할 부모와 학생의 권리도 고려되어야 할 것으로 생각된다. 그리고 이를 위하여 부분적으로 학교를 선택할 권리, 혹은 원하지 않는 학교를 거부할 권리를 구체적인 대안으로 제시한 바 있다. 이와 같은 제도의 시행은 종교계 사립학교의 설립 취지를 지키고, 학부모와 학생들의 종교 교육을 시킬 권리를 확보해 줄 뿐 아니라, 원하지 않는 종교 교육을 받지 않고, 이에 따르는 복잡한 문제들의 발생 자체를 미연에 방지할 수 있을 것으로 보인다. 가능한 해결 방책은 강구하지 않고, 일방적으로 종교계 학교와 학부모, 학생들의 희생만을 요구하는 것은 또 다른 한편에서의 종교차별 행위일 수 있다.

마지막으로 종교차별 금지와 관련, 가장 많은 문제가 야기되고 있는 개신교에 대해서도 몇 가지 제안이 필요할 것으로 보인다. 필자의 연구에 의하면 개신교가 갖는 부정적 이미지의 중요한 원인 중의 하나는 배타성과 강제적 전도이다(최현종, 2011: 97). 우리나라와 같은 다종교 사회에서 지나친 자기주장은 오히려 역효과를 가져올 수 있고, 이에 대하여는 사려 깊은 대책이 필요할 것으로 보인다. 공직자의 경우에도 개신교인들에게조차 외면 받는 표면적인 자기주장이 아니라, 타종교인들조차 감동을 줄 수 있는 내면적인 자기주장이 필요할 것으로 보인다. 또한 종교 교육에 있어서도 단순한 교리 교육

29) 하지만 어학 시험을 비롯한 각종 자격증 시험을 일요일에 치르는 문제는 여전히 남아 있다. 현재 많은 시험이 토요일로 옮겨졌고, 그리하여 예전보다는 많이 나아진 상황이지만, 이에 대한 지속적인 관심과 대책은 여전히 필요한 것으로 보인다. 또한 이 경우에는 정부에서 실시하는 시험과는 별도로 민간 기관에서 시행되는 것이기에 공공정책 부문 이외의 운동 또한 필요할 것으로 생각된다.

이나, 일방적인 채플의 참석 강요가 아닌, 인격적 관계를 바탕으로 한 참된 신앙교육이 더욱 필요하다고 생각한다.

공직자의 종교차별 문제는 앞으로도 지속적으로 더 많은 사항에서 제기될 것으로 보인다. 이는 점차 다원화되는 우리 사회의 구조와, 이러한 사회 속에서의 정부의 중립적 성격에 비추어 볼 때, 일면 당연한 것으로도 여겨진다. 문제는 이러한 종교차별 문제를 다루는 정부의 태도라고 생각된다. 정치적 논리가 아닌 보다 엄정한 법 집행과, 종교차별 문제와 함께 또 하나의 중요한 축인 '개인의 종교적 자유'에 대한 세심한 고려가 이에 더욱 요청되는 바이다.

참고문헌

교육인적자원부. 2006. 『초 · 중등학교에서의 종교교육 개선방안 연구』.

국회도서관입법조사국. 1964. 『구한말조약휘찬(중)』. 서울: 국회도서관.

김철수. 1980. 『비교헌법론(상)』. 서울: 박영사.

문화체육관광부. 2008. 『공직자의 종교편향 방지를 위한 법제도 · 정책 기초 연구』.

______. 2009a. 『공직자 종교차별 예방교육 매뉴얼 및 교재 개발 연구』.

______. 2009b. 『공직자 종교차별 예방업무 편람』.

______. 2009c. 『공직자 종교차별 예방교육 교재』.

박규태. 2008. 「야스쿠니의 신화: 현대 일본의 종교와 정치」. 『종교연구』 50.

이은선. 2012. 「기독교 사립학교에 대한 국가의 공공정책」. 박창훈 편. 『한국정치와 기독교공공정책』. 서울: 두란노 아카데미.

최현종. 2011. 『한국 종교인구변동에 관한 연구』. 부천: 서울신학대학교출판부.

Audi, Robert and Nicholas Wolterstorff (eds.). 1997. *Religion in the Public Square*. Lanham: Rowman & Littlefield Publishers.

Delbrück, Ernst (hrsg.). 1885. *Das Staatsarchiv: Sammlung der öffentlichen Aktenstücke zur Geschichte der Gegenwart* Bd. 44. Leipzig.

Feldman, Noah. 2005. *Divided by God*. New York: Farrar, Straus and Giroux.

Smith, Christian. 2003. "Introduction: Rethinking the Secularization of American Public Life." In: Christian Smith (ed.). *The Secular Revolution*. Berkeley/Los Angeles: University of California Press.

Strack, Christian. 1999. "zu Art. 4." In: Hermann von Mangoldt, Friedrich

Klein und Christian Strack (Hrsg.). *Das Bonner Grundgesetz. Kommentar* Bd. I, 4. Aufl. München: Verlag Vahlen.

Weiler, Hagen. 1999. "Religion und Ethik im Unterricht - Eine verfassungssystematisch-grundrechtslogische Alternativen-Diskussion." *Ethik und Sozialwissenschaften* 10.

http://en.wikipedia.org/wiki/Lemon_Ⅴ._Kurtzman

http://supreme.justia.com/us/366/582/case.html

http://www.verfassungsrecht.ch/

http://vghmannheim.de/servlet/PB/menu/1218216/index.html?ROOT=1153033

http://ko.wikipedia.org/wiki/

02

글로벌 사회의 형성과 종교*

Ⅰ. 세계화의 사회학적 이해

1) 세계화는 언제부터 시작되었을까?

우리가 현재 일반적으로 말하는 세계화의 현상은 20세기 후반, 특히 1980년대 중반 이후, 특히 1990년대에 이르러 현재의 의미로 정착되었다. 그런데 왜 1990년대일까? 이는 그 전에만 해도 자본주의 세력과 사회주의 세력 둘로 나뉘어 있던 세계가 구소련과 동구권의 붕괴로 자본주의 체제로, 소위 신자유주의 경제체제로 단일화된 데에 중요한 원인이 있다.

하지만, 현대의 세계화 현상 이전에도 유사한 세계화의 경향은 존재했다. 즉, 그리스, 로마의 세계 제국이나, 이슬람 제국들에서도 이와 같은 세계화의 전조를 볼 수는 있다. 그러나 이전의 세계화가 정치적・군사적 성격을 띤 데 반해, 현재의 세계화는 훨씬 다차원적이다. 그리고 현재처럼 전 지구를 포함한 광범위한 현상으로서의 세계화는 20세기 이전에는 존재하지 않았다.

---

* 본 장은『글로벌 시민정신』(연경, 2013)에 실렸던 글을 수정 보완하였다.

2) 20세기 후반에서야 세계화가 이루어진 까닭은 무엇일까?

세계화는 전 지구가 하나의 사회처럼 상호작용하는 현상을 말한다. 그런데 하나의 사회로 존재하기 위해서는 그 사회 구성원, 혹은 요소들 사이의 상호작용이 필수적이다. 영향을 주고받기 이전에는 하나의 사회로의 형성은 불가능하다. 사람들이 상호작용을 할 수 있는 전제조건은 무엇일까?

먼저 만나야 한다. 그러기 위해서는 교통의 발전이 전제조건이다. 현재 일반적으로 얘기하는 세계화의 현상은 20세기 후반에서야 나타나기 시작했지만, 그 전제조건은 이미, 콜럼버스의 아메리카 대륙 발견이나, 바스코 다 가마의 인도 항로 발견에서 시작된 것으로 생각할 수 있다. 물론 당시의 교통수단은 원활한 세계화를 촉진할 만큼 발전하지 못했고, 따라서 세계화의 현상도 분명하게 나타나지 않았다. 하지만, 교통로의 확보는 세계화가 이루어질 기반을 닦아 놓은 셈이고, 그 이후 교통수단의 발달이 그 길을 이용한 것으로 볼 수 있다. 전 세계를 단시간에 오고 갈 수 있는 교통수단의 발달은 20세기 이전에는 이루어지지 않았다.

한편으로 과학의 발달은 직접 만나지 않고도 상호작용을 할 수 있는 길을 열어 놓았다. 그것이 바로 통신 수단의 발달이다. 여기서 중요한 의미를 갖는 것은 특히, 현대의 컴퓨터에 기반한 정보통신기술의 발달이다. 이는 20세기 후반의 교통의 발달과 함께 시간과 공간을 '압축'시켰고, 그에 따라 상호작용의 속도와 범위가 강화되었다. 이에 많은 정보가 국경을 넘어 유통됨으로써 민족국가를 넘어선 정체성 형성이 이루어지기 시작하는 계기가 되었다.

3) 현재 세계화의 중심 영역은 어디인가?

앞서 현재 세계화의 기초 작업으로 얘기한 유럽 각국의 항로 개발의 주요 동기는 경제적인 데 있었다. 또한 세계화가 본격적으로 이루어진 1990년대 이후의 상황도 신자유주의 경제의 확대라는 중요한 경제적 상황을 기반으로 이루어진 것으로 볼 수 있다. 따라서, 현재 세계화의 가장 중심에 위치한 영역은 바로 경제의 세계화라고 할 수 있다. 이미 초국적 기업이 세계무역의 2/3를 차지하고 있고, 따라서 그 기업이 본래 어느 나라 기업인지를 따지는 것은 이제는 상당히 무의미한 것이 되어 버렸다. 우리나라 제품이 중국, 베트남, 동유럽, 미국 등 세계 각국에서 생산되고 있고, 더욱이 그 소비 시장은 전 세계를 대상으로 한다. 아주 소수의 경우를 제외하고는 세계의 모든 사람들은 동일한 제품, 예를 들어 애플의 아이폰 아니면, 삼성의 갤럭시 스마트폰을 사용한다. 세계경제는 전 지구적 생산과 소비의 네트워크 구축을 해 나가고 있는 것으로 볼 수 있다. 또한 컴퓨터에 기반한 전자 경제체제는 대규모의 자본 이동을 용이하게 해 주는데, 이는 경제의 세계화를 촉진시키는 반면, 때로는 특정 지역 혹은 국가의 경제를 위태롭게 하기도 하는 원인이 되기도 한다. 이러한 투기 자본의 문제는 전 세계적인 문제로 1998 '동아시아' 경제 위기 및 몇 년 전의 동유럽 재정 위기의 원인이 되기도 하였다.

그리하여 세계화 현상에 관한 초기 이론가 중 하나인 왈러스타인(Ⅰ. Wallerstein)이라는 학자는 경제적 현상을 중심으로 '세계체제론'이라는 이론을 내놓기도 하였다. 왈러스타인은 마르크스주의에 뿌리를 둔 학자이기에 이러한 세계화에 따른 경제체제의 문제점을 주로 지적하였다. 그에 따르면 선진국-왈러스타인 자신의 표현을 빌리

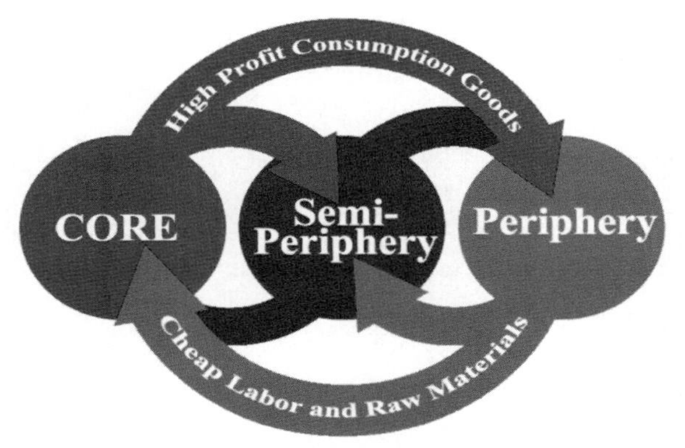

Wallerstein's World System Theory Model

면 '중심부' 국가-에 의한 후진국-왈러스타인의 표현으로는 '주변부' 국가-의 착취가 왈러스타인의 이론의 중요한 골격을 이루고 있으며, 이를 벗어나기 위해서는 주변부 국가의 세계적 혁명이 필요한 것으로 주장한다. 왈러스타인의 '세계체제론'의 옳고 그름을 따지는 것은 여기서 할 수 있는 영역을 벗어난 것으로 보이며, 다만 그 중심에는 경제적 영역이 위치하고 있다는 것은 기억할 필요가 있다. 왈러스타인은 이에 부수적으로 문화의 기능에 대해 언급하고 있는데, 그는 문화의 기능을 시장의 기능, 혹은 상품화를 막는 장벽들을 제거하는 것으로 말하고 있다. 즉, 문화적 차이를 통해 세계적 분업을 정당화하고, 경제적 갈등을 국가, 인종, 종교 등의 요인으로 치환하는 경제적 세계화를 돕는 부수적 역할을 문화에 할당한다. 하지만, 왈러스타인의 '세계체제론'을 계승, 발전시킨 아파두라이(A. Appadurai)라는 학자는 이러한 왈러스타인의 단일한 경제적 방향성에 반하여, 민족적·기술적·금융적·미디어적·이데올로기적 양상의 5가지 흐름이 복합적으로 지구문화의 결정에 영향을 미치는 것으로 주장하기도 한다.

4) 세계화는 돌이킬 수 없는 현상인가?

앞에서 잠시 살펴본 것처럼 세계화는 그 정도 및 범위에는 차이가 있지만, 과거에도 있었던 현상이다. 그렇다면 현재의 세계화는 과거와는 본질적으로 다른 현상일까? 또한 그것은 돌이킬 수 없는 필연적인 현상일까? 이에 대해 헬드(D. Held)는 여러 학자들의 세계화에 대한 논의를 다음의 3가지 입장으로 정리하고 있다. 먼저 '초세계화론자'들이 있다. 이들은 세계화는 필연적이며, 이미 어느 정도 세계화가 이루어졌다는 입장이다. 즉, 국경 없는 세계는 이미 건설 중이고, 이전의 중요했던 정부의 힘은 지역적 · 국제적 조직에 의해 도전을 받고 있다는 것이다. 두 번째는 이러한 입장에 반대하는 '회의론자'들이 있다. 이들은 현재의 세계화는 그 정도의 차이에 불과하지, 이전에도 이미 존재했다고 주장한다. 그리고 이러한 경향은 미래에도 별로 차이가 없을 것이라고 생각한다. 현재에도 경제는 세계화보다 지역화에 더욱 초점이 맞추어져 있고, 정부의 역할도 계속해서 증대하고 있다는 것이 이들의 주장이다. 마지막으로 이 둘의 중간적 입장이라고 할 수 있는 '변형론자'들이 있다. 이들에 의하면 세계화는 어느 정도 진행되고 있지만, 아직은 과거의 많은 유형이 유지되고 있고, 세계화가 한쪽 방향-왈러스타인의 표현을 빌리면 중심 → 주변의-으로만 진행되는 것이 아니라, 쌍방적 · 반성적, '탈중심화'된 과정이라고 주장한다. 이러한 세계화의 방향성에 대하여는 잠시 후에 다시 한번 얘기할 기회가 있을 것이다. 여러분은 이 가운데 어느 입장이 가장 옳다고 생각하는가? 그 나름대로 각각의 입장에 설득력이 있다고 생각되지만, 어느 정도 세계화가 이루어지고 있다는 것은 부인할 수 없는 현실인 것 같다.

<표 2> 세계화에 대한 개념화의 3가지 경향

구분	초세계화론자	회의론자	변형론자
무엇이 새로운가?	세계화 시대	무역 블록, 이전보다 약해진 지역 정부	역사적으로 전례 없는 수준의 세계적 상호 연관성
지배적인 양상	세계적 자본주의, 세계적 통치, 세계적 시민사회	덜 상호 의존적인 세계	집중적이고 광범위한 세계
국가의 힘	약화 또는 훼손	증진 또는 재강화	재구성, 재구조화
세계화를 추동하는 힘	자본주의와 기술	정부와 시장	근대화의 복합적인 힘
지배적인 모티브	맥도널드, 마돈나	국익	정치 공동체의 변환

* 출처: Held et al., *Global Transformations: Politics, Economics and Culture*. Cambridge: Polity, 1999.

5) 세계화의 방향성

세계화가 부인할 수 없는 사실이라면, 앞서 잠시 얘기한 그 방향은 어떻게 나타나고 있는가? 초기의 세계화에 대한 언급이 중심 → 주변(혹은 서구 → 비서구)의 일방적인 것이었다면, 최근에는 그 반대의 흐름에 대한 언급도 많이 나타난다. 이것이 변형론자들이 얘기하는 쌍방향적 세계화의 경향이다. 이러한 경향에 대해 세계화에 대한 저명한 사회학자 로버트슨(R. Robertson)은 "세계화란 특수한 것의 보편화이고, 보편적인 것의 특수화이다"는 말로 잘 요약해 주고 있다. 최근 세계적인 화제가 되고 있는 싸이의 '강남스타일'을 예로 들면, 그 음악 자체가 본래 한국적인 것은 아니다. 이것은 "보편적인 것의 특수화", 즉 "서구 음악의 한국화" 현상이라고 말할 수 있다. 하지만 과거에 우리가 서구 음악을 그저 받아들이는 입장에 그쳤다면, 이제는 반대의 방향, 즉 "특수한 것의 보편화", "한국적인 것의 서구화"의 방향으로 나타난 것이 현재의 싸이의 '강남스타일' 현상이라고 할 수 있다. 음악의 예를 더 들어 본다면, 현재의 서구 음악에 스며 있는 '재즈'나 '레게' 같은 음악 장르도 본래는 서구적인 것은 아니지만, '특수'한 것이 '보편'화된 좋은 예라고 할 수 있다. 이러한 상황에서 과거에는 부정적인 의미에서 언급되던 '하이브리드화(hybridization)'가 요즘은 보다 긍정적인 의미에서 언급되고 있는 실정이다. 또한 그 번역도 과거의 '잡종'이라는 부정적인 의미를 탈피하기 위하여 '혼종성' 혹은 '혼성성'이라는 용어로 다르게 시도되고 있다. 현재의 세계화의 경향을 일반적으로 정리하면 자본주의적 경제체제를 중심으로 얘기할 때는 일방적 세계화의 경향을, 정치적·문화적 문제를 중심으로 할 때는 세계화 vs. 지역화의 쌍방적 경향을 띤다고 말할 수 있다.

II. 문명의 충돌과 종교

1) 세계화의 흐름 가운데 종교가 갖는 의미는 무엇인가?

그렇다면 이러한 세계화의 흐름 가운데 종교가 갖는 의미는 무엇일까? 몇 년 전에 작고한 미국의 저명한 정치학자 헌팅턴(S. Huntington)은 공산권의 붕괴 이후 세계의 재편성을 '문명'을 중심으로 설명한 바 있다. 그런데 이러한 문명권의 형성에 중요한 기초가 되고 있는 것이 바로 종교라고 할 수 있다. 현재 가장 문제가 되고 있는 서구와 이슬람의 충돌 사이에는 기독교와 이슬람이라는 종교적 갈등이 숨어 있다.

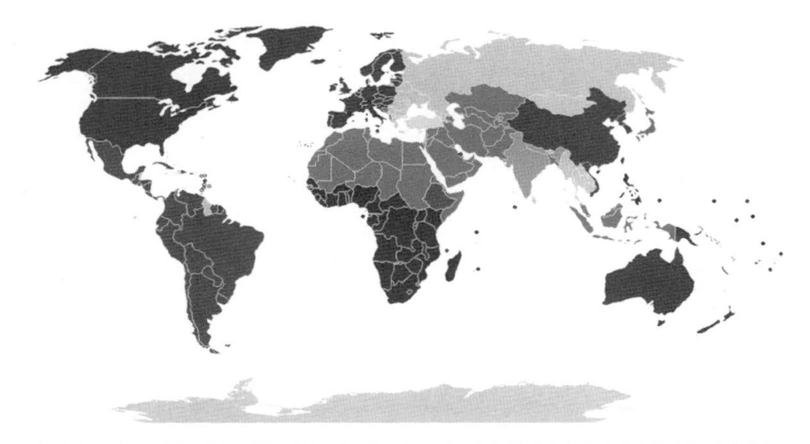

위 지도는 서구, 라틴, 일본, 중국, 힌두, 이슬람, 정교, 아프리카 등에서의 문명의 충돌선을 나타낸다.

헌팅턴에 의한 문명의 지도.

<table>
<tr>
<td>
</td>
<td>
</td>
<td>
</td>
</tr>
<tr>
<td>'그을린 사랑'
(Incendies, 2010)</td>
<td>'비포 더 레인'
(Before the Rain, 1995)</td>
<td>'노 맨스 랜드'
(No Man's Land, 2001)</td>
</tr>
</table>

2011년에 만들어진 영화 '그을린 사랑'은 이러한 기독교와 이슬람의 종교 갈등의 역사 가운데에 놓인 한 여인의 비극적 운명을 잘 그린 작품이다. 영화의 가장 인상적인 한 장면은 주인공 나왈이 자신

의 잊어버린 아들을 찾아 분쟁 지역으로 가는 과정에서 일어난다(여기에 기술된 부분은 http://www.youtube.com/watch?v=yhE-uC9ztkw에서 볼 수 있다). 이슬람 지역인 이곳을 여행하기 위해 주인공은 두건을 쓰고, 자신의 십자가를 숨긴다. 하지만, 나왈이 탄 버스는 기독교인 민병대에 의해 저지당하고, 승객들은 무참하게 학살당한다. 이러한 학살의 현장에서 나왈은 숨겼던 십자가를 꺼내 자신이 기독교인임을 증명하고, 목숨을 구한다. 또한, 함께 버스에 탔던 한 아이를 구하기 위해 그 아이가 자신의 아이인 것처럼 가장해 보지만, 철없이 친엄마를 찾던 아이는 기독교인들에 의해 무참히 살해당하고 만다. 영화는 특정 종교를 옹호하거나 반대하기보다는 그러한 종교 간의 갈등이 낳은 역사적 비극을 그린다. 현재 아프리카 지역은 이슬람과 기독교의 갈등이 가장 첨예한 지역이라고 할 수 있다.

우리가 잘 아는 종교 간 갈등의 또 하나의 두드러진 예는 보스니아를 중심으로 한 발칸반도의 경우이다(발칸반도의 상황 또한 '비포 더 레인'이나, '노 맨스 랜드' 같은 영화에서 잘 묘사되어 있다). 보스니아의 상황은 조금 더 복잡해서 여기에는 세 종류의 종교, 즉 가톨릭, 정교회, 이슬람이 각각 크로아티아, 세르비아, 알바니아를 지원 세력으로 대립하는 가운데, 이들을 또한 독일을 중심으로 한 서유럽 가톨릭 세력, 러시아를 중심으로 한 정교회 세력, 그리고 이슬람 세력들의 지원을 받는 말 그대로 '문명의 충돌'을 보여 주는 복잡한 상황으로 전개되었다. 알바니아는 이후 미국의 지원을 받게 되어 상황은 더욱 복잡하게 꼬이는 형태를 보인다. 헌팅턴은 이와 같은 문명의 충돌이 벌어지는 지역을 '단층선'으로, 그리고 배후에 있는 강대국을 문명의 '핵심국'으로 표현한다. 이상의 예들과 같이 소위 '문명의 충돌'의 배후에는 종교가 중요한 요소로 자리 잡고 있다. 그렇다면 현재 세계의 종교 분포 현황은 어떻게 될까?

2) 세계의 종교 분포 현황

출처: http://upload.wikimedia.org/wikipedia/commons/a/a6/Religion_distribution.png

현재 세계의 종교 중 가장 많은 사람이 믿고 있는 종교는 무엇일까? 통계마다 조금씩 다르지만, www.adherents.com의 2005년 기준 자료에 의하면 기독교인이 21억 명으로 가장 많은 33%의 비율을 차지하고 있다. 이 중 가톨릭이 52%로 가장 많고, 개신교(영국 국교회 포함)가 21%, 정교회가 11%, 그리고 기타 교회와 독립교회 소속이 16%를 차지하고 있다. 두 번째로 많은 것은 이슬람이며, 이들은 13억 명으로 세계 인구의 21%를, 그리고 그 뒤를 9억 명의 힌두교(14%), 3억 8천만 명의 불교(6%)가 잇고 있다. 무종교인은 10억 명 정도로 세계 인구의 15%를 차지하고 있으며, 나머지 11%는 기타 종교를 믿고 있다. 현재까지 가장 많은 사람들이 믿고 있는 것은 기독교이지만, 지난 100년 동안 가장 높은 증가율을 보인 종교는 이슬람이다. 이슬람은 지난 100년 동안에 세계 인구의 12%에서 21%로 크게 증가하였다. 반면, 기독교 인구는 35%에서 33%로 소폭 감소하였다. 기독교 내에서도 가톨릭의 비율은 48%에서 52%로 증가한 데 반하여, 개신교는 24%에서 21%로 감소하였다. 하지만 개신교 내에서도 전통 개신교 교파는 감소하고 있는 데 반해, 오순절 계통의 교회들, 즉 성령강림운동을 하는 교회들은 급성장하는 모습을 보이고 있다.

그렇다면 각 종교의 각 대륙별 분포는 어떤 모습을 보일까? 이것은 설명으로 하면 복잡하기 때문에, 정리해서 표로 보면 좋을 것 같다.

<표 3> 유럽, 아프리카, 아시아 대륙의 종교 인구 분포

구 분	기독교	이슬람	힌두교	불교	기타
유럽	77%	5%	-	-	-
아프리카	46%	41%	-	-	12%
아시아	9%	23%	22%	10%	12%

* 출처: David B. Barrett, *World Christian Encyclopedia*, New York: Oxford University Press, 2001. (이원규, 2010: 36-38에서 재인용).

위의 표에 나타난 지역 외의 나머지 3개 대륙은 기독교 교세가 지배적으로 라틴아메리카 93%, 북아메리카 84%, 오세아니아 83%를 차지하고 있다. 또한 유럽 대륙에는 상대적으로 무종교인이 많은 비율(18%)을 차지하고 있다. 따라서, 상대적으로 상이한 종교인들이 만나게 되는 아프리카와 아시아가 종교로 인한 분쟁이 가장 많은 지역으로 볼 수 있다. 물론 같은 기독교 안에서도 교파에 따라, 예를 들면 개신교와 가톨릭 사이의 갈등이 나타나는 북아일랜드 같은 지역도 존재한다. 또한 유럽 대륙의 이슬람 교인들은 점차 늘어나는 경향을 보이고 있다. 일부 예측에 의하면 2050년의 프랑스의 이슬람 교인의 비율은 전체 인구의 25%에 이를 것으로 보고 있다(필립 젠킨스, 2009: 320).

종교의 대륙별 분포에 있어 지난 100년 동안 가장 두드러지게 변화를 보인 것은 기독교이다. 100년 전의 기독교 인구 분포는 유럽이 68%, 북아메리카가 14%로 이 두 대륙에 집중된 분포를 보였다. 그러나 2005년 기준으로 세계 기독교인 분포에 있어 유럽이 차지하는 비중은 26%, 북아메리카는 11%로 줄어든 반면, 아프리카가 18%, 아시아가 16%, 라틴아메리카는 24%로 증가하였다. 이에 따라 세계 기독교의 중심이 과거 서구 사회에서 점차 제3세계 지역으로 이동해 가는 추세를 보이고 있으며, 앞으로도 이러한 추세는 더욱 강화될 것으로 예상된다.

그렇다면 종교는 현재의 세계화에 있어 위에 언급한 것처럼 갈등의 요소, 부정적 영향 요소로만 작용하는가? 여기서 우리가 생각하고자 하는 것은 그 반대의 경향, 즉 종교가 글로벌 사회의 통합 요소로서 작용하는 경향이다. 우리는 이러한 종교의 역할을 '시민종교'라는 종교사회학의 개념을 통하여 살펴볼 것이다. '시민종교'의 개념은 본래 미국 사회의 맥락에서 종교가 사회 통합에 기여하는 측면을 분석한 데서 기인한다. 이에 앞서 현재 세계화에 따른 종교의 변화 경향에 대하여 살펴보자.

Ⅲ. 세계화에 따른 종교의 변화와 세속화

1) 세계화와 '종교'

'종교란 무엇인가?'는 종교학 혹은 종교사회학에서 가장 먼저 다루는 주제이면서, 또한 가장 대답하기 어려운 질문이기도 하다. 여기서는 '종교란 무엇인가?'라는 근본적 질문보다는 '종교'라는 용어가 갖는 의미를 세계화와 관련하여 언급하려 한다. '종교'란 말이 본래 우리나라, 혹은 동아시아에 있었을까? 결론부터 얘기하자면 지금 사용하는 의미에서의 '종교'란 말은 우리나라에도, 동아시아에도 존재하지 않았다. 본래 '종교'란 말은 불교 용어로 '특정 집단의 가르침'을 의미하였다. 일본의 경우 국가적 '신도'는 본래 종교로 간주되지 않는데, 이는 '특정 집단'이 아닌 국가 전체와 관련된 것이기 때문이다. 여기서 얘기하고자 하는 것은 '종교'란 의미 자체가 본래 서구의 개념이며, 현재 우리가 사용하는 '종교'란 단어 자체도 세계화와 관련되어 있다는 것이다.

세계화와 관련된 외래 종교, 서구 종교와의 접촉은 '종교'란 의미 자체뿐 아니라, 그 조직과 내용 면에서도 많은 변화를 가져왔다. 우리가 전통 종교-전통 종교라기보다는 전래된 지 오래된 종교란 표현이 더 옳겠지만-라고 생각하는 불교의 경우 본래 평신도 조직이 따로 존재하지 않는 출가자/수도자 중심의 종교였다. 하지만, 현재에 있어서는 많은 평신도 조직이 생겨났고, 심지어 평신도가 주축이 된 사찰도 나타나고 있다. 또한 접근성을 향상시키기 위해 도심 한가운데 세워지는 사찰이 늘어나는 추세에 있다. 이러한 현상을 '현대화'라고 말할 수도 있겠지만, 여기에는 '현대화' 이전에 다른 세계, 다른 종교와의 접촉, 즉 세계화의 상황이 내재되어 있다.

이와 같은 세계화에 따른 전통 종교의 변화보다 분명한 사례는 인도 지역의 힌두교에서 드러난다. 힌두교의 뿌리가 되는 인도의 여러 종교들은 이미 오래전부터 존재하여 왔지만, 힌두교라는 이름으로 이것이 묶이게 된 것은 인도가 영국에서 독립하려는 움직임이 나타날 때와 일치한다. 즉, 현재의 힌두교가 존재하게 된 배경에는 어느 정도 당시의 수준에서 글로벌 사회의 존재와, 거기에서 영향을 미치고 있는 세계 종교가 영향을 미쳤다는 것이다. 그리고 이러한 상황에서 자신의 정체성을 지키기 위한 시도 중의 하나가 바로 현재의 힌두교의 형성이라고 할 수 있다. 즉, 4장에서 언급하였듯이 중심 → 주변으로의 보편적 세계화의 방향에 맞서 그 대응으로 나타난 것이 힌두교의 형성, 혹은 우리나라에서의 불교의 변화라고 할 수 있다. 실제로 세계 각지에서 나타나는 많은 신흥 종교들은 소위 '토착' 종교의 전통에 외래 종교적 요소가 더해진 것이 많다.

세계화에 따른 종교의 변화와 관련된 얘기를 마치기 전에 한 가지 더 언급하고자 하는 것은 이러한 변화가 소위 전통종교뿐 아니라, 외래 종교-엄격하게 말하면 보다 최근에 전래된 종교-에도 영향을 미친다는 것이다. 우리나라의 경우, 개신교에서 나타나는 새벽기도나 축복에 대한 강조 등이 이러한 사례라고 볼 수 있다. 그리고 이와 같이 지역적으로 변형된 형태는 다시 다른 지역에 영향을 미치기도 하는데, 중국 기독교에서 드러나는 우리와 비슷한 많은 모습들은 그 좋은 예라고 할 수 있다.

2) 현대의 종교적 변화: 세속화의 문제

위에서 우리는 생각했던 것보다는 세계화가 종교에 많은 영향을 미치고 있음을 살펴보았다. 그렇다면 현대사회에서 일반적으로 종교는 어떠한 변화를 겪고 있을까? 이와 관련하여 가장 많이 얘기되는 주제는 바로 '세속화'라고 할 수 있다. 세속화는 간단하게 말하면 '사회 속에서 종교가 그 중요성을 잃어 가는 현상'이라고 말할 수 있다. 물론 세속화에는 다양한 측면이 있다. '기능적 분화'로 사회의 다양한 영역, 즉 정치, 경제, 문화 등의 영역에서 종교의 영향이 사라지는 것, 또는 한 사회의 종교를 믿는 신자들의 수가 줄거나, 줄지는 않더라도 그 열심의 정도가 줄어드는 현상들이 세속화에 포함될 수 있다. 물론 근본적으로 '세속화가 과연 세계적으로 일어나고 있는가?'에 대한 질문도 던질 수 있다. 즉, 종교의 중요성이 지속적으로 감소하고 있는 유럽과는 달리, 미국이나 남미, 아시아, 아프리카 등지에서는 여전히 종교의 중요성이 지속되거나, 종교인의 수가 늘어나고 있는 실정이다. 또한 유럽의 경우에도 나타나는 현상을 반드시 '세속화'로 볼 것인가에 대한 의문이 제기되고 있다. 그럼에도 불구하고, 산업화, 근대화, 혹은 그에 따른 합리화의 과정에 따라 일정 부분 종교의 영향력이 감소되고 있는 것도 사실이다.

이러한 세속화 사회 속에서 여전히 종교가 할 수 있는 일이 있을까? 또한 있다면 그것은 어떤 것일까? 여기서 우리는 미국의 종교사회학자 로버트 벨라(R. Bellah)가 제시한 '시민종교(civil religion)'라는 개념에 주목하고자 한다.

Ⅳ. 현대사회에서의 종교의 역할과 시민종교

1) 현대사회에서의 종교의 역할

현대사회학에 가장 큰 영향을 끼친 인물 중 하나인 파슨스(T. Parsons)는 사회가 유지되기 위해서는 네 가지의 기본적인 기능이 수행되어야 한다고 주장한 바 있는데, 환경에 대한 적응(adaptation), 목표의 달성(goal attainment), 사회의 통합(integration) 그리고 문화와 가치의 보존을 통한 새로운 세대에의 전수[이를 파슨스는 잠재성(latency) 혹은 패턴 유지(pattern maintenance) 기능이라고 불렀다]가 바로 그것이다. 이러한 파슨스의 시스템을 그가 주장한 4가지의 필수적 기능의 머리글자를 따서 AGIL 시스템이라고도 부른다. 파슨스에 의하면 사회의 각 영역 중 경제적 하위 체계가 적응의 기능을, 정치적 하위 체계가 목표 달성의 기능을, 사회의 여러 공동체들이 사회 통합 기능을 담당하는 것으로 생각했다. 그리고 잠재성 혹은 패턴 유지의 기능과 관련하여서는 교육 및 사회화를 담당하는 체계들의 작용이 중요한데, 여기에는 종교 또한 중요한 역할을 한다. 파슨스에 의하면 사회가 질서와 안정을 유지하기 위해서는 도덕적 합의가 매우 중요한데, 이를 위해 기능하는 것이 바로 종교이다. 즉, "공통의 가치 체계와 관련된 개인의 통합"이 "제도적 규범의 정당성, 행위의 공통적이고 궁극적인 목표" 등에 표명되는데, 이러한 모든 현상들은 "공통의 가치 통합"으로 거슬러 올라갈 수 있는데, 여기에 중요한 역할을 하는 것이 바로 종교이다(알렉산더, 1993: 40).

<표 4> 파슨스의 AGIL 체계

기능	사회 체계	체계의 관계성
잠재성(latency)	문화/종교 시스템	정보
통합(integration)	사회 시스템(공동체)	↑ |
목표 달성 (goal attainment)	정치 시스템	조건 지움 | 조종 ↓
적응(adaptation)	경제 시스템	힘(에너지)

하지만, 이와 같은 공통의 가치 통합은 현대의 많은 다종교 사회에서는 쉽지 않다. 이에 대하여 '시민종교'라는 개념을 통하여 다종교 사회의 공통적 가치 통합을 얘기한 것이 바로 파슨스의 제자인 로버트 벨라이다.

2) 시민종교의 개념

시민종교라는 개념은 본래 벨라 이전에 이미 루소(Jean-Jacques Rousseau)와 뒤르켐(Emil Durkheim)에게서 사용된 바 있다. 루소는 그의 책『사회계약론』8장에서 근대사회에 필수적인 도덕적·영적 기반으로서 사회 통합에 중요한 기능을 담당하는 것으로서 '시민종교'에 대하여 기술하였는데, 그에 의하면 '시민종교'는 1) 신의 존재, 2) 내세, 3) 덕에 대한 보상과 악에 대한 징벌, 4) 종교적 불관용의 배제를 중요한 교리로서 지녀야 한다. 이러한 루소의 시민종교 개념은 사회학에 있어 기능론적 입장의 시조라고 할 수 있는 뒤르켐을 거쳐, 벨라를 통하여 미국 사회에 적용되면서부터 현대사회학에서 중요한 개념으로서 사용되고 있다.

벨라는 시민종교를 "모든 사람이 생활에서 발견하게 되는 종교적 차원"이라고 정의하고 있는데, 이러한 기본적인 개념은 미국 역사상의 '거룩한' 사람들, '거룩한' 경험들, '거룩한' 사건들, 전통들, 의례들을 토대로 한 일련의 종교적 믿음과 상징들을 통하여 나타나게 된다. 벨라는 그러한 예로써 미국의 국경일, 국가적 인물에 대한 기념, 국가적 성소들에 대한 방문 들을 들고 있는데, 이와 같은 요소들은 미국의 제도 발전에 중요한 역할을 해 왔고, "정치적 영역을 포함한 미국 삶의 전체적 구조에 대한 종교적 차원"을 제공한다는 것이다(이원규, 2006: 155). 이와 같은 미국의 시민종교가 민족주의적인 성격을 지니며, 국가의 의미가 강조되지만, 이러한 논의 뒤에는 출애굽, 선민, 약속된 땅, 새 예루살렘, 희생적인 죽음과 재생과 같은 기독교적인 원형들이 중요하게 사용되고 있다. 하지만 이러한 원형들은 또한 그 본래의 기독교적 맥락을 넘어서 순수하게 미국 사회의 특징과 결합되어 있기도 하다. 이와 같이 시민종교는 "일련의 공통된 관념, 이상, 의례, 상징을 마련해 줌으로써 다원적인 사회에서 구성원들과 집단들 사이에 하나의 포괄적인 응집력과 일체감을 조장할 수 있다"는 것이다(이원규, 2006: 156). 이를 통하여 시민종교는 결국 특정 사회의 가장 깊은 경험들을 요약하는 전통과 신화를 회복해 주고, 나아가 한 사회의 전체성에 대한 기반을 제공한다는 것이다. 그리고 이는 한편으로는 현재의 사회구조들을 성화시키는 기능을 담당하기도 하지만, 다른 한편으로는 사회에 대한 비판과 이상의 기초를 제공해 주기도 한다.

V. 글로벌 사회의 시민종교

1) 글로벌 사회의 시민종교의 가능성·필요성

그렇다면 이와 같은 벨라의 시민종교 개념이 다른 사회, 나아가 글로벌 사회에 적용될 수 있을까? 벨라의 시민종교 개념은 미국 사회의 다양한 종교, 즉 개신교, 가톨릭, 유대교 등을 하나로 묶어 주는 역할을 하고 있다. 이러한 역할을 글로벌 사회에 있어 더욱 다양한 종교로 확대될 수 있을까? 미국 시민종교의 경우의 결합은 사회 내의 다양한 종교를 포괄함에도 불구하고, 기본적으로 유대- 기독교적 전통이라는 공통적 요소를 지니고 있음을 부정할 수 없다. 그렇다면 이러한 공통적 요소를 지니지 못한 불교와 기독교, 이슬람교와 힌두교 사이에도 그러한 결합이 가능할까?

미국의 인류학자 기어츠(C. Geertz)는 종교는 "에토스와 세계관을 융합시킴으로써 가장 강제적인 필요가 있는 일련의 사회적 가치들을 마련해 준다"고 주장한다. 또한 "거룩한 의식과 신화들 가운데서 가치들은 주관적인 인간의 선택으로 보이는 것이 아니라, 하나의 특수한 구조를 가지고 있는 세계 안에 함축된 삶의 조건들로 보이게 만듦"으로써 그러한 가치에 신념이 굳건하게 뒷받침될 수 있다(Geertz, 1973: 131; 이원규, 2006: 240에서 재인용). 비록 종교가 각기 다른 문화에 따라 다양한 형태와 범위를 지니고 있지만, 글로벌 사회가 형성되고 유지되기 위해서는, 나아가 현재의 주제인 글로벌 시민정신의 형성을 위해서는 이러한 형태와 범위를 포괄하는 보편적인 기능, 의미, 영향을 지닌 글로벌 시민종교의 형성이 필수적이라고 할 수 있다.

2) 대화: 종교 vs. 세속, 종교 vs. 종교

2004년 1월 19일 독일 뮌헨에서는 현재의 시대정신을 대변하는 철학자이자 사회학자인 하버마스(J. Habermas)와 2005년 현재의 교황 베네딕토 16세로 선출된 대표적인 가톨릭 신학자 라칭거(J. Ratzinger) 추기경 사이에 의미 있는 대화의 밤이 개최되었다. 이날 대화의 주제는 '자유국가의 정치 이전의 도덕적 토대들'로서, 다원화된 현대사회에서 어떻게 공동의 연결고리들을, 공동의 관습들을 인식하고 인정할 수 있을까 하는 문제가 중요하게 다루어졌다. 세속화된 현대사회 이전에서 이러한 토대의 역할은 주로 종교에 주어졌다. 결국 종교의 세속화는 이러한 토대 혹은 타당성의 위기를 가져왔고, 어떻게 이러한 토대를 다시 마련할 수 있는가 하는 것이, 이날 '대화의 밤'의 중요한 주제였다.

하버마스는 단순히 아는 것만으로는 이러한 도덕적 내용들, 가치들이 작용하기에 충분치 않음을 다음과 같이 기술하고 있다.

> 도덕적 통찰 그 자체만으로는 그리고 대대적인 인권 침해에 대해 전 세계가 다 같이 도덕적으로 분노하는 것만으로는 정치적으로 조직된 세계사회시민들을(언젠가 그러한 사회가 존재하게 된다고 하더라도) 겨우겨우 통합시킬 수 있을 뿐입니다. 정의의 원리들이 문화적 가치 지향들의 복합체들 속으로 더욱 깊숙이 파고들어 갈 수 있는 때에야 비로소 시민들 사이에서 추상적으로나마, 즉 법에 의해 매개되는 연대감 정도라도 생겨날 수 있을 것입니다(하버마스/라칭거, 2009: 41).

즉, 도덕적 가치의 작용에는 인지적 요소를 넘어서는 정서적 요소, 연대감이 필요하다. 그리고 이 연대감이야말로 뒤르켐이 얘기한 종교의 중요한 역할이며, 앞서 기어츠가 얘기한 종교만이 갖는 특수한 기능이기도 하다. 물론 하버마스는 현대사회에서 전통적 종교가 이러한 역할을 여전히 감당할 수 있다는 것에 대하여 부정적으로 평가한다. 하지만 그럼에도 불구하고, "특정한 종교 공동체를 초월해 종교를 믿지 않거나 다른 신앙을 가진 일반 대중도 […] 접근할 수" 있는 성서 해석의 필요와 "규범의식과 연대감을 불어넣는 모든 문화적 원천들을 소중하게 다루는 것"에 대하여 긍정적으로 평가하고 있다(하버마스/라칭거, 2009: 50-51). 나아가 '공공의식을 근대화'하려면 "일정 단계에서는 세속적 멘탈리티 못지않게 종교적 멘탈리티를 흡수하고 이를 성찰적으로 변형시켜야 한다"고 주장한다(하버마스/라칭거, 2009: 52). 보편적인 법질서와 사회도덕이 사회 안에 깊숙이 자리 잡기 위해서는 종교 공동체의 에토스와 연결되어야 한다. 특히, 자연주의적(과학주의적) 세계관이 모든 것을 설명할 수 있을 것처럼 얘기되었던 근대와는 달리, 종교적 견해를 포함한 다른 세계관에 대하여 명백한 우위를 누리지 못하고 있는 현재의 포스트모던 사회에서는 더욱 그러하다고 할 수 있다.

이러한 하버마스의 논의를 이어 라칭거 추기경은 앞서 얘기한 공통적 토대의 형성을 위한 대화와 경청을 촉구한다. 현재 글로벌 사회에서 종교는 앞의 강의에서 언급한 것처럼 오히려 배타성과 테러 행위를 조장하거나, 혹은 그 반대로 잘못된 보편주의로 오도하는 경향이 있다. 이러한 상황에서 라칭거 추기경은 '종교는 과연 치유하고 구제하는 힘인가?'라고 질문한다. 그리고 종교가 치유하고 구제하는 힘으로 존재하기 위한 대화의 필요성을 역설한다. 물론 이러한 대화는 종교에 따라 다른 이름으로 불리기도 한다. 인도 종교는 이를 '다르마'라고 부르기도 하며, 중국에서는 '하늘의 이치'라고 부르고, 기독교에서는 '창조와 창조주'가 그러한 대화의 주제가 될 수 있을 것이라고 라칭거 추기경은 언급한다. 그리고 이러한 대화를 위해서는 먼저 서구의 거대한 두 전통, 즉 기독교적 신앙과 세속적 합리성이 실제로는 보편적인 것이 아니라는 것에 대한 인정과 다른 '위대한 종교적 전통들에 기꺼이 경청하는 자세'가 필요하다. 즉, 새로운 토대의 형성을 위하여서는 '경청하기를 배우는 것'과 종교를 통한 '다른 문화들과의 진정한 상호 관련성을 받아들이는 것'이 필요함을 라칭거 추기경은 역설한다.

Ⅵ. 나가는 말

지금까지의 논의를 정리해 보자. '글로벌 시민정신'이라는 본 글의 중심 주제는 세계화라는 최근의 현상에서 비롯되었다. 우리는 먼저 이러한 세계화의 현상이 나타나게 된 제반 조건과 양상에 대하여 살펴보고, 이러한 상황에서 종교가 갖는 의미에 대하여 생각해 보았다. 현재 글로벌 세계에서의 종교는 우리의 기대와는 달리, 헌팅턴, 혹은 라칭거 추기경이 말한 것처럼 글로벌 사회의 조화와 통합에 기여하기보다는 오히려 배타성과 테러 행위를 조장하거나, 혹은 그 반대로 잘못된 보편주의로 오도하는 경향이 있다. 하지만, 글로벌 시민사회라는 우리가 지금까지 경험하지 못했던 새로운 사회가 출현하기 위해서는 이 사회를 하나로 묶어 줄 수 있는 종교(들)의 출현이 요구된다 할 것이다. 우리는 시민종교의 개념을 통하여 이러한 글로벌 시민정신의 형성에 기여할 수 있는 종교에 대하여 생각해 보았다. 이제 본 장을 마치면서 이러한 글로벌 시민종교의 형성에 필수적인 덕목을 현 교황인 라칭거 추기경의 주장을 통하여 생각해 보았다. 그것은 바로 종교와 세속적 전통 간의, 그리고 종교와 종교 간의 대화이다. 일방적 자기주장이 아닌 '경청하는 자세'를 토대로 한 이러한 대화를 통해 우리는 '다른 문화들과의 진정한 상호 관련성'을 받아들이게 되고, 이를 통해 의미 있는 글로벌 시민정신을 형성해 나갈 수 있을 것이다.

참고문헌 및 더 읽어 보면 좋은 책들

라다크리슈난. 1999. 『인도철학사』 I-Ⅳ. 한길사.

로버트 벨라. 1981. 『사회 변동의 상징구조』. 삼영사.

롤런드 로버트슨. 2013. 『세계화: 사회이론과 전 지구적 문화』. 한국문화사.

새뮤얼 헌팅턴. 1997. 『문명의 충돌』. 서울: 김영사.

아르준 아파두라이. 2011. 『소수에 대한 두려움』. 에코리브르.

앤서니 기든스/필립 서튼. 2018. 『현대사회학』 8판, 4장 「세계화와 사회 변동」. 을유문화사.

위르겐 하버마스/요제프 라칭거. 2009. 『대화』. 새물결. 2009.

이기영. 1985. 『불교개론』. 한국불교연구원.

이븐 할둔. 1982. 『이슬람 사상』. 삼성출판사.

이원규. 1997. 『종교사회학의 이해』. 사회비평사.

이원규. 2010. 『힘내라, 한국교회』. 동연.

임마누엘 왈러스타인. 1995. 『탈아메리카와 문화이동: 변화하는 세계체제』. 백의. 1995.

전성용/정인교 편저. 2011. 『기독교의 이해』. 서울신학대학교출판부.

제프리 알렉산더. 1993. 『현대 사회이론의 흐름』. 민영사.

최현종. 2011. 『한국 종교인구변동에 관한 연구』. 서울신학대학교출판부.

풍우란. 2005. 『중국철학사 1, 2』. 까치.

필립 젠킨스. 2009. 『신의 미래』. 도마의 길.

함석헌 역. 1985. 『바가바드기타』. 한길사.

Clifford Geertz. 1973. *The Interpretation of Cultures*. Basic Books.

David B. Barrett. 2001. *World Christian Encyclopedia*. Oxford University Press.

David Held et al. 1999. *Global Transformations: Politics, Economics and Culture*. Cambridge: Polity.

Peter Beyer. 2006. *Religions in Global Society*. Routledge.

최현종

저자 최현종은 1984년 서울대학교 심리학과 입학, 1994년 서울신학대학교 신학대학원 입학, 2004년 독일 라이프찌히(Leipzig)대학 박사과정 입학(종교사회학), 2014년 서울신학대학교 교수 임용 등 10년 단위로 새로운 삶의 이정표를 찍는 삶을 살아 왔다. 이러한 삶의 여정 사이사이에 군복무, 직장생활 등과 대안학교 교사, 청소년 쉼터 운영 등의 일을 하였고, 2014년부터 현재까지는 서울신학대학교 교양학부 교수로 재직 중이다. 본서는 단독저서로는『한국 종교인구변동에 관한 연구』(2011, 서울신학대학교 출판부), 『오늘의 사회, 오늘의 종교』(2017, 다산출판사)에 이어 세 번째이고, 그 외 다수의 공저와 논문을 발표하였다. 현재는 '한국의 비종교인에 관한 연구'와 독일 종교사회학의 고전들을 번역하는 작업을 준비 중에 있다.

현대사회,
종교,
그리고 돈

초판인쇄 2019년 9월 20일
초판발행 2019년 9월 20일

지은이 최현종
펴낸이 채종준
펴낸곳 한국학술정보(주)
주소 경기도 파주시 회동길 230(문발동)
전화 031) 908-3181(대표)
팩스 031) 908-3189
홈페이지 http://ebook.kstudy.com
전자우편 출판사업부 publish@kstudy.com
등록 제일산-115호(2000. 6. 19)

ISBN 978-89-268-9580-1 93230

책에 대한 더 나은 생각, 끊임없는 고민, 독자를 생각하는 마음으로 보다 좋은 책을 만들어갑니다.